主　编：胡邦宁

副主编：达　锬　史航东　王艺璇　肖琳雨鑫　郝　安

编　委：罗莉莉　邱智凤　张淑玲　肖　红　刘玉金　刘　圣

　　　　张馨雅　马博文　李清华　苟方琪　林香孟　宋晨曦

　　　　自美香　郭凯彤

---

本书系江西省高校思想政治教育精品项目"学思践悟，寓'教'于'育'——大学生支教育人工程的十年探索"、教育部辅导员名师工作室红魂立德工作室、江西省高校辅导员名师工作室胡邦宁工作室、江西省高校铸牢中华民族共同体意识研究中心、2021年江西省高校人文社会科学研究项目"红色资源赋能新时代大学生爱国主义教育的实践路径研究——基于江西省'红色走读'竞赛活动"（SZZX21034）研究成果

# 青春之志
# 一路前行

大学生社会实践手册
暨南昌大学黔行支教调研团
发展纪实

胡邦宁◎主编

江西人民出版社
Jiangxi People's Publishing House
全国百佳出版社

**图书在版编目（CIP）数据**

青春之志·一路前行：大学生社会实践手册暨南昌
大学黔行支教调研团发展纪实/胡邦宁主编 . -- 南昌：
江西人民出版社，2024. 8. -- ISBN 978-7-210-15759-5

Ⅰ. G642.45-62

中国国家版本馆 CIP 数据核字第 2024RS7052 号

青春之志·一路前行：大学生社会实践手册暨南昌大学黔行支教调研团发展纪实
QINGCHUN ZHI ZHI·YILU QIANXING: DAXUESHENG SHEHUI SHIJIAN SHOUCE JI NANCHANG DAXUE QIAN XING ZHIJIAO DIAOYAN TUAN FAZHAN JISHI

胡邦宁　主编

责 任 编 辑：周伟平
装 帧 设 计：马范如

 出版发行

地　　　址：江西省南昌市三经路 47 号附 1 号（邮编：330006）
网　　　址：www.jxpph.com
电 子 信 箱：jxpph@tom.com
编辑部电话：0791-86898054
发行部电话：0791-86898815
承　印　厂：南昌市红星印刷有限公司
经　　　销：各地新华书店

开　　　本：787 毫米 ×1092 毫米　1/16
印　　　张：16.75
字　　　数：300 千字
版　　　次：2024 年 8 月第 1 版
印　　　次：2024 年 8 月第 1 次印刷
书　　　号：ISBN 978-7-210-15759-5
定　　　价：68.00 元
赣版权登字 –01-2024-580

# 学思践悟，
# 开创实践育人新局面

◎邹德凤

受南昌大学黔行支教调研团所邀，要我为即将付梓的《青春之志·一路前行 ——大学生社会实践手册暨南昌大学黔行支教调研团发展纪实》一书作序。我年届古稀，从事志愿服务近 50 载，一直带领青少年志愿者们将自己的青春汗水播洒在社会实践中，早就盼望有一本较为系统的书籍来作为社会实践育人的参考。南昌大学黔行支教调研团在专家、老师的精心指导下，历经两年辛勤耕耘，《青春之志·一路前行 ——大学生社会实践手册暨南昌大学黔行支教调研团发展纪实》应运而生，现在，我浅谈自己的一点感悟。

2013 年，南昌大学黔行支教调研团的发起人陈栋梁联系到我，希望我可以帮助他发起的支教调研团共同开展乡村支教活动。我在他的迫切期盼中感受到了他的坚定和决心，于是与支教调研团成员一同前往贵州省凯里市剑河县开展支教扶贫工作，这一坚持就是 10 年。在 10 年的风雨历程中，我看到了团队持之以恒的信念，更见证了团队 10 年育人的成果。在 10 年的实践探索中，团队涌现出了一批批有理想、敢担当、能吃苦、肯奋斗的新时代青年典型。

习近平总书记指出："思政课不仅应该在课堂上讲，也应该在社会生活中来讲"，"社会最需要、最欢迎有实干精神、能解决实际问题的人，而最不欢迎夸夸其谈、眼高手低的'客里空'"。大学生要在社会的广阔天地大显身手。这本书，从编纂到出版，是南昌大学黔行支教调研团认真学习贯彻落实习近平总书记关于青年学生成长成才重要论述结出的硕果。在《青春之志·一路前行——大学生社会实践手册暨南昌大学黔行支教调研团发展纪实》即将付梓之际，谨此为序，希望全体大学生志愿者，积极投身社会实践、志愿服务中，助力巩固脱贫攻坚成果，为乡村振兴战略添砖加瓦，在社会实践中受教育、长才干、作贡献，勇做担当民族复兴大任的时代新人，将青春和热血挥洒在祖国需要的地方，学思践悟，开创实践育人新局面。

2022 年 11 月

（作者系第四十四届南丁格尔奖章获得者、全国优秀共产党员）

　　我常常问自己为什么要出这样一本书。也许是为了纪念在贵州 12 年实践中的那些人、那些事、那些日子；抑或是让更多的人了解"黔行"，分享一点我们的社会实践经验；还可能是想把这本书作为我们实践活动重新出发的新起点。翻开这本书，我的思绪就来到了贵州，浮现出 12 年间的点点滴滴。

　　2012 年，我第一次和同学们去贵州剑河实践。从贵阳火车站下来以后，我们坐上大巴，转到轮渡，最后坐着小车来到了山脚。面对眼前的茫茫大山，当地老师告诉我们，后面的路汽车进不去，只能走进去。于是一路磕磕绊绊，我带着一身的泥巴走进了实践点巫交。巫交是位于贵州大山深处的苗寨，有着世外桃源一般的原生态之美，但与之相对比的是人居环境"脏乱差"，在吃住行等方面都没有基本的保障，教室也非常落后。在这种环境下，南昌大学黔行支教调研团的第一堂课开始了。至今难以忘怀课堂里一双双专注的眼睛，课堂外家长们的殷切期望和发自内心的感谢，这让我们决定"继续走下去"，于是一走就是 12 年！

　　随着党和国家实施脱贫攻坚、乡村振兴战略，贵州山区发生了根本性的变化，从没路到有路，从深山的吊脚楼到县城的思源社区，当地群众搬进了山下舒适的住宅，收入高了，生活好了，笑容多了。我们支教的条件"水涨船高"，明亮的教学楼、好用的多媒体、多样的课程计划，但是不变的是同学们"自找苦吃"的精气神、"爱国爱民"的大情怀、"善作善成"的真本领。得知本书的编撰计划后，很多老学长、老校友主动询问，还发来了心得体会，体现了浓浓温情。这本书展示的就是我们12年的苦与乐、思与行、得与获，纪念12年的岁月！

　　社会实践是一门大课堂，是终生难忘的事情，特别是对于青年大学生来说，能全面有效地塑造他们的人格和气质，一次成功的社会实践甚至可以改变一个人的一生。这本书从大学生社会实践发展历程、组织形式和时代要求出发，通过借鉴国内成功的实践案例，梳理了开展大学生社会实践的流程步骤和经验做法，从多个维度对"为什么开展大学生社会实践""什么是大学生社会实践""怎么开展大学生社会实践"进行了探讨和解答，希望能够为如何在社会实践中上好一堂"行走的思政课"提供一点启发，为培养大学生社会实践能力、激发其专业实践意识、引导其成长为高素质应用型人才提供帮助。

　　本书的最终出版，离不开江西省委教育工委、南昌大学和人文学院领导的大力支持，离不开各位专家学者的悉心指导，更离不开我们历届成员的全心付出，在此向大家致以崇高的敬意和衷心的感谢。

　　由于编委会人员不多，水平有限，尽管尽了心力，难免有错误和疏漏之处，欢迎读者给予更多的意见和建议。

　　黔行一路、一路前行，我们还将走下去！

胡邦宁

2023 年 9 月 11 日

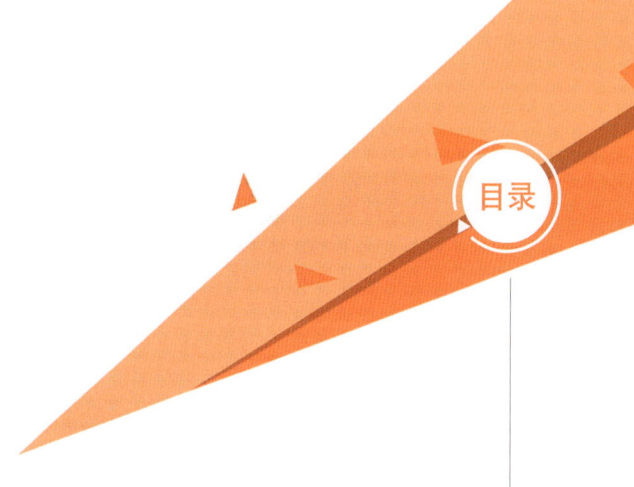

目录

第一章

# 育人之法：
# 大学生社会实践概述

## 第一节    大学生社会实践概况

广义的社会实践，指的是人与人之间所有实践活动的总和，来源于人类在社会中进行的各类活动。辩证唯物主义认为，实践是人类能动地改造世界的社会性的物质活动。

不同人群产生不同类型的社会实践活动，大学生社会实践是其中的重要组成部分。广大青年特别是青年学生，要自觉走与实践相结合，与人民群众相结合的道路，在祖国和人民最需要的地方，在改革开放和现代化建设的第一线，积累经验、经受锻炼、增长才干，汲取从书本中无法得到的丰富营养，真正成为祖国现代化建设的有用之才。

### ● 第一讲    大学生社会实践的类型

大学生社会实践是以大学生为主体，围绕学校培养目标，有目的、有计划、有组织地参与社会、经济和文化等题材的教育活动的总称。就国内而言，大学生社会实践一般是以学生为主体、学校为依托、社会为舞台的教学形式——在校大学生利用寒、暑假期等节假日或课余时间接触社会，利用自身所学深入基层。

常见的大学生社会实践活动包括"三下乡"、社会调查、生产劳动、志愿服务、科技发明、勤工助学等。每一场社会实践活动不是某种形式的单独存在，而是多种形式的排列组合。

社会调查。社会实践团队或公益组织动员大学生开展调查研究，着眼经济发展、社会建设、文化事业、思想道德发展等重点领域，通过科学的方法形成调研成果，帮助大学生深刻把握社会一般规律。

志愿服务。发动大学生开展文化、科技、卫生"三下乡"和科教、文体、法律、卫生"四进社区"等活动，倡导大学生参加生产劳动、志愿服务等攻坚任务，常见的如参加脱贫攻坚、西部计划、保护母亲河等活动。大学生通过志愿服务获得启发教育，从而培养大学生的劳动观念、公益精神和"为人民服务"的价值观，弘扬社会主义道德风尚。

科技发明。引导大学生参与科技创新、发明创造、科普宣传等活动，开展创业计划、体验、训练与实践活动，培养大学生良好的创新创业意识。常见形式有"挑战杯"中国大学生创业计划竞赛、"创青春"中国青年创新创业大赛等。

勤工助学。鼓励大学生在第一课堂学习之余，积极参加课外各类勤工助学活动，在校内外通过诚实劳动获得劳务报酬，帮助大学生锻炼独立生活本领和实际工作能力。

爱国主义教育。组织大学生到红色革命圣地、改革开放创新示范样板走访学习，在实地学习中帮助大学生学习了解党史、新中国史、改革开放史、社会主义发展史等，增强大学生爱党、爱国、爱社会主义的情怀。

实习锻炼。动员大学生有计划地到相关企事业单位挂职锻炼，围绕职业发展方向开展就业实习，帮助大学生体验职场环境，提升适应社会的能力和就业竞争力。

## ● 第二讲　大学生社会实践的性质

大学生社会实践是"第一课堂"的延伸拓展，也是高等院校"第二课堂"的重要内容，是思想政治教育的重要形式，充分体现了大学生的群体特征、大学生教育的根本特点和立德树人的本质要求，有利于促进大学生健康成长、全面成才。大学生社会实践主要特点如下：

公益性。大学生社会实践是在政府、社会和高校的支持下，广大青年大学生依据自身专业与能力组织参与的公益性活动，是青年大学生接触社会、了解社会、参与社会以及反馈社会的过程。大学生在长期参与社会实践的过程中既培养了社会责任感，又能帮助他人，学会分享与合作，使自身的价值在奉献中得以提升。

学习性。学习是开展大学生社会实践的根本目的。大学生通过观察、调研、实践等方式获得知识技能，从而提升自我、成长成才、服务社会。一是树立正确的世界观、人生观和价值观，提高明辨是非善恶的能力，虚心求教，细心体察，大胆实践，积累生活经验。二是确立自身成才目标。坚持"德是人才素质的灵魂、智是人才素质的基本内容、体是人才素质的基础、美是人才素质的综合体现"。三是增强大学生适应社会、服务社会的能力。社会实践活动使大学生广泛地接触社会，了解社会，不断参与社会实践活动，在实践中提升自己。

多元性。大学生社会实践涉及对象众多、主题复杂、方式多样。一次成功的社会实践需要多方协同联动、组织对接，需要将各阶段、各环节、各部门整合到位。大学生社会实践活动往往坚持高校与政府部门协同、与社会组织协同、与实践基地（含基层、工厂等）协同，还需要教学单位和职能机关协同、教师与学生协同。大学生在社会实践中实现多方协作交流，促进综合素质发展，搭建交流平台，畅通沟通渠道，形成长效协同对话机制，在耦合联动中提升实效，实现社会实践共同参与、互相配合和齐抓共管，推动高校实践育人工作取得新成效、开创新局面。

## ● 第三讲　大学生社会实践的意义

社会实践活动是搭建精神文明建设的重要载体，对提升社会的精神追求也起到了积极的作用。荀子说："不闻不若闻之，闻之不若见之，见之不若知之，知之不若行之。学至于行之而止矣。"

社会实践活动具有很高的教育价值，是青年参与社会生活的一种重要方式，是青年在实践中锻炼成长的有效途径之一。在参与社会实践活动的过程中，青年丰富了生活体验，培养了公民意识，提高了组织和协调能力，增强了自信心和荣誉感，身心得到了全面健康发展，综合素质也得到了提高，这为社会的良性运行和长远发展打下了良好的基础。大学生最终都要步入社会，直面社会生活的各种挑战，并通过自身的努力推动社会进步，作出自己的贡献，实现自身的价值。可以说，社会实践是大学生成长成才的重要手段。

经济意义。大学生社会实践活动能够创造经济价值。大学生参与社会实践活动不以获得直接的工资、福利为目的，但直接或间接地创造出经济价值。如在大型活动中，通过志愿者提供无偿服务，可以降低运作成本，提高经济效益。

社会意义。大学生社会实践活动有着巨大的社会价值。大学生社会实践的本质是为满足大学生的志向和意愿，指导大学生从事对社会有意义的事情，促进和谐社会建设。随着物质生活条件的改善，人们对精神世界的追求也在同步发展。如何实现远大的个人理想，如何体现自身在社会中的作用，如何为社会进步贡献力量，如何合理地表达自己的意愿和行为，如何更加轻松和愉悦地参与社会生活等等，都成为当代大学生的热门问题。大学生参与社会实践活动不仅成为缓解供需矛盾的重要方法，也推动了经济发展和社会进步。

教育意义。一是了解世界。当代大学生大多是在书本或其他平台知识中成长起来、了解世界的。社会实践活动是他们认识世界的另一扇窗口，将书本知识与社会实践结合起来，以实践检验知识，以知识指导实践，帮助大学生了解国情、了解社会，增强社会责任感和使命感。二是融入社会。大学是学校与社会的重要过渡阶段。大学生不仅需要掌握专业知识，还必须学会平衡自我与社会的关系，积极融入社会、参与社会。大学生在社会实践中处理一系列问题，以实践之力为之后的发展打下坚实基础。三是服务他人。大学生志愿者通过社会实践活动帮助他人、服务社会，加强人与人之间的交往与关怀，有利于形成互帮互助、相互关爱的社会氛围，让社会变得更为温馨和睦。四是提升责任感。大学生通过有计划、有目的地深入社会、了解社会，明白自身使命，肩负时代担当，形成明辨是非、亲力亲为的自身能力与良好的社会责任感，为成为适应我国现代化社会发展的人才而不懈努力。

## 第二节　我国大学生社会实践发展历程

实践育人是大学立德树人事业发展的重要方式。大学制度的产生，促进了各式各样以培养综合性人才为目标的社会实践活动的迅速形成。中世纪的欧洲，大学的主要任务是培养贵族，一些修道院会组织各式各样的户外活动。1809 年，柏林大学成立，标志着现代大学制度的建立，大学开始面向社会招生、自主办学、科学管理。随着大学制度的不断发展演进，社会实践成为大学教育的重要组成部分。本章将具体介绍我国大学生社会实践的发展情况。

### ● 第一讲　中华人民共和国成立前大学生社会实践情况

我国实践育人的历史悠久。春秋时期，游学传统在贵族知识分子中流行，著名的思想家和教育家孔子带领弟子周游列国 14 载，在实践中创立了儒家学说。司马迁年轻时也长年游历，积累了丰富的人生阅历，为写作《史记》积累了丰富的素材。"读万卷书、行万里路"成为读书人的精神追求和优良传统。

作为我国传统教育的重要载体，书院既是教育教学的中心，又是学术研究的中心。许多著名的学者都以书院为载体开展学术活动。书院的学习不仅仅是"坐而论道"、皓首穷经，有宋以来，书院教育更强调"经世致用"，反对空谈"学其事""教其理"，坚守"传道而济斯民"的办学宗旨，提倡将所学到的知识服务于实际问题的实践中，重视学生能力的培养提高，讲究教学方法的灵活性，真正做到内化知识与外化行为相统一。特别是明清之后，书院更将对朝局的现实关怀浸润其中。这种也是一种特殊的社会实践，对于当代的教育仍有借鉴意义。

近代，中国逐步沦为半殖民地半封建社会，也开启了近代化的历程。洋务运动后期，北洋大学等新式学堂成立，现代大学制度传入中国。这些新式教育在引进之初，都以知识型教育为主，涉及实践教育的内容并不多。由于当时国家处于动荡状态，大学制度还处于起步阶段，无法组织成规模的社会实践活动，这时候的社会实践只能由大学生自主选择，主要实践方式有返乡调研和参加募捐等社会活动。各种近代化思潮不断涌来，指引了大学生社会实践活动。比如，受新村主义思潮影响，一些学生深入乡村开展劳动，希望通过这些工作推动社会发展。

新文化运动开始以后，民主和进步成为大学生中的主流思潮。这一时期，大学生社会实践围绕救亡图存展开，积极参加各类爱国活动。十月革命一声炮响，马克思主义传入了中国。大学生群体率先响应并传播新思想。他们高举理想旗帜，传播先进思想，参与组织群众活动，对社会实践发展具有深远的历史意义。1919年五四运动爆发，大学生们走上街头开始了反帝反封建的活动。这一时期，社会实践活动已经具备了先进性。国共的第一次合作掀起了国民大革命的高潮，中国共产党积极探索武装斗争，走出了一条新道路。在此过程中，大学生群体或自发开展各项实践活动，或投身新民主主义革命的伟大事业，为大学生社会实践在我国的初步发展作出了贡献。1935年12月9日，北平大中学生数千人举行了抗日救国示威游行，反对华北自治，反抗日本帝国主义，要求保全中国领土的完整，掀起了全国抗日救国新高潮。

1936年6月1日，抗日红军大学在瓦窑堡建立，1937年校址迁至延安，改名抗日军政大学（简称"抗大"）。"抗大"成立后，成千上万大好青年奔赴延安。"抗大"在"坚定正确的政治方向，艰苦朴素的工作作风，灵活机动的战略战术"的教育方针和"团结、紧张、严肃、活泼"的校风的教育和指导下，坚持理论联系实际、教育与生产劳动相结合等教学原则，逐渐形成了为崇高理想英勇奋斗的抗大精神，为取得抗日战争的胜利提供了强大的精神力量。"抗大"的教育体系除了学习马克思主义经典著作外，也把社会实践作为重要的组成部分，课程明确"教育青年向实践学习，把知识和劳动结合起来，走与工农相结合的道路"，强调和当地群众打成一片，通过劳动实践、基层蹲点等模式开展实践教育。除此之外，延安的鲁迅艺术学院也是如此。这所学校以培养文艺骨干为主，聚焦了一批艺术功底扎实的有志青年。毛主席在延安文艺座谈会上鼓励边区文艺战士："你们这个鲁艺是个'小鲁艺'，你们要到'大鲁艺'去，到工农兵群众那里去，到火热的斗争生活里去。"学员们从工农兵群众那边汲取了充足的养分，先后创作了《白毛女》《兄妹开荒》《夫妻识字》等经典力作。可以说，延安时期的社会实践教育为后来大学生社会实践活动的开展注入了重要力量。

### ● 第二讲　20世纪50—70年代：起步阶段

中华人民共和国成立后，大学生社会实践走上了正轨，并作为现代大学制度中高等院校教育课堂的有益补充开始探索起步，逐渐推广宣传开来，形式和内容不断丰富。

1950年10月，教育部《关于高等学校政治课教学方针、组织与方法的几项原则》将大学生社会实践纳入教学计划，借以提升政治理论课教育实效，结合当时全国范围内开展的土地改革、抗美援朝等工作，全面深入地进行爱国主义和国际主义教育，树立高校学生工农联合、为人民服务的思想，提升政治素养与政治觉悟，为中华人民共和国经济建设、政治稳定、思想进步提供源源不断的新生力量。1958年，《中共中央、国务院关于教育工作的指示》出台，《高校六十条》《中学五十条》《小学四十条》得以颁布，我国开始形成比较完整的国民教育体系。各个年龄、各个阶层、各行各业，不同种类的教育百花齐放，调动了亿万知识青年学习的积极性，形成了崇学尚学的良好社会氛围。众多知识青年在实践中实现了德智体美劳的全面发展，成为社会主义事业建设的先进力量。

这一时期，大学生社会实践被列入思想政治理论课的补充课程，主要以义务劳动、返乡调研为主。义务劳动由学校统一组织，主要是课余到孤寡老人、革命烈属家中帮忙做家务，同时参与重点工程建设。比如，20世纪50年代后期，清华大学、北京大学等在京高校的学生就参与建设了十三陵水库等重点工程。一些大学生利用假期返乡到老少边穷地区开展乡村调查工作，把先进的生产知识转化为生产实践，从生动实践中获得灵感。一些大学生甚至在社会实践中找到了终生的事业，典型的有共青城。

● **知识拓展** ●

### 共青城

共青城诞生于20世纪50年代。1955年10月18日，98位上海志愿垦荒青年响应号召，来到鄱阳湖畔的德安县米粮铺拖沟岭，在一片滩涂草洲上开始了垦荒创业，成为中国第一批上山下乡知识青年。同年11月29日，时任团中央书记处第一书记的胡耀邦专程前来看望他们，并在垦荒队临时搭建的茅棚前，用竹枝夹着卫生棉球为他们题写了社名"共青社"。从那天起，这座城市就有了"共青"之名。

在青年们的共同努力下，共青城开办了板鸭厂、羽绒厂，有了自己的品牌。1978年，共青团中央授予共青垦荒队"新长征突击队"称号。赴京领奖的共青人给时任中组部部长的胡耀邦汇报，胡耀邦听后十分高兴，再次题名"共青垦殖场"。

1984年12月12日，时任中共中央总书记的胡耀邦再次来到共青城。这时的共青城，年产值600多万元，拥有全国最大的羽绒厂和江南最大的低度饮料酒厂，产品远销30多个国家和地区。场区共有18000多人，有繁华的商业区和完整配套的文化、教育、卫生设施，建筑面积达20多万平方米。胡耀邦看到共青城发生的变化由衷高兴，第3次为这里题名"共青城"。共青城的建立和发展充分展现了大学生社会实践的意义和价值。

## ● 第三讲 20世纪80—90年代：初步发展阶段

1978年，党的十一届三中全会召开，改革开放的春风吹拂中国大地，不仅拉开了中国农村经济体制改革和城市经济体制改革的序幕，也推动了我国发展与社会建设进入全新阶段。

1977年10月，国务院批转了教育部《关于1977年高等学校招生工作的意见》，高等院校恢复正常招生，大学生社会实践活动也重新焕发生机。1983年，共青团中央、全国学联发出《关于纪念"一二·九"运动四十八周年 开展"社会实践周"活动的联合通知》，首次提出"大学生社会实践活动"的概念，充分阐述了开展社会实践活动的重要意义。1984年，团中央书记处正式提出"受教育、长才干、作贡献"的大学生社会实践指导方针。随后在各级党组织的支持下，部分地区率先建立大学生社会实践活动基地，先后以"社会实践周""社会实践建设营"等形式开展有组织、大规模的社会实践活动，取得了良好效果。北京、天津等地继承和发扬"学雷锋、做好事"精神，创造了"综合包户"的志愿服务形式和"社区互助"志愿服务团队。大学生社会实践活动由自发发展到有组织地进行，由在局部高校开展到向更大的范围推广，取得了出色成绩。

1986年，中共中央、国务院批转《国家教委关于加强高等学校思想政治工作的决定》，明确指出要把加强思想政治教育与引导学生参与社会实践结合起来。1987年，《关于广泛组织高等学校学生参加社会实践活动的意见》正式发布。此后，中宣部、国家教委、共青团中央联合发文，对高校学生参加社会实践活动提出明确要求，并将社会实践活动作为重要的环节纳入教育计划，大学生社会实践开始成为中国特色社会主义高等教育的重要组成部分。

在改革开放的前沿诞生了志愿服务的新形式。深圳经济特区成立后，大量创业者赶来"淘金"，"时间就是金钱、效率就是生命"成为一代人的口号。然而，在外资企业、私营企业大量发展，外来人口急剧增加的城市，出现了很多新困难、新问题——"打工族"的孤独感、无助感时时存在，导致精神焦虑、心理疾病等。1989年，一批年轻人受到香港义务工作（志愿服务）的影响，率先开办志愿者"热线服务"，并且积极争取团市委、民政局的支持，正式登记注册，率先探索建立独立依法注册的志愿服务组织。1990年6月6日，我国第一家正式依法登记注册的志愿者社团——深圳市青少年义务社会工作者联合会（简称"深圳义工联"）经过深圳市民政局登记注册，开创了中国内地依法注册志愿服务组织的先河。（1995年更名为深圳市义务工作者联合会）

● 知识拓展 ●

## 大学生暑期科技文化志愿活动（大学生暑期"三下乡"社会实践活动）

"三下乡"是指文化、科技、卫生"三下乡"。大学生利用暑期到农村开展社会实践，传播科学文化知识，既促进了先进生产力的发展，又帮助和引导大学生按先进生产力发展要求成长成才，既传播了先进文化，又帮助和引导大学生接受先进文化的哺育，既服务了人民群众的根本利益，又服务了大学生的全面发展。

为适应时代发展，大力推进社会实践活动，1993年，团中央开展了"百县千乡科技文化服务工程"，即充分发挥高校科技智能技能，以社会实践为途径，以科技服务为手段，让科学技术直接为地方经济和社会发展注入科技活力。1993年暑期，全国各地高校纷纷成立了科技文化服务队，共有40多万名大中专学生深入到贫困地区、城镇社会进行科技文化服务，收到了巨大的经济和社会效益。1994年，为提高青年学生服务社会的自觉性和适应改革开放对人才的素质要求，共青团中央、全国学联、中宣部、国家科委、《光明日报》《中国青年报》等15家单位联合发起了"万支大中专学生志愿服务队暑期科技文化行动"，并首次提出了以"青年志愿者"作为主要组织形式和参加人员的新号召。开展科技文化服务的主要内容是普及新知识新技能、推广普法宣传、培训农村科技带头人、支教扫盲、科技开发、成果推广等。1995年6月，为深入实施"跨世纪青年文明工程"和"跨世纪青年人才工程"，充分发挥大学生的知识优势，为实现我国到20世纪末基本扫除青壮年文盲，提高全民族的科技文化素质服务，共青团中央、国家教委联合发出通知，要求从1995年至2000年这5年时间里，连续开展大学生志愿者扫盲与科技文化服务行动。1996年12月，中宣部、国家科委、农业部、文化部等10部委联合下发了《关于开展文化科技卫生"三下乡"活动的通知》，并从1997年开始正式实施。2011年，中宣部、中央文明办、教育部等联合下发《关于开展2011年全国大中专学生志愿者暑期文化科技卫生"三下乡"社会实践活动的通知》，正式拉开2011年暑期"三下乡"社会实践活动的序幕。全国数百万大中专学生陆续奔赴农村的田间地头，在实践中受教育、长才干、作贡献。

### ● 第四讲　21世纪初：快速发展阶段

2004年10月，中共中央、国务院颁布《关于进一步加强和改进大学生思想政治教育的意见》，对大学生社会实践活动的功能作用、组织形式、体制机制等方面做了详尽的部署，标志着大学生社会实践活动得到了进一步的组织领导，在内容形式上进一步丰富，在层次水平上进一步提高，也迎来了开拓创新的机遇期。

2005年2月，中宣部、中央文明办、教育部、共青团中央联合发布《关于进一步加强和改进大学生社会实践的意见》，对大学生社会实践活动的总体要求和工作原则、实践内容和实践形式、保障机制和组织领导等进行部署，掀起了我国大学生社会实践活动的新高潮。2005年至今，大学生社会实践活动在继承中改革、在改革中创新，先后开展了"共建家园迎奥运""改革开放伴成长""红色之旅""三下乡"等主题鲜明的社会实践活动，引导大学生在服务新农村建设、支援抗震救灾、投身奥运志愿服务的过程中积极作为、贡献青春，主动参与建设社会主义和谐社会。在党中央的号召下，各地建立了大学生社会实践基地，取得了良好成效。

这一时期，信息技术加快了社会实践的发展进程，精准扶贫、脱贫攻坚等政策为大学生社会实践的开展提供了更好的平台与社会支撑。中国在国际上的地位不断提高，拥有更多的话语权。

● **知识拓展**

## 大学生志愿服务西部计划

大学生志愿服务西部计划（简称"西部计划"）是经国务院常务会议决定，由共青团中央、教育部、财政部、人力资源和社会保障部共同组织实施的一项重大人才工程，其目的是为高校毕业生创造更多的就业机会，并切实做好高校毕业生的思想政治工作，引导他们树立正确的择业观和创业观，积极到基层和艰苦地区锻炼成长、建功立业。2003年6月8日，共青团中央、教育部、财政部、人事部印发《关于实施大学生志愿服务西部计划的通知》，招募一定数量的普通高等学校应届毕业生或在读研究生，到西部基层开展为期1—3年的志愿服务工作，鼓励志愿者服务期满后扎根当地就业创业。西部计划按照服务内容分为基础教育、服务"三农"、医疗卫生、基层青年工作、基层社会管理、服务新疆、服务西藏7个专项。过去的20余年间，一批批西部计划志愿者走出校门、奔向西部，深入基层、逐梦前行。他们让青春之花绽放在祖国最需要的地方，在实现中国梦的伟大实践中书写别样精彩的人生，成为当代青年投身到基层和人民中建功立业的生动写照。

● **第五讲　党的十八大以来：创新阶段**

党的十八大以来，以习近平同志为核心的党中央从国家民族利益出发，对高等教育和意识形态领域工作作出了一系列重大部署。习近平总书记提出要实现中华民族伟大复兴的中国梦，强调青年人要积极培育和践行社会主义核心价值观。

为促进大学生社会实践的发展，各高校采取了诸多措施。一是常态化组织社会实践活动。各高校积极促进"两个结合"，即积极促进大学生假期集中实践与平时日常实践相结合，促进大学生校外实践与校内实践相结合。二是全周期服务大学生成长。各高校逐步探索完善大学生参与社会实践的全员覆盖面，针对不同年级的大学生开展不同类型的社会实践活动，提出不同的实践要求。三是全方位提供服务岗位。根据不同专业、不同学生的需求，各高校设置了多种类型的社会实践基地，涵盖教学科研、社区服务、志愿服务、勤工助学、企业实习等内容，增强了实践基地的针对性与专业对口性。四是信息化建立社会实践平台。各高校充分拓展了社会实践平台，尤其是互联网信息技术的运用，虚拟创建仿真社会实践的情景和条件，为引导大学生在线上进行自主探索交流提供了新空间。五是多维度给予帮助支持。各地政府、高校、企业、社会组织等均大力支持大学生社会实践活动，或提供技术支持，或提供岗位，或给予资金支持。大学生的选择也有很多，如支教、创新创业大赛等。

在此过程中，各高校进一步加强了对大学生思政工作的领导，明确立德树人的根本任务，强化实践育人的工作力度，推进大学生的社会实践活动逐渐发展成为由社会、学校、学生等共同参与的一项社会系统工程，促进其运作更加规范化。

现阶段，我国志愿服务的主题更加突出和集中，对象及其空间范围更加广泛，在凝聚公民主体意识方面的作用更加明显。未来，我国的志愿服务应凝聚共识，宣传志愿精神；健全机制，推进事业发展；整合资源，完善工作体系。

## 第三节　新时代大学生社会实践的工作原则

党的二十大报告强调，广大青年要坚定不移听党话、跟党走，怀抱梦想又脚踏实地，敢想敢为又善作善成，立志做有理想、敢担当、能吃苦、肯奋斗的新时代好青年，让青春在全面建设社会主义现代化国家的火热实践中绽放绚丽之花。新时代大学生社会实践活动坚持育人为本，把提高大学生思想政治素质作为首要任务，围绕着学习贯彻习近平新时代中国特色社会主义思想、培育和践行社会主义核心价值观、实现中国梦等新主题展开，着力培养青年大学生的社会责任感和奉献意识，提高青年大学生的综合素质，推动青年大学生在不断融入国家和社会的过程中持续成长成才。

### ● 第一讲　坚持立德树人

高校思想政治教育是人才培养的重要组成部分。青年大学生作为社会主义事业的建设者和接班人，他们的思想动向直接关系到国家的前途命运，是高校人才培养的重中之重。

习近平总书记始终关心、关怀青年成长发展，高度重视青年工作，提倡年轻人"接地气"，在实践中锻炼提升分析和解决问题的能力。1990年7月，北京大学30多名学生赴福州开展了为期10天的社会实践活动。时任福州市委书记的习近平获悉后非常重视，利用晚上休息时间看望大家并座谈。他语重心长地告诉同学们，"只有在实践中才能不断提炼自己狂热、浪漫的想法"，"不要认为学校中学到的知识是高超、万能的，只有到社会中与群众打成一片、扭到一起后，产生了社会责任感，才能获得真知灼见"。他深情寄语："同学们的忧国忧民，只有到基层中去、到实践中去、到人民中去，才能真正知道所学的知识如何去发挥、如何去为社会作贡献。"他主张，"应该多创造机会让青年学生们认识社会，在实践中把握自己"。这深刻阐明了实践与立德树人的关系，为年轻一代的健康成长指明了正确道路。

从战略高度看，"培养什么样的人、如何培养人、为谁培养人"是教育的关键问题。"如何认识青年学生、如何教育引领青年学生、如何发挥青年学生作用"是大学生教育必须回答的当务之急，涉及国家长治久安，涉及中华民族伟大复兴中国梦的早日实现。中共中央办公厅、国务院办公厅印发的《关于进一步加强和改进新形势下高校宣传思想工作的意见》，强调要着力增强大学生思想政治教育针对性、实效性，应当广泛开展各类社会实践和公益活动，这对大学生社会实践工作提出了新的要求。因此，在新时代，广大青年应该投身社会发光发热，在实践中谱写人生绚丽篇章。

从具体表现看，大学生社会实践是实现立德树人的教育目标、顺应时代发展和促进大学生成长成才的重要工程。组织开展大学生社会实践是高校思想政治工作的重要抓手。习近平总书记在全国高校思想政治工作会议上强调："要坚持把立德树人作为中心环节，把思想政治工作贯穿教育教学全过程，实现全程育人、全方位育人，努力开创我国高等教育事业发展新局面。"大学生社会实践在文化育人方面具有重要作用，具体体现在：社会实践能够与第一课堂的理论知识有机结合，促进学生主体能力发展；能够与理想信念结合，促进学生主体意识发展；能够承担培养和发展人的主体性的重要任务，以保证育人功能的实现。

## ● 第二讲　坚持实事求是

从实践中悟出真知，用内心感应时代脉搏，这是由实事求是的作风决定的。在社会实践中，大学生既学习了技能，实现了个人价值，也更加广泛地接触了社会、了解了社会。大学生在实践中动手、动脑、动嘴，就是在培养和锻炼各方面能力、发现不足、了解国情、了解社会，增强社会责任感和使命感，不断贯彻落实实事求是的发展要求，适应社会现实的需要。

实践育人的理念是先导前提。理念是行动的先导，理念的科学与否决定着实践的效果。近年来，国内各大高校积极探索，勇于实践，大胆创新，构建了一整套内容丰富、点面结合、体系完整的育人体系，作为激发学生兴趣、发挥学生潜能、发展学生个性的关键抓手与重要手段。实践育人的理念为落实教育立德树人根本任务，提升高等教育人才培养质量指明了方向，提供了保障，必须毫不动摇、始终坚持。

理论联系实际是根本原则。历史经验告诉我们，理论联系实际是大学生社会实践必须遵循的根本原则。只有贯彻知行合一的原则，让理论教育与社会实践相结合，大学生才能在丰富多彩的火热实践中认识社会、了解社会，不断增长才干、全面发展。

与时俱进是动力关键。引导广大青年学生与祖国共奋进、与时代同发展，是推进大学生社会实践工作的关键所在与动力源泉。大学生社会实践活动必须牢牢抓住与时俱进这个关键，既要结合社会发展的新形势，又要注重大学生思想变化的实际情况，探索实践活动的工作规律，进一步拓宽大学生社会实践的活动领域，不断丰富形式，点燃大学生的实践热情，大力提升实践活动的时效性和针对性。

完善机制是有效保障。围绕大学生社会实践工作这个目标，党政高度重视、大力支持，高校党委亲自抓亲自管，教师参与指导、密切跟踪，学生自觉参与、积极践行，社会各界也给予了有力支持，形成了齐抓共管的格局。随着实践不断向前推进，只有坚持立足实际，整合优势资源，努力推进机制创新，继续完善健全各项体制，才能使大学生社会实践更扎实深入，实现育人效果的持续发展。

## ● 第三讲　坚持深入基层

习近平总书记在梁家河度过了 7 年的青春岁月，他从基层做起、从基础做起，改旱厕、建沼气池，带领群众搞生产。新时代大学生要扣好人生的第一粒扣子，坚定理想信念，站稳人民立场，练就过硬本领，投身强国伟业，在社会实践活动中树立坚定信念、锻炼坚强意志。大学生积极投身实现人民对美好生活向往的奋斗征程的同时，也必将在全社会范围内产生积极影响，有利于形成良好的社会风气。

近年来，一些社会实践活动延伸到大学生毕业后，形成了种类丰富、形式多样的社会实践平台，成为解决大学生就业的创新手段。大学生利用在高校中学到的知识，在毕业后到基层从事支农、支教、支医和扶贫工作，不仅促进了当地社会事业的发展，也在实践中锻炼了自身，更为我国打赢脱贫攻坚战、实现全面建成小康社会的目标贡献了应有之力。比如，大学生志愿服务西部计划为有理想、有担当的应届毕业生投身祖国西部大开发和贫困地区建设提供了良好的平台，鼓励毕业生到西部地区发扬志愿服务精神，造福贫困地区人民，从事基础教育、农业科技、医疗卫生等工作，为当地的经济和社会发展做出积极贡献。又如，"三支一扶"计划引导新时代大学生到农村去、到基层去、到人民最需要的地方去建设祖国。

大学生社会实践鼓励大学生走遍祖国的大江南北，以青年的视角来看新时代的中国大地。大学生通过社会实践、生产劳动、志愿服务等活动，积极投身脱贫攻坚、西部计划、保护母亲河等活动，培养劳动观念、公益精神和"为人民服务"的价值观，弘扬社会主义道德风尚。大学生通过"红色之旅"学习参观爱国主义教育基地，学习了解中共党史、新中国史、改革开放史和社会主义发展史，增强爱党、爱国、爱社会主义的情怀。大学生通过文化、科技、卫生"三下乡"和科教、文体、法律、卫生"四进社区"开展科技普及、技能推广、文化宣传、义务支教、医疗服务等内容的活动，在服务人民群众的过程中获得深刻的启发和教育。大学生通过有计划地到相关企事业单位挂职锻炼，围绕职业发展方向开展就业实习，体验职场环境，提升适应社会的能力和就业竞争力。大学生通过深入祖国农村、深入西部、深入基层，担当青春使命责任，致力于解决群众急难愁盼，在祖国最需要的地方绽放青春绚丽之花。

### ● 第四讲　坚持知行合一

马克思指出："体力劳动是防止一切社会病毒的伟大的消毒剂。"实践活动要广泛深入开展，引导大学生积极参与实践锻炼，才能培养大学生坚韧、顽强的优良品性，使他们养成务实的学习态度和生活作风，不断提高和完善自己的综合素养。

大学生社会实践活动让大学生在自身与社会的融合中，在课堂知识和社会实际需求的结合中进一步认识自我、发展自我、完善自我，在环境的适应能力、心理成熟度等各方面不断提高，提升大学生的综合素质。

有助于培养科学态度。科学精神是科学在其历史发展的过程中形成的价值取向，求真和奋斗是科学精神最本质的属性。有志于成就一番事业的青年大学生，应当通过社会实践活动自觉培养科学精神。科学精神的第一属性是求真。人类科学的发展史，是不断认识真理、接近真理的历史。大学生主动参加社会实践，在实践中提高分析辨别能力，逐渐培养求真的精神意识。科学精神的第二属性是奋斗。纵观人类发展史，几乎每一项重大的科学发现、科技发明都是科学家通过长期不懈的奋斗而取得的。青年大学生需要直面困难，求真务实，培养吃苦耐劳、艰苦奋斗的精神和积极上进、不断探索的科学态度。

有助于增强担当精神。社会实践活动将大学生置身于社会现实中，把大学生对改革创新的热情和自身现实结合起来，让大学生认识到一个全面的、积极的、进步的社会改革全景，激发其民族自豪感和自信心。大学生到艰苦的地方从事志愿服务在内的社会实践，去吃苦，去锻炼，有利于培养坚强的意志，使大学生在奉献中展示自我，提升自我认同感，实现人生价值，勇担社会责任。

有助于强化奉献意识。服务和奉献意识是当代人必备的素质和品格。一个人不管拥有多少知识和技术，如果不走实践道路，不服务于人民，这些知识和技术只能是潜在的生产力。大学生社会实践可以发挥大学生的专业优势，有助于锻炼大学生将书本知识转化为实践的能力，实现高校人才培养与社会需求的良性互动，强化大学生在实践中乐于奉献的意识。

有助于大学生认识自我。社会实践能让大学生看到自己和社会需求之间的差距，看到自身知识和能力上存在的不足，使他们能客观地重新认识、评价自我，更好地理解个人与集体、个人与社会的关系。

有助于增强运用知识的能力。社会实践使大学生接近社会和自然，获得大量的感性认识和新知识，同时使他们能够把自己所学的理论知识与接触的实际现象进行对照、比较，把抽象的理论知识逐渐转化为认识和解决实际问题的能力。

有助于提升应对困难的能力。大学生参加社会实践，不可避免地需要与人交流，接触不同的人群，这能够充分锻炼他们的应变能力和沟通能力。同时，大学生在社会实践中会常常遇到突发事件，在处理此类事件的过程中，他们的能力能够得到锻炼，思想也会更加成熟。

第二章

# 10年之路：南昌大学黔行支教调研团的探索和启示

　　脱教育之贫，靠教育脱贫，教育是阻断贫困代际传递的治本之策，是打赢脱贫攻坚战的宝贵经验。党的十八大以来，教育部会同有关部门印发《教育脱贫攻坚"十三五"规划》，统筹推进"两不愁三保障"义务教育有保障、脱贫攻坚"五个一批"发展教育脱贫一批等各项教育脱贫攻坚工作，坚持把教育扶贫作为脱贫攻坚的优先任务，强化组织领导，聚焦重点难点，合力攻坚克难，构建了较为完善的教育扶贫制度体系，深入实施一系列补短兜底的教育扶贫工程项目，不断完善精准到人的困难学生资助体系，推动落实有针对性的教育扶贫倾斜政策，努力实现"人人有学上、个个有技能、家家有希望、县县有帮扶"，促进教育强民、就业安民，全面完成教育扶贫各项任务。

　　大学生志愿服务队伍积极参与教育扶贫工作，通过志智双扶、技能培训等多种方式来带动群众摆脱贫困，发家致富，确保"义务教育有保障"目标顺利实现。在乡村教育扶贫工作开展过程中，教育资源的匮乏是一个亟待解决的问题，而教师作为教育的第一资源，是建设高质量教育体系的根本力量。但农村基础条件差、设备落后等一系列因素造成农村学校缺少年轻的教师，甚至缺少真正的专业教师，这些现实问题成为大学生志愿服务队伍支援和探索的重要方面。

　　"发展教育脱贫一批"，教育在脱贫攻坚路上为贫困群众文化素质、就业能力的提高打下了扎实的基础，也为精准扶贫贡献出无穷的智慧。

## 第一节　南昌大学黔行支教调研团的基本情况

2012 年 5 月，南昌大学黔行支教调研团成立。作为一支公益性支教调研团队，南昌大学黔行支教调研团充分发扬大学生奉献精神，坚持以"爱心助学、激发潜能、深入影响、持续改变"为宗旨，树立"长期定点服务、长久持续改变"理念，扎根贵州省剑河县久仰乡，开展支教助学和文化调研，至今已连续 11 年前往贵州省剑河县开展大学生社会实践活动。

目前，南昌大学黔行支教调研团已由一支小规模的支教队伍成长为百余人的大型志愿服务组织，共组织开展支教调研、社区服务、爱心义卖等活动 3000 余次，参加大学生志愿服务 1 万余人次，受益人数超 5 万人，被视为重点团队广泛推广，影响力不断提升。自成立以来，南昌大学黔行支教调研团受到省级以上主流官方媒体报道百余次，社团自身或社团骨干成员获校级以上奖励或荣誉百余项。如获得 2021年全国大学生社会实践优秀品牌项目称号、第三届中国青年志愿服务项目大赛铜奖、十七届"挑战杯"江西省三等奖等，社团指导老师邹德凤与胡邦宁、优秀学生代表杨京含，均受到习近平总书记的接见。

### ● 第一讲　团队的创建

南昌大学黔行支教调研团的成立，源自一次偶然的邂逅。2012 年 3 月，南昌大学人文学院 2010 级国学实验班陈栋梁同学到贵州黔东南苗族侗族自治州剑河县久仰乡调研。这里经济和教育落后，孩子们受教育程度低，但拥有丰富的少数民族文化资源和浓厚淳朴的乡土气息，少数民族语言、服饰、习俗、建筑等保留较好。这种反差让陈栋梁非常意外，通过支教推动当地发展的想法油然而生。

在校团委和人文学院的支持下，2012 年 5 月至 7 月，一些同学开始参与团队筹建，制订计划并与剑河县久仰乡久吉村久吉小学建立联系。随后，团队招募选拔队员 13人，在校内外开展资金和物资募集活动。同年 7 月 3 日，团队第一届成员统一着装，正式出征。同年 10 月 14 日，团队在南昌大学休闲广场举办第一届成果图片展，向大家展示了贵州久吉的风土人情、成员支教调研期间的生活状态和调研成果——募捐义卖时队员们辛苦忙碌的身影，家访时队员与当地老乡的深情交流，孩子们抱着新书阅读的喜悦，首届校园运动会上积极向上的镜头，文艺汇演时一张张幸福快乐的稚嫩脸庞，苗寨传统乐器鼓锣芦笙的神秘……丰富精美的图片带给观者一个关于苗寨支教调研的别样世界。

2013 年 3 月，团队两名队员第一次回访支教调研服务点，并开发久仰乡夭那村和巫交村两个新的服务点。同年 5 月，团队在校举行第一届成果展并招募新队员，组建一个达 30 人的团队。同年 7 月 6 日，南昌大学黔行支教调研团再次赴贵州省黔东南苗族侗族自治州剑河县久仰乡开展支教调研活动，团队分 3 个支教分队分别赴久仰乡久吉村、夭那村和巫交村，在 3 村之间开展支教调研活动，获得了久吉小学校方和当地群众的一致好评。同年 10 月，团队结束实践回校后在全校范围内举办了数天的支教调研成果展，获得了同学、老师们的广泛关注，越来越多的优秀学子渴望加入社团，投身社会实践充盈人生。

2014 年 4 月，团队开始招募新队员，并开展物资筹备工作。南昌大学其他公益服务类社团及社会公益组织纷纷为团队本次的物资筹备工作贡献力量。其中，金盘路小学捐赠图书 805 册（包含学校捐赠 200 册），衣物 176 件、学习用品若干。同年 7 月，团队第 3 届 29 名队员踏上公益征程。在第 44 届南丁格尔奖章获得者、全国优秀共产党员邹德凤老师的陪同与指导下，团队成员前往贵州高效开展了志愿服务与社会实践活动，捐赠定制校服近 300 套，并为部分贫困家庭送上爱心慰问金。团队开展的一系列实践活动得到了剑河县团委的大力支持，29 名队员被特聘为贵州省"春晖使者"。此外，团队还与剑河县团委和实践地村委签下 3 年合作协议，共同规划未来发展。2015 年 1 月，团队首次启动"暖春行动"，对支教地 3 个村庄进行回访。同年 7 月，团队 30 余名队员踏上支教的路途。

● 知识拓展 ●

## 贵州山区小学情况

贵州山区的小学分两种，即"教学点"和"完小"。"教学点"教学年级一般在四年级以下，多设在人口较少偏远贫困的村寨。"完小"的教学年级则到五年级或六年级，多设在人口较多的村寨。从 2001 年国家开始实行"撤点并校"政策以来，"教学点"不断减少，虽然在"完小"念书教学条件与教学质量有所保证，但是对于偏远地区的学生来说还是不方便。此外，对于像久仰乡这种少数民族人口占比高达 96% 的乡村来说，少数民族文化的传承需要新一代的努力，因此，"教学点"久吉小学还一直保留，但是教育资源短缺、师资力量薄弱等弊端也长久存在。

由于教育经费、交通等多种因素的阻碍，在久吉小学，诸多发展型课程（如英语、历史、音乐等）都未得到实施，学生掌握的知识还停留在语文、数学上。

## ● 第二讲　团队的发展

2012—2015 年，南昌大学黔行支教调研团的支教活动直接受益人数达 1800 余人，间接受益人数达 4200 余人；累计捐助衣物 2100 余件、图书 2400 余册、笔和作业本等其他学习用品若干；资助了邰某、余某、邰某凤等人，解决了他们上学所需费用；其间，多次举办趣味运动会、文艺汇演等活动，并建立图书室，建设广播站，开设音乐课堂，设计校园墙报，放映露天电影，等等。

2016 年冬季，团队成员开展"爱心义卖"活动，为"暖春行动"募集资金，并对久吉村进行灾后慰问。团队持续履行与剑河县续约的 3 年合作协议，并在得到当地有关部门的支持下开展了"爱心一帮一"活动。

2016 年 12 月，团队成员通过爱心苹果义卖筹集资金，购置文具套装、手套、袜子等物品各 300 余件，并于 2017 年 1 月由"暖春"成员携带回访慰问。

2018 年，团队成员前往贵州省凯里市剑河县久仰乡久吉村、夭那村、巫交村进行暑期支教活动。团队定时开展"暖春行动"，邀请爱心人士（或企业）跟随团队一同前往山区，实地察看孩子们的生活环境和条件，与孩子们进行交流。

2019 年，团队在坚持开展爱心义卖、社区志愿服务、暖春捐物等活动的同时，注重融入电商经营，注册黔行农业发展有限公司，以巫交古酒为主打产品，利用微信和微店平台帮助当地销售农特产，助推当地农产品销售。项目开展期间售卖所得近 1000 元均回馈当地农户。在走访调研期间，团队成员发现，支教地具有较为完善的乐器文化、建筑文化、手工艺文化。团队成员对当地保留完好的苗族乐器、手工艺品、建筑和服饰做了大量专业性的研究，并创新性地形成多篇优秀调研报告和《贵州省少数民族家庭教育及文化传承的调查研究——以凯里两个苗族村落为例》等优秀"挑战杯"作品，对当地少数民族文化的传承发展作出积极贡献。

2020年疫情期间，团队成员创新性地利用互联网，顺应时代与环境需要，开设"云课堂""城乡共用同一块黑板"等线上教育板块，每名成员定点帮扶3—4名学生，于线上提供课后辅导与心理帮助。同时，团队继续坚持依托微店销售平台对当地的特色农产品进行宣传与推广，将扶智与扶贫有效地结合起来。

2021年，团队成立10周年之际再度奔赴贵州，开展暑期支教调研、推普脱贫攻坚、文化传承保护与青少年心理守望4大板块活动，累计开展活动80余次。同时，为了给孩子们带去更美好的回忆和更有价值的知识，团队完善课程设计，总结10年经验，在暑期社会实践活动中积极进行推广普通话、文化保护与传承等活动，进行红色与宗祠文化探源，开展海昏侯文化宣传、传统书法课程与普通话课堂等多项文化课程，对提升当地居民与团队成员文化认同感与归属感、树立文化自信具有积极意义。

2022年，在钟贞山老师、胡邦宁老师的带领下，团队以习近平新时代中国特色社会主义思想实践研修课程为试点，通过理论学习与实践应用，按照"源于教材、超越教材，立足课堂、超越课堂，依靠主讲、超越主讲"的原则，通过精心设计专题讨论、案例分析、课题报告、读书报告等形式，将支教过程中可能出现的问题与支教活动开展的重难点分门别类进行探讨，充分调动学生学习的积极性。目前，该课程已获批省级    流实践课程，立项省级教改项目，并正在申报全国一流课程。同时，依靠项目形成的《学思践悟，寓"教"于"育"—— 大学生支教育人工程的十年探索》项目被评为高校思想政治工作质量提升综合改革与精品建设项目。

南昌大学的沃土给予了广大师生更多的主动权以及更大的实践活动施展空间，较大程度上激发了同学们投身基层、深入基层的热情。当下，南昌大学黔行支教调研团注重进一步落实立德树人的责任与使命，实施举措如下：一是人群更广。扩大实践内容覆盖层面与参与人群，将实践人员从南昌大学黔行支教调研团内部成员延伸至社团外部、学校外部乃至社会群体，使越来越多的优秀学子参与南昌大学黔行支教调研团的社会实践。二是资源更多。团队着力于加大对社会资源的整合力度，有效聚集各方社会力量，与学校团体或其他社会组织建立合作关系，共同开展实践育人活动。三是信息化更强。提升实践活动的信息化程度，通过将育人实践活动与互联网技术、人工智能等相结合，开展线上支教、创设电子数据库等，提升实践育人效率。注重加强宣传，进一步扩大社团影响力，致力于取得标志性成果，将影响范围由南昌大学内部不断向外延伸。

● **第三讲  团队的管理**

自成立至 2021 年，南昌大学黔行支教调研团是院级社团，由共青团南昌大学人文学院委员会指导，院学生会社团中心负责日常管理工作。2021 年，南昌大学黔行支教调研团正式发展成为院校共建社团，由共青团南昌大学委员会和共青团南昌大学人文学院委员会共同管辖，由校级社团中心和院级社团中心负责管理。在 10 多年的发展过程中，得益于学校的大力支持、社会各界的倾情相助、实践地人民的积极配合，南昌大学黔行支教调研团组织管理逐步发展完善，取得了一定的实践成果，形成了具有一定推广价值的先进经验，被视为重点社会实践团队在全校乃至全省范围内广泛宣传。

南昌大学黔行支教调研团设有主席团、办公室、宣传部、组织部、爱心桥 5 个执行机构，分别负责黔行各项具体工作的开展。

主席团是组织的管理机构，主要职责是选举和更换组织负责人，听取并审议各部门的工作报告以及支教团财务报告，讨论组织重大活动事项，修改组织章程、财务管理办法，决定组织终止事宜，等等。

办公室负责组织会议召开、会议记录、档案管理等工作，负责草拟日常通知、工作方案，负责本组织的财产管理和报销工作，负责购置必需品和开展活动所需相关物品，以及办理退会手续，等等。

组织部负责与校内社团的联系，配合办公室执行组织整体活动策划，建设并管理"黔行爱心捐物群"，组织开展内部团建，负责内部人员管理，包括招募成员，组织成员代表选举，等等。

宣传部负责宣传工作，通过运行网络平台扩大本组织的影响力，做好日常信息公布、对外联络工作，提供宣传类活动的策划，等等。

爱心桥的基本工作是负责与服务地相关部门、学校保持联系，联络爱心人士资助贫困学生，组织策划爱心连线活动，加强资助人与服务地、资助人与本组织、服务地与本组织的联系，作为爱心人士、单位与贫困地区受益学生以及组织之间的桥梁，等等。

部长负责组织相关部门工作，任期 1 年，因特殊情况需提前或延期换届的，须由主席团表决通过，延期换届最长不超过 1 年。

## 第二节　南昌大学黔行支教调研团的工作方法

社会实践活动涉及学生、学校和属地等多个不同主体，需要系统谋划、精心组织。作为长达 10 多年的支教团队，南昌大学黔行支教调研团在实践中形成了一套行之有效的工作方法，使得团队更有凝聚力、活动更有向心力。

### ● 第一讲　组织模式：系统谋划　科学施策

南昌大学黔行支教调研团人数多，实践地路程远，活动规模大，因此，每一次支教活动都需要精心组织，才能发挥出支教的效果。

南昌大学黔行支教调研团在活动中坚持系统谋划，科学施策，认真组织每一项活动。针对每年的支教活动，团队计划完善，准备充分。在沟通联络方面，由团队负责人提前与实践地团委取得联系，对社会实践活动的开展进行沟通协商，与支教调研的相关工作人员取得联系，确立帮扶关系和具体实践时间。在前期筹备方面，举办招新宣讲会进行推介，在全校范围内开展志愿者招募选拔，通过严格面试为实践活动招募合适的人选。在支教准备方面，提前做好物资筹集及整理，组织义卖活动，募集活动善款，积极联系社会各界爱心人士筹集资源。在团队组建方面，及时确定上课人数、教学方案、家访方案等，在开设基本课程的基础上，结合当地实际情况开设创新课程，对团队成员进行安全急救知识培训、宣传写作培训和前期注意事项培训等。在调研准备方面，做好各类活动调研策划，及时了解当地情况，确定调研方向和实际可行的调研方案，并提前设计好相关问卷。

一是坚持日常活动与定期活动相结合。团队成员每周下社区两次，开展"孤寡老人陪伴""退伍老兵关怀""退休空巢老教授慰问""社区老年人义诊""重阳节公益演出"等多样化的活动。寒暑假期间，团队成员在邹德凤老师的带领下开展包括贫困户走访、爱心捐赠、慈善义诊等在内的各类公益服务活动，着重对实践地留守儿童心理健康问题加以关注并开展相关调研，从而更深切、更全面地了解当地儿童的生活、学习状况，为偏远山区送去人文关怀。

二是坚持校内和校外相结合。在邹德凤老师的带领下，南昌大学黔行支教调研团与南昌市诸多社区达成合作关系，并与其他社团建立合作关系，取长补短，相互促进，共同组织多种类型的活动，先后在洛阳路社区和井冈山社区等地开展了测量血压、孩童陪伴和知识宣讲等志愿公益服务活动百余场。

三是坚持物质和精神相结合。通过爱心义卖筹集资金，捐赠书籍、衣物，发放慰问金，为贫困学生家庭提供切实帮助，贯彻落实中华民族团结友爱的传统美德。通过给当地群众免费测量血压、做体检，科普卫生健康知识，努力保障当地群众的身体健康。团队成员为当地的孩子们奉献青春力量，接过乡村振兴的重大责任，聚焦人民需求，助力巩固脱贫攻坚成果同乡村振兴有效衔接。

## ● 第二讲　服务模式：创新引领　落地见效

10多年来，南昌大学黔行支教调研团坚持实事求是的工作态度，秉持严谨求真的育人之道，切实提升实践活动的实际成效。团队主要从以下3个方面入手：

一是创新调整服务内容。10余年间，团队见证了实践地绝对贫困人口的消除，见证了当地群众从群体生存问题需要向个体全面发展需要的转变。团队支教活动的内容与形式逐渐由基础型向质量型转变。每年在开展支教活动前，团队都会针对实践地学生与家长开展问卷调查，针对学生与家长的需要调整支教课程的内容与课程结构。2012年，在得知当地师资力量匮乏，尤其是缺少语文、数学、英语等基础课教师的情况下，团队着重加强语文、数学、英语等基础课的教学，争取在有限的时间内尽可能多地提升学生们的知识储备。2021年，在得知家长希望增加计算机技术课程时，团队及时调整课程内容，以满足当地家长和学生的需求。团队的支教授课体系不断优化，支教实践育人工程的美誉度与知名度也随之增加。

二是实时调整服务目标。在打赢脱贫攻坚战中，很多村落完成了易地扶贫搬迁，解决了长期以来通行难、发展难的问题，为当地群众带来了福祉。团队提前预判到，生活环境的转变可能在一定程度上使青少年产生社会适应问题，山村里的青少年在精神与心理层面也需要完成转变。为此，团队根据10多年来对实践地青少年社会适应问题的跟踪调研结果，深度分析青少年社会适应问题产生的根源，形成了《易地扶贫搬迁下未成年人社会适应性问题研究——基于贵州省剑河县283名易地扶贫搬迁未成年人的追踪调研》的调研报告，提出详尽的应对策略。该调研报告荣获"挑战杯"江西省大学生课外学术科技作品竞赛三等奖，其提出的策略被实践地采纳与推广，使283名调研对象的社会适应性问题得到极大缓解。

三是做强做优支教内容。在钟贞山老师的带领下，团队聚焦国内志愿服务领域的薄弱环节，在支教过程中开展包括健康扶贫、临终关怀、无偿献血、关怀孤寡老人与退伍军人、支教调研、救护培训、德育教育、心理健康指导等多样化的社会实践与志愿服务，累计受益人数达5万余人。团队充分发挥大学生的专业能力，在调研的基础上创造性地开展"黔行路，彩虹桥"项目，建立黔行农业发展有限公司。一方面，通过"一出两进"计划进行物质扶贫。"一出"，即输出当地特色产品，包括"电商助贫，扩大宣传"；"两进"，即引进外界技术与物资，包括"技能传授，授人以渔""爱心捐赠，大城小爱"。另一方面，通过"两承三改"计划进行精神扶贫。"两承"，即传承当地优秀特色文化，包括"民俗调研，文化传承""克服壁垒，承袭苗语"；"三改"，即改变当地消极落后的思想，包括"文化调研，思想碰撞""构建桥梁，推普脱贫""以人为本，公益支教"。目前，团队正在筹备成立"黔行基金会"，在进一步扩大公司影响力的同时更好地帮助脱贫地区巩固脱贫成果。

## ● 第三讲　培训模式：整合资源　持续提升

南昌大学黔行支教调研团始终注重加强理论培训与实践培训，力图充分提升团队成员的实践意识与能力，建设一支既有理论素养，又有解决实际问题能力的支教团队。针对理论培训，团队加强课程建设。为解决大学生社会实践活动普遍存在的书本与现实"两张皮"、理论与实践相脱节、知识与价值相分离等问题，南昌大学黔行支教调研团于2020年参与建设习近平新时代中国特色社会主义思想研修课程。课程包括国情认识、理论宣讲、调查研究、文化传承、服务社会等5个研修模块，每期聚焦1个专题。课程在组织方式、督导督促、过程管理、交流讨论、成果撰写、结果认定等方面做了专门性的科学设计和针对性的工作安排，持续为支教活动开展输入智能、激发潜能、提升效能。

由于支教地距离较远，团队难以随时随地开展实践培训。通过日常社区服务、健康义诊等活动，团队成员提升了志愿服务的意识与能力，为更好地开展支教活动奠定了基础。通过实践活动，大学生实现了对自身的锻炼，为支教活动储备了知识与技能，妥善处理好了服务社会和自身成长之间的关系，多观察、多思考、多沉淀，深化了对中国社会、中国特定发展阶段的认识，将从书本上获得的知识，在实践中去验证，实现在实践中成长。

## ● 第四讲　育人模式：因势利导　因人施策

南昌大学黔行支教调研团 10 多年来紧紧围绕立德树人中心任务，因势利导、因人施策，开展了一系列健康向上、格调高雅，融思想性、知识性、艺术性、多样性于一体的支教活动，全面落实五育并举的工作目标，赋能学生成长成才。

德育铸魂强信念。道德建设是社会主义精神文明建设的重要内容，德育工作是社会主义精神文明建设的重要组成部分，是青少年一代健康成长的刚需。为培养实践地学生树立正确的政治方向，引导学生确立科学的世界观、人生观和价值观，团队成员适时安排思想道德教育课，培养学生良好的道德品质。在思想道德教育课上，团队成员向孩子们讲解了文明谈吐的重要性、遵纪守法的理念，培养孩子们良好的道德品质，使他们拥有一个充实、有意义、有尊严和幸福的人生。与此同时，团队注重加强成员的德育教育，把德育融入团队日常的学习与培训之中。团队依托团组织、学生会组织，在团队内部召开全团大会、主题团会、主题读书会与研讨会，开展形式多样的德育活动；围绕团队成员普遍关心的热点问题，广泛交流思想，统一思想认识，端正学习态度，提升思想境界，树立远大理想；定期开展德育教育知识竞赛、演讲比赛、辩论赛与征文活动，切实以德育铸魂强信念。

智育提质长本领。南昌大学黔行支教调研团不仅是培养兴趣爱好的课堂，同时也是学习本领的平台。南昌大学黔行支教调研团坚持发挥"第二课堂"的作用，在支教活动中充分发挥每一位成员的专业特长，相互交流学习，进一步提升成员的专业素养和职业能力。比如，鼓励历史系学生在深入了解实践地风土人情的基础上积极开展田野调查，研究当地少数民族语言，进一步加深对实践地历史文化的把握；鼓励中文系学生发挥自身特长，积极响应国家大力推广和全面普及国家通用语言文字的精神，在实践地贵州剑河和江西瑞金开展推普助力乡村振兴系列活动，将推普脱贫与公益课堂结合起来，形成多层次、多角度、多方位的语言文字推广体系；鼓励医学专业学生充分发挥医学知识与技能，在支教过程中开展社区义诊与医学知识科普活动；鼓励艺术与设计学院以及摄影社的学生将兴趣爱好与职业发展相结合，在支教活动中自学摄影和视频剪辑，用行动诠释"兴趣是最好的老师"。在实践过程中，团队成员不断发现不足、改正错误，不断提高自己、完善自己，检验专业知识，优化知识结构，以智育提质长本领。

体教融合强体魄。体育对于锻炼学生身体、增强学生体质至关重要，特别是支教对象多为小学生，正处于身体的快速发育期，增加运动量无疑对孩子们的成长具有重要作用。此外，体育还体现了自由开放的精神，对人际交往影响较大，是素质教育的重要组成部分。为此，团队成员坚持开展趣味竞赛类体育活动，如篮球、乒乓球及体育类小游戏等。团队成员带领孩子们在体育运动中理解团结与合作的重要性，在大汗淋漓中焕发青春与活力。由于体育运动主要是在室外，为保证孩子们的安全，团队成员自发来到操场，一边跟孩子们互动，一边保护孩子们的安全，真正做到体教融合强体魄。

美育熏陶塑品格。南昌大学黔行支教调研团每年在学校内部与实践基地都会开展团队风采展示晚会，展示百花齐放的社团文化，展望前景无限的支教未来。活动现场流光溢彩，精彩纷呈。除基础课之外，团队成员着重开设音乐、美术、课本剧表演、朗诵等美育课程，定期举办园游会、文艺汇演，建立图书角和广播站，设计校园板报，于潜移默化中推动实施美育熏陶行动，营造以美育人、以美化人、以美培元的文化氛围，充分发挥美育对于熏陶塑造品格的积极作用。

劳动教育显担当。全国教育大会把"劳"字列入全面发展教育理念，丰富了新时代党的教育方针。南昌大学黔行支教调研团充分发挥劳动育人的重要作用，以支教活动为切入点，引导孩子们树立正确的劳动观。团队始终注重培养成员自力更生的能力，鼓励成员自己动手砍柴做饭、清洗衣物、打扫卫生等。团队通过社会实践与志愿服务加强劳动教育，并依托服务地情况建设学生劳动基地，将劳动教育融入学生日常学习和生活，引导学生体会劳动的喜悦，懂得劳动最光荣、劳动最崇高、劳动最伟大、劳动最美丽。在此过程中，团队成员吃苦耐劳的意识、自力更生的能力得到了质的提升，逐渐树立起崇尚劳动、奉献社会的观念，在劳动教育中显担当。

### ● 第五讲　宣传模式：打造品牌　主动交流

南昌大学黔行支教调研团始终将宣传视为确保团队活动长期开展的保障，始终牢牢把握正确的政治方向，坚持正确的舆论导向，紧紧围绕主题主线，积极贴近时代脉搏，不断扩大舆论传播阵地；坚持宣传创新与成果转换创新，采取多样的宣传方式提升影响力。疫情之下，团队考虑现实情况，依托线上宣传途径，向实践地人民宣传团队活动开展情况与未来发展规划，确保在疫情条件下实践活动能够顺利开展；在面向外部宣传的同时加强内部宣传，建立微信群，进行家访，及时向家长宣传活动开展情况与未来发展规划，交流学生在校表现情况。10多年来，团队获中国青年网、人民网、《江西日报》等主流媒体累计报道80余次。团队积极在校内外开展实践宣讲，并利用学校新媒体进行宣传。除此之外，团队善于拓展新型宣传渠道，在抖音、爱奇艺、小红书等热门媒体上宣传活动实施情况与特色，挖掘生动故事，抓拍精彩瞬间，记录动人时刻，致力于用百姓喜欢的方式讲接地气的感人故事，累计点击量破10万，受众超过5万人。团队注重活动后的总结反馈，开展实践研修研讨会与实践经验交流分享会；带领成员跟上时代步伐，不断认识规律，推进理论创新、实践创新、制度创新、文化创新。在此过程中，每位成员充分交流在实践中学到的知识与技能，讲述自己如何带着疑惑前往，又如何带着经验满载而归。每位成员对于实践活动的认知、感受与态度都是不同的，只有大家一起协商讨论解决，根据各自的特长为团队奉献力量，一个个问题才能被大家携手解决，每个人才能从不同层面提升自己，共同打造一支谦逊、奉献、向上的队伍。

**第三节　南昌大学黔行支教调研团的工作成果**

　　10多年来，南昌大学黔行支教调研团从无到有，一步一个脚印推动山区教育实现高质量发展，呵护了留守儿童成长，点燃了团队成员的人生理想，各项工作结成累累硕果，多次获得共青团中央和江西省有关部门的表扬。

## ● 第一讲　山村教育展新颜

　　城乡教育资源不匹配是世界性的难题。在教育数量方面，生均一般公共预算教育经费存在显著的城乡差异，尤其是在义务教育阶段。农村的入学率显著低于城市，在云贵川地区，经济的落后再加上本身地形较为封闭，很多大山里的孩子面临失学的窘境。在教育质量方面，城市的师资充沛，教学设备完善，优秀的教师大多选择在发展前景更好的城市学校任职，而广大农村地区由于教师待遇偏低等，师资较为缺乏。中华人民共和国成立以来，由于国家对教育事业的大力支持，我国的教育空前繁荣，九年义务教育已经在全国普及，高等教育规模不断扩大。但城乡教育二元结构、城乡教育投入差距较大的现状或将长期存在，尤其是在落后偏远的农村地区，义务教育经费的投入大大少于城市，造成了城乡教育之间的巨大差距。

　　习近平总书记说："我们紧紧扭住教育这个脱贫致富的根本之策，强调再穷不能穷教育、再穷不能穷孩子，不让孩子输在起跑线上，努力让每个孩子都有人生出彩的机会，尽力阻断贫困代际传递。"针对城乡教育资源差距明显，在国家无法完全实现教育资源合理分配的情况下，支教就显得尤为重要。到定点帮扶地区开展义务支教，与贫困地区家庭的孩子建立"一对一"精准帮扶，可以给贫困地区的孩子带来不一样的知识营养，引导其树立远大的人生理想。

　　支教活动是南昌大学黔行支教调研团的核心活动，已持续开展了10多年。每年支教活动开展前，团队成员都会面向实践地的家长、老师与孩子开展问卷调查，了解实践地的教育需求，并结合国家对乡村教育作出的新的战略部署，在课程内容、教育形式等方面做出创新，提升效率。除国学课堂、创意手绘、趣味英语、书法艺术、普通话等基础课程外，团队还设立了科学实验、编程教学、机器人搭建、青少年素质拓展、自护教育等多种特色课程。南昌大学黔行支教调研团在社会实践中充分认识到教育对于乡村振兴的重要性，始终把支教志愿服务活动作为乡村振兴的重要抓手。南昌大学黔行支教调研团将继续从实际出发，注重实效，把高质量的教育资源带给实践地的孩子们，再续"黔赣之约"，在城乡教育均衡发展的道路上不断探索，为促进城乡教育均衡发展贡献青春力量。

输送优秀师资。教师是教育的第一资源，是建设高质量教育体系的根本力量。农村基础条件差、设备落后，导致农村学校缺少年轻师资力量与后备资源。南昌大学黔行支教调研团在每次实践活动开展前，都会有针对性地开展培训：通过教辅书籍培训提升团队成员的教育专业素养；通过文化课程培训提升团队成员的教育理论水平；通过"互联网＋大数据"培训打造新型教师队伍；通过专家学者培训开发团队成员特定技能。通过各种培训与讲座，南昌大学黔行支教调研团培养了一大批高素质高水平的支教人才，为偏远地区提供了源源不断的智力支持。

提升教学设施。山区的教学多为传统的教育模式，只能依赖孩子手里的教科书和老师上课的板书，导致学生学法单一、老师教路单一，教学效率较低。南昌大学黔行支教调研团采用"互联网＋教育"的新模式，采用PPT进行教学，通过图片、表格、音频、视频等直观地表达，丰富了教学内容，同时也提升了课堂的趣味性。除此之外，利用互联网技术进行教学还能实现教学内容的实时更新，与时俱进。

营造良好氛围。学习是学生的本职，团队成员与孩子们一起学习，共同成长。当孩子们置身浓郁的学习氛围，他们就会受到感染，不知不觉地对学习产生兴趣，从而激发他们的学习动机。要想教学效果好，课堂氛围少不了。团队成员年轻，具有活力，能够和孩子们打成一片；孩子们能在团队成员的指导下，积极思考问题，踊跃回答问题，学习氛围浓厚。

形成先进理念。南昌大学黔行支教调研团秉持先进的教育理念，以少年儿童发展和服务社会为原则，注重培养德智体美劳全面发展的社会主义建设者和接班人，为孩子们的未来之路奠定健康发展的基石。在支教活动中，团队成员每周末会与支教地学生、家长进行面对面交流。在支教结束时，团队成员会与学生、家长召开结课晚会，总结一月支教活动，表达对家长与学生的感谢，由此形成和谐友善的互助关系。面对疫情期间无法前往实践地的困境，团队打造了"云课堂""共用一块屏幕"活动，大班授课，针对辅导，保障了特殊时期支教活动的顺利开展，极大地缓解了当地师资压力。

● **第二讲　呵护儿童育新人**

留守儿童常年缺乏父母的关爱和教育，成长环境极为不利。南昌大学黔行支教调研团每年暑期支教活动的重点便是助力留守儿童成长，在教学中寓教于乐，以生动有趣的形式对他们进行传统文化启蒙。

语言文字是国家重要的文化资源、经济资源、安全资源、战略资源，事关国民素质提高和人的全面发展，事关历史文化传承和经济社会发展，事关国家统一和民族团结，是国家综合实力的重要支撑，在党和国家工作大局中具有重要地位和作用。在中国特色社会主义现代化建设的进程中，大力推广、积极普及普通话，有利于消除语言隔阂，促进社会交往，对社会主义现代化建设和发展具有重要意义。推广普通话也是乡村振兴工作的重要组成部分。南昌大学黔行支教调研团在做好常态化推广普通话工作的基础上，以各种活动为载体，大力宣传国家语言文字方针政策，增强孩子们自觉规范使用普通话的意识，构建使用普通话交流的语言环境，弘扬中华优秀传统文化。针对易地扶贫搬迁社区孩子们普通话的应用情况，南昌大学黔行支教调研团在当地积极开展推广普通话主题宣讲活动。团队成员为山区留守儿童开展妙趣横生的普通话推广活动，包括方言辨别、绕口令比赛、朗诵比赛等，在寓教于乐中开展国家通用语言文字宣传推广活动。团队成员还对孩子们进行健康教育，告诉孩子们保护好自己的身体。

星星火炬，代代相传，红旗一角，鲜艳荣光。团队始终致力于探索爱国主义教育进校园、进社区的新路子，创新形式，丰富载体，运用文艺节目、沉浸式课堂等多种形式讲好中国故事，帮助中小学生理解中国共产党为什么"能"、马克思主义为什么"行"、中国特色社会主义为什么"好"，深化知史爱党、知史爱国。团队通过可说、可唱、可传播，有问、有答、有互动的主题教育，内容丰富的爱国小故事，激情澎湃的演讲，潜移默化地把红色传统、红色记忆、红色基因根植于青少年心中，深化爱国主义思想教育。

## ● 第三讲　推动山区新发展

为进一步推动乡村振兴，团队成员还开展了调研活动、爱心义卖与电商经营活动，以少数民族服饰、少数民族语言、少数民族建筑、少数民族普通话推广、宗祠文化、易地扶贫搬迁社区未成年人社会适应性问题、农村老年人心理问题等为主题，进行调查研究。调研充分结合了团队成员的专业特长。历史系学生在深入了解实践地久仰乡风土人情的基础上积极开展田野调查，研究当地少数民族语言，收集了许多宝贵资料；中文系学生将推普振兴与公益课堂结合起来，形成多层次、多角度、多方位的语言文字推广体系，充分发挥语言文字对乡村振兴的基础性作用。同时，团队成员利用课余时间开展各类爱心捐赠活动，征集所得物品部分用于爱心义卖筹集公益资金，另一部分直接作为"暖春"物资捐往支教地。在义卖之余，团队成员利用微信和微店平台帮助当地销售农特产。2019 年，团队建立了黔行农业发展有限公司。公司成立 3 年来，带动近 3 万人了解并喜爱少数民族文化，取得了近 10 万元的增产增收，为当地捐赠了数千件爱心物资。

经济的发展与文化的振兴息息相关。团队依托南昌大学建校百年深厚的文化底蕴，注重继承传播传统文化、学习践行红色文化、创造更新先进文化。针对传统文化，一方面，团队系统整理地方优秀传统文化，开展少数民族文化调研，传播少数民族文化故事，保护当地的文化特色；另一方面，团队积极传播江西优秀传统文化。针对红色文化，团队积极开展革命文化宣传活动，带领学生诵读红色家书、瞻仰红色遗址、创作红色作品、举行文艺演出等，在实践地建立红色基地，打造社区红色品牌。针对先进文化，团队开设了多种形式的读书班、书法班、朗诵班、编程技术班等，开设了民族团结课程，举办了"厉行勤俭节约"等文明实践活动，开展了易地扶贫搬迁社区未成年人社会适应性问题调研。

## ● 第四讲　自我成长成新才

一个国家最亮丽的风景线便是青年，青年强则国强，青年弱则国弱。南昌大学黔行支教调研团把志愿服务作为加强和改进学生思想政治教育的重要载体，以"奉献、友爱、互助、进步"的志愿精神为引领，在用爱心和技能奉献社会的过程中激发学生的责任意识和使命担当，引领团队成员在社会实践中立志、勤学、自强，为中华民族伟大复兴之巨轮添薪加火。

2013 年，习近平总书记在同各界优秀青年代表座谈时指出："广大青年要坚持用邓小平理论、'三个代表'重要思想、科学发展观武装头脑，把理想信念建立在对科学理论的理性认同上，建立在对历史规律的正确认识上，建立在对基本国情的准确把握上，不断增强道路自信、理论自信、制度自信，增强对坚持党的领导的信念，永远紧跟党高高举起中国特色社会主义伟大旗帜。"南昌大学黔行支教调研团成员于社会实践中树立了理想信念。从江西南昌到贵州剑河，一天一夜的车程，团队成员没有喊累。面对当地环境，团队成员及时调整状态，通过开展支教调研活动，深入基层，了解国情，了解社会，对脱贫攻坚、乡村振兴等国家政策有了更深刻的领悟，对留守儿童、易地搬迁等社会热点有了更深刻的思考，建言献策、躬身实践的意识得以增强。通过准确把握国情，深刻了解社情，团队成员立志将个人成长与国家发展相结合，以个人成长的一小步促国家发展的一大步，学会用脚步丈量祖国大地，深入人民群众，扎根基层一线，用眼睛发现中国精神，用耳朵倾听人民呼声，为人民服务的意识得以增强。

南昌大学黔行支教调研团成员于社会实践中勤学，提高了自身本领。通过平日里开展专业技能训练，参与志愿服务活动，团队成员学习到一些安全知识与服务技能，如心肺复苏术、穴位按摩等。通过暑期的支教调研活动，团队成员提高了教学能力，提升了思维逻辑。团队成员运用专业知识，优化知识结构，投身乡村振兴，教育强国的意识明显增强，涌现出了诸多优秀教师代表和优秀学生代表。第一届成员陈同学，回到家乡遵义投身教育事业；第五届成员蔡同学，投身临床医学研究，在防疫中发挥了重要作用；第八届成员旷同学，第九届成员王同学、肖同学等，保研至国内知名高校。以徐同学、温同学、龚同学、唐同学、喻同学、陈同学等为代表的200 余名成员，毕业后有的加入了大学生志愿服务西部计划，有的扎根基层、投身乡村振兴和教育事业，有的返回家乡进行创业。

通过参与实践活动，南昌大学黔行支教调研团成员树立了理想信念，提高了自身能力，于艰苦环境中努力奋斗，于社会实践中成长成才。

第三章

# 他山之石：
# 不同视域中大学生
# 社会实践研究

## 第一节　大学生社会实践的基本类型

在中华大地上，有许多大学生志愿服务队伍，他们投身时代的洪流，在时间的河床上凝聚起沉潜的力量，挺身于疫情防控火线，奋斗在脱贫攻坚前线，活跃在返乡建设一线，与时代和社会一起向阳而生。在本节中，我们将结合国内高校典型案例，围绕实地调研、乡村支教和志愿服务等大学生社会实践的基本模式进行阐发。

### ● 第一讲　实地调研

实地调研是在实地开展调研走访活动，指的是对选定的典型调研对象进行相关资料的查询后，采用问卷调研、深度访谈、跟踪调研等方式获取信息，将调研中得到的信息、材料汇总整合，形成调研报告。一方水土养育一方百姓，在不同的气候、地形、水文等自然条件下，人们的生活环境与经济发展是不同的，因此需要通过实地调研掌握一个地区环境的第一手资料，从而因地制宜地制定出促进当地经济发展的政策。

#### 一、对象准：多元对比定中心

唯物辩证法认为，矛盾的普遍性与特殊性是相互联系的，普遍性寓于特殊性之中，而特殊性离不开普遍性。实地调研必须坚持"抓住典型"，从矛盾的特殊性中揭示出矛盾的普遍性，从而更好地指导工作。

南昌大学黔行支教调研团前往贵州开展调研活动研究易地扶贫搬迁政策时，选定的调研对象为黔东南苗族侗族自治州的剑河县。贵州是中国脱贫攻坚主战场。2014年末，贵州全省有贫困人口 623 万人，占中国贫困人口的 8.9%，数量居中国第 1 位。2015 年 12 月，贵州把易地扶贫搬迁作为脱贫攻坚"当头炮"，开展易地扶贫搬迁工作，计划实施易地扶贫搬迁 188 万人，占中国搬迁计划的 15%。截至 2020 年，贵州省完成了 192 万人的易地扶贫搬迁任务，搬迁人口占全国易地扶贫搬迁人口总数的近 1/5。作为中国搬迁规模最大、人数最多的省份，贵州是全国易地扶贫搬迁的缩影，已探索出一条独具特色的易地扶贫搬迁路子。剑河县作为贵州省脱贫攻坚"9+3"重要县区之一，为贵州省脱贫攻坚作出了突出贡献，是贵州省易地扶贫搬迁的缩影，具有一定的代表性。为此，在贵州省剑河县的调研及其建议可能对其他城市也具有一定的适用性。

2017 年，清华大学学生"三农"学会扶贫支队为研究养老产业促进脱贫，选择了前往广西巴马。广西巴马瑶族自治县是国家级贫困县，境内山多地少，现代农业、工业的发展都受到很大的制约。而巴马县又是中国长寿老人密集度最高的地区，被誉为"世界长寿之乡"，发展农村养老产业的条件得天独厚，是一个理想的养老产业扶贫试验区域。

### 二、方式活：多措并举深调研

1. 问卷调研。问卷调研指的是通过制定详细周密的问卷，要求被调研者据此进行回答以收集资料的方法。问卷是社会调查研究中收集资料的一种方式，可分为纸质问卷和线上问卷两种。大学生在社会实践过程中开展问卷调研时，首先要围绕调研主题敲定问卷问题。一般情况下，问题包括人口统计学特征（年龄、性别、职业等）、理论模型变量（对问题的态度，如同意、部分同意、不同意）、辅助变量（问题的限定词）等。其次要敲定问卷发放的场所与数量。需要注意的是，设计问卷的措辞不要模糊不清，被调研者对问题产生歧义将影响最终的分析结果；要注意问卷发放的对象是否为特定人群。

2. 深度访谈。深度访谈是专业访谈人员和被调研者之间进行时间较长的（通常为 30 分钟到 1 个小时），采用一对一方式的，针对某一论题的谈话。深度访谈一般用于采集被调研者对某事物的看法，或做出某项决定的原因等。根据访谈的性质，深度访谈可以分为正式访谈和非正式访谈。正式访谈，即访谈者事先有计划有准备有预约的访谈；非正式访谈，即访谈者参与被调研者的社会生活，并进行无准备的，类似闲聊的交谈。在开展深度访谈时，大学生要注意规范自身作为访谈者的行为：一方面，要有充足的耐心，不要随意打断被调研者的叙述；另一方面，要善于观察与记录，通过观察被调研者的神情和语调，结合被调研者的话语，判断被调研者所述事件的真实性。值得注意的是，不论是正式访谈还是非正式访谈，问题的设定都要逐渐深入；在访谈的过程中，访谈者要恰到好处地对被调研者的话语进行探寻，以获得更多有用的信息。

3. 跟踪调研。跟踪调研指的是对具有某种共同特征的调研对象，在进行一次调查登记以后，坚持采用定期或不定期的多次随访，以取得有关资料的一种调研形式。跟踪调研可以让调研者获取调研对象的动态信息，把握分析其内在规律性，以便克服一般方法只能掌握某一时间内静态资料的不足。开展跟踪调研，首先要明确调研目的、范围、对象，要注意调研对象一旦选定，就不能随意变动；其次要建立一套可追踪的指标体系。例如，南昌大学黔行支教调研团针对易地扶贫搬迁社区的青少年社会融入问题开展研究，以贵州省剑河县283名青少年为跟踪对象，经过10年的持续跟踪调研，总结了青少年在易地扶贫搬迁背景下几大适应性问题。

4. 实地观摩。实地观摩指的是观察者有目的、有计划地运用自己的感觉器官或借助科学观察工具，能动地了解处于自然状态下的社会现象的方法。开展实地观摩调研，首先要选定观察对象、环境、时间与场合；其次要灵活安排观察程序，尽可能地观察处于自然状态下的社会现象，并及时做好实地观摩的记录。在实地观摩过程中，要选定具有典型性的观察环境，选定最佳的观察时间、场合。

### 三、成果实：多层深入成报告

习近平总书记指出："要坚持知行合一，注重在实践中学真知、悟真谛，加强磨练、增长本领。"大学生通过走进乡村，深入基层，开展实地调研活动，结合所学，根据实际，将国家政策带到乡村，助力扶贫政策的实施与延伸。大学生志愿服务队伍在实地调研后需要将调研发现的问题与思考后提出的措施予以整合，形成相应的调研报告。

常州大学"践行'两学一做'，助力精准扶贫"实践小分队于2016年赴江苏省滨海县大尧村开展实地调研活动，借助收集到的驻村扶贫调研资料，从宏观层面了解驻村扶贫的现状和共性问题，并思考扶贫的有效路径。调研报告指出，大尧村毗邻海洋，可发展墨鱼、鱿鱼、虾米等海产品加工产业，打造品牌并进行线上推广。

清华大学贵安新区大数据产业布局与发展模式研究社会实践支队于2017年深入贵安新区进行实地调研，通过访谈和实地观摩等形式，在调研报告中将贵安新区开展大数据精准扶贫工作的经验总结为"一个基础、两种手段、三类模式"，并分析了贵安新区在发展脱贫、服务减贫、教育治贫3个方面的具体模式，总结了贵安新区大数据精准扶贫经验的特殊性及借鉴意义，展望了贵安新区的发展方向。

### ● 第二讲　乡村支教

乡村支教是大学生社会实践的基本形式。一些中西部省份的乡村学校，教师人数有限，基本教学需求处在"紧平衡"状态，无法满足学生课后教育等需求。大学生开展乡村支教，是朋辈教育的重要方式，既在大学生的能力范围内，也满足了学生的实际需求，是较为常见的实践类型。

#### 一、知识教学

在课程内容方面，支教团队可以结合当地政府要求，开设夏季防溺水、防中暑小课堂等；可以结合孩子成长特点，开设心理健康教育小课堂、高效学习课堂、享受阅读课堂等；可以聚焦社会热点，开设预防校园霸凌课堂、性教育课堂等。例如，2017 年，清华大学"吾童计划"暑期社会实践支队前往云南临沧 3 所中学，通过 16 堂课，为当地 980 余名学生普及了包括自我保护、青春期变化与发育、性别观念、疾病与安全 4 个部分内容在内的性教育知识。同时，通过企业赞助，该团队以激励形式为参与活动的 650 名女生发放了包含卫生巾、生理健康相关图书在内的礼包，并与企业积极洽谈长期合作，为学校建立起长效的课程机制。

在课程形式方面，支教可以分为线上直播形式和线下面对面形式。线上直播形式具有灵活性：一方面，孩子们可以通过回放多次学习；另一方面，支教老师可以规避疫情安全隐患，远程授课。线下面对面模式则对电子设备要求不那么高，也方便老师与孩子互动，增进对孩子的了解。2020 年春，吉首市民族中学原定于 2 月 1 日开学，但受疫情影响，开学延期到了 4 月 20 日。2 月 20 日，按照当地教体局的工作安排，清华大学研究生支教团湘西分队的 5 名成员来到湘西进行了为期 14 天的隔离，此后便开展了近两个月的线上教学工作。起初，支教队员冯晨龙选择在班级 QQ 群里发语音讲课，但是把所有的课发完一遍后，他发现 QQ 语音并不能转发，只能拿另外的设备翻录一遍。每条语音时长近 1 分钟，每节课大概需要 30 到 40 条语音。备课、录音、翻录，这样一来，每节课基本上要花七八个小时才能完成。七八节课后，冯晨龙意识到这样做过于耗费时间，于是开始录一个完整的语音文件发送给学生。虽然这样比之前的方式便捷很多，但问题在于发出去之后无法检测学生是否听课，同时也不能保证及时互动。为了解决这个问题，学生建议冯晨龙直播上课。"刚开始没有选择直播上课主要是因为自己太羞涩了，不太能够接受网上直播给学生上课的方式，后来实在没办法就硬着头皮上，上了几次后感觉还可以，这个十八线主播当得还不错，然后就固定下来开直播间，让学生去听课，打卡签到。"截至线下开学，冯晨龙已经上了 20 余节网课，湘西分队全队上网课累计近 90 节。

## 二、课余活动

在课余，大学生志愿者们可以开展各种各样的活动，促进孩子们德智体美劳全面发展，如趣味运动会、环保时装秀、文艺汇演、知识竞赛、辩论赛等。

2018 年夏，清华大学"享读计划"古丈县支队 12 名志愿者在 8 月 9 日至 14 日于湘西古丈县一中开展了暑期夏令营活动。支队为当地学生开展了趣味阅读课程的教学，每位队员都根据自己推荐的书籍安排了 4 节讲解课程，这些课程经过两个月时间打磨，兼具知识性与趣味性。同时，配合授课内容，队员们还安排了活动课让同学们亲身实践书本内容。其间穿插一次学习规划课，同学们依据亲身体会分享学习经验。每天午休前，队员们积极与同学们进行交谈，积累了 50 余份访谈记录。支队将访谈整理形成调研报告反馈给古丈县一中，为其常规教学提供帮助。

此次活动在帮助同学们开阔视野、发掘潜能等方面取得了一定成果，获得了校方和学生的一致好评，成为古丈县一中和清华大学对接的一个窗口。教育是长远大计，通过支教活动，志愿者们得以更深入地理解教育一线工作者的辛劳，同时也期待着后续进一步的跟进和回访。

## 三、技能培训

习近平总书记多次强调要大力发展技工教育，大规模开展职业技能培训，加快培养大批高素质劳动者和技术技能人才。近年来，各地大力发展技工教育，大规模开展职业技能培训，推动困难群众学习并掌握技能，实现以技能促就业、助脱贫。新时代青年应当以己之能，为乡村振兴添薪助力。

2021 年 2 月，清华大学"红土少年"实践支队联合强棒天使棒球基地，着力培养贫困留守儿童成为棒球领域人才，考取大学或成为运动员。在基地里，孩子们可以接受专业的体育训练，学会一技之长，走出大山。这为教育扶贫提供了新思路。

## ● 第三讲　志愿服务

伴随着我国改革开放的深入发展和工业化、城镇化进程的加快，农民工问题已经成为重大的社会问题。为深入贯彻中央有关精神和中央文明委《关于深入开展志愿服务活动的意见》，广泛动员大学生志愿者为留守儿童健康成长提供形式多样、切实有效的志愿服务，加强新格局下大学生志愿者行动品牌建设，支持"两个全体青年"工作目标的实现，共青团中央、中国大学生志愿者协会决定在全国范围内实施"共青团关爱留守儿童志愿服务行动"，以"心手相牵，快乐成长"为口号，以"随父母进入城市的留守儿童"为服务对象，组织广大大学生志愿者在全国城乡广泛开展学业辅导、亲情陪伴、感受城市、自护教育、爱心捐助等内容的志愿服务，为留守儿童提供切实有效的帮助。

据统计，我国有近 2 亿农民工，他们长期在外，其中不少人拖儿带女。农民工远离故土，身在异地，给子女的教育带来诸多不便。如何更好地关爱农民工子女，使之与其他孩子受到同等教育，这是一个不可忽视的问题。针对留守儿童的特殊处境，必须给予他们物质上的资助、生活上的关心、思想上的关注、心理上的关爱，对他们进行独立生活教育、思想道德教育、文明礼貌教育，培养他们独立自主的能力和乐观向上的生活态度，使他们在欢乐、和睦、关爱、健康的环境中成长，让他们感受到大家庭的温暖，从小树立正确的世界观、人生观和价值观，为成为社会主义事业合格的建设者和接班人奠定基础。伴随中国工业化、城镇化进程和劳动力转移步伐的加快，解决好留守儿童问题越来越显得重要。我们需要建立相应的管理和保障制度，进一步解决好这些孩子的生活、学习、医疗、安全等问题，使他们快乐健康地成长，这是各级有关部门的责任，也是全社会的责任。

1. 关爱留守儿童工作是共青团服务党政工作大局和经济社会发展的重要举措。留守儿童是一个特殊的群体，他们或无法得到父母的关心爱护，或缺少社会的关注，或受到社会的歧视。关爱留守儿童，解决好留守儿童的问题，既解决了农民工的实际困难，又解决了他们的后顾之忧，实质上就是关爱广大农民工，让广大农民工感受到党和政府的关心和温暖。促进未成年人健康成长是共青团的基本职责，高校共青团组织作为全团工作中具有基础战略性地位的组织，在关爱留守儿童工作中具有组织、人力和资源优势。关爱留守儿童是高校共青团关怀和帮助农民工的一项重大举措，也是履行基本职能、体现社会责任的重要表现。

2. 关爱留守儿童工作是维护社会稳定、促进和谐社会建设的重要内容。农民工及其子女是一个特殊的群体。近年来，党和政府采取了一系列措施解决他们的现实困难和问题，但留守儿童的教育问题、发展问题等还没有得到很好的解决。同时，资料显示，留守儿童犯罪现象不断增多，究其原因：一方面，留守儿童年龄偏小，文化程度偏低，法律意识淡薄，这从根本上限制了他们适应社会的能力；另一方面，社会对留守儿童的关爱太少，不能满足其生存、教育、发展的需求，不能给予留守儿童健康发展的外在环境。因而，在社会保障职能不能完全发挥作用的情况下，发挥共青团在组织和服务方面的优势，利用共青团和青年天然的亲近，充分关爱留守儿童，使其感受到社会的关爱，消除其内心的矛盾，这对于维护社会稳定、促进社会和谐具有十分重要的现实意义。

3.关爱留守儿童工作是维护留守儿童合法权益、促进其健康成长的重要途径。为解决留守儿童的权益保护问题，近年来，国家有关部门出台了一系列政策措施。《关于进一步做好进城务工就业农民子女义务教育工作的意见》规定，进城务工就业农民流入地政府负责确保其子女接受义务教育。目前，各地政府按照相关要求做出了诸多努力，取得了初步成效，留守儿童受教育权利基本得到落实。但是，现有的办学资源还是无法满足众多留守儿童的需要，很多留守儿童还是处于失学状态。共青团关爱留守儿童行动的开展，可以改善留守儿童受教育的条件和环境，给他们提供在学校接受不到的单独辅导、学业提升、关心爱护、兴趣指导，可以为留守儿童提供感受生活的途径，为留守儿童传授日常生活的基本常识，使他们能在最短的时间内适应父母不在身边的生活，提高自理能力。

一是学业辅导。大学生志愿者可以在课余时间对留守儿童进行学业辅导，开设音乐、美术、文化、体育等课程，帮助他们提高学习成绩和综合素质。二是亲情陪伴。大学生志愿者可以和留守儿童做游戏、聊天交流等，和他们交朋友、做伙伴，倾听他们的心声，帮助他们保持良好的心态、培养健全的人格。三是感受城市。大学生志愿者可以带留守儿童进入周边城市，带领他们就近就便参观城市，参观爱国主义教育基地、博物馆、纪念馆、科技馆等，帮助他们充分感受和体验城市生活，了解和融入城市。四是自护教育。大学生志愿者可以到社区、到乡镇、进学校，为留守儿童讲授安全、自护和健康、卫生等知识，提高他们的安全意识和自护能力，促进他们养成健康的生活习惯。五是爱心捐赠。充分发挥团组织和大学生志愿者的杠杆作用，形成"多位一体"的留守儿童帮扶网络，联络协调社会各界支持，开展文体用品、生活用品等物资捐助，为留守儿童创造更好的学习、生活条件。

## 第二节　大学生社会实践的常见模式

当代大学生身处世界百年未有之大变局，须心系国之发展，把握政策惠民、产业富民、信息兴民多个维度，助力乡村振兴，推动实现农村更富裕、生活更幸福、乡村更美丽的愿景。

自 1994 年国务院颁布《国家八七扶贫攻坚计划》以来，我国共颁布了 8 项扶贫政策：一是产业发展脱贫。产业发展脱贫主要包括农林产业扶贫、旅游扶贫、电商扶贫、科技扶贫等，提出了 13 项产业扶贫工程与具体措施。二是转移就业脱贫。转移就业脱贫主要从组织开展职业培训和促进转移就业等方面，提出了 6 项就业扶贫行动。三是易地搬迁脱贫。易地扶贫搬迁是中国针对生活在"一方水土养不好一方人"地区的贫困人口实施的专项扶贫政策，具体指对居住在生态环境恶劣、自然条件低劣等不具备生存条件和地质灾害高发地区的贫困群众，按照自愿的原则，在政府的统一组织下，搬迁到生活和生产条件较好的地区，实行有计划的开发式移民。四是教育扶贫。教育扶贫主要从基础教育、职业教育和降低贫困家庭就学负担等方面，提出了一系列行动计划和措施，不断提升贫困人口综合素质和就业技能，逐步消除因学致贫问题，阻断贫困代际传递。五是健康扶贫。健康扶贫围绕医疗卫生服务、医疗保障、疾病防控和公共卫生等方面，提出 6 大健康扶贫工程，加快推进基本公共卫生服务均等化，有效缓解因病致贫返贫问题。六是生态保护扶贫。生态保护扶贫主要从生态保护修复、生态保护补偿机制两个方面，提出了 11 项重大生态扶贫工程和 4 项生态保护补偿方式，使贫困群众通过参与生态保护实现脱贫。七是兜底保障。兜底保障主要从社会救助、基本养老保障、农村"三留守"人员和残疾人等方面，提出了社会保障兜底措施，通过筑牢社会保障安全网，解决好特殊困难群体和弱势群体的脱贫问题。八是社会扶贫。社会扶贫主要从东西部扶贫协作、定点帮扶、企业帮扶、军队帮扶、社会组织和志愿者帮扶，以及国际交流合作等方面，提出了相关措施和要求。

## ● 第一讲　政策利民：扶贫开发

扶贫开发是指国家拿出专项资金，扶持已经确定的扶贫开发工作重点地区，解决生产生活方面存在的突出问题，目前主要用于扶持增收产业、移民搬迁和劳动力转移培训等。扶贫是为帮助贫困地区和贫困户开发经济、发展生产、摆脱贫困的一种社会工作，旨在扶助贫困户或贫困地区发展生产，改变贫困面貌。其基本内容与特点包括以下几点：第一，有近期、远期的规划和明确的目标，并有为实现规划要求而制订的具体计划、步骤和措施，把治标和治本有机结合起来，以治本为主。第二，不仅帮助贫困户通过发展生产解决生活困难，更重要的是帮助贫困地区发展经济，从根本上摆脱贫困，走上勤劳致富的道路。第三，把政府有关部门和社会各界的力量全面调动起来，互相配合，形成合力，共同为贫困户脱贫和贫困地区开发工作提供有效帮助。

党的十八大以来，以习近平同志为核心的党中央把扶贫开发工作作为我国当前和今后一个时期内治国理政的重要任务来抓，特别是 2013 年习近平总书记提出"精准扶贫"这一概念以来，脱贫攻坚成为我国必须要切实抓好的一项战略性任务。因此，做好新时期精准扶贫工作是全社会共同的责任和义务。高校本身就是参与农村精准扶贫的重要环节，是服务地方经济发展的智力和科技支撑，理所应当要发挥自身优势。高校大学生是肩负全面建设社会主义现代化国家、实现中华民族伟大复兴的中坚力量，参与精准扶贫工作是时代感召，职责所在。

习近平总书记提出要动员全党全国全社会力量坚持精准扶贫和精准脱贫。高校是人才、智力、科技的聚集地，因此，高校参与精准扶贫工作既是贯彻落实党和国家重大决策部署的需要，又是自觉担当国家重大战略任务的使命和责任使然。

从脱贫攻坚工作的实际需求来看，高校参与精准扶贫工作是实现高校与地方精准对接的有效途径。社会服务是高校的重要职能之一，帮助贫困地区脱离贫困也是高校义不容辞的社会责任。脱贫攻坚工作是一种从经济、文化、教育等方面精准施策，并最终使贫困人口脱贫致富的一种扶贫工作方式。高校参与精准扶贫，其实就是把自身的人才、智力、科研等优势与地方经济发展精准对接，在全面提升地方的教育、文化和科技发展水平等方面具有重要作用。除此之外，高校在参与服务地方经济发展的同时还能够促进自身发展，可以根据现实发展需要优化专业设置，加快调整学科专业结构步伐，提高创新能力和科研成果转化能力，从而提高高校的综合实力与影响力。因此，高校参与精准扶贫工作既是实现高校与地方精准对接的有效途径，又是切实推进自身发展的现实需要。

从高校人才培养的有效途径来看，参与精准扶贫工作是激发大学生健康成长成才的内在动力。高校担负着培养中国特色社会主义事业建设者和接班人的神圣使命。党的十九大报告指出："青年兴则国家兴，青年强则国家强。青年一代有理想、有本领、有担当，国家就有前途，民族就有希望。"大多数大学生对基层和社会了解不够，社会经历缺乏，因此，大学生参与精准扶贫工作，不仅能够全面锻炼和提升实践能力，也能增强社会责任感，激发自觉成长成才，不断完善自我、奉献自我的热情，为实现中华民族伟大复兴贡献青春力量。

要以文化扶贫为重点，助力贫困地区精神文明建设。文化扶贫要先"扶志""扶智"，"授人以鱼不如授人以渔"。青年大学生可以深入基层对农民进行理论和政策宣讲，增强他们对国家政策的理解和认可，也可以投身农村文化建设。

高校大学生可以发挥专业优势，助力文化、生态环境保护等方面的扶贫。扶贫开发工作是一项重要的民生工程，短期的帮扶并不是扶贫的主要目标，长期可持续发展才是根本。因此，需要在人才、科技、产业、医疗卫生、生态环境等方面全面协调可持续，让农村从本质上发生改变，全面实现脱贫攻坚目标。高校大学生可以发挥自己的专业优势，在科技兴农、"送医下乡"、生态环境保护治理与宣传、产业信息化平台建设等方面出谋划策，让农民多掌握一些新技能，少一些风险，帮助农民解除后顾之忧。

高校大学生可参与高校脱贫攻坚智库建设，为当地政府精准扶贫工作提供建议对策。高校大学生可以依托高校脱贫攻坚与地区发展研究中心等智力支持优势，围绕精准扶贫工作的重大理论和现实问题开展研究，深入一线农村进行扶贫脱贫工作调研，通过调查贫困地区发展现状和当前阶段存在的主要难题，探究内在规律，构建切实可行的对策体系，为地方社会提供决策咨询服务，充分发挥高校的社会建设作用。

● **第二讲　健康卫民：医疗扶持**

2019 年 4 月 16 日，习近平总书记在解决"两不愁三保障"突出问题座谈会上说："到 2020 年稳定实现农村贫困人口不愁吃、不愁穿，义务教育、基本医疗、住房安全有保障，是贫困人口脱贫的基本要求和核心指标，直接关系攻坚战质量……实现基本医疗有保障主要是所有贫困人口都参加医疗保险制度，常见病、慢性病有地方看、看得起，得了大病、重病后基本生活过得去……"医保扶贫是健康扶贫的重要内容，是防止人民群众因病致贫返贫的重要制度安排，对巩固脱贫攻坚成果、打赢脱贫攻坚战具有重要意义。

大学生如何在社会实践中推动健康卫民呢？

### 一、提供研究参考

一方水土养育一方百姓，开展医疗扶持的第一步即是直面当地的医疗现状，对当地的医疗水平、医疗基础设施以及医疗资源等开展多方面调研。

例如，2019 年 8 月 15 日，清华大学的志愿者来到湘西保靖县，通过与湘西保靖卫生局开展座谈，了解到保靖的基层医疗现状——医疗、健康教育、预防于一体，医疗水平低，对慢性疾病的治疗刚刚起步，贫困人口多，贫困现状严重，大病保障机制报销 85%，综合保障 80%。随后，志愿者实地走访了当地县人民医院，了解县人民医院主要承担的公共卫生工作。

### 二、宣传医保政策

为贯彻落实党中央、国务院决策部署和 2022 年政府工作报告有关任务要求，进一步深化医疗保障制度改革，促进医疗保障高质量发展取得新成效，国家医保局会同财政部、国家税务总局印发了《关于做好 2022 年城乡居民基本医疗保障工作的通知》。医保政策在防止人民群众因病返贫上发挥了重要作用。然而，由于信息的闭塞、知识的有限等因素，贫困地区的群众参保、用保意识薄弱。

大学生志愿者在开展调研的同时，也可以宣传医保政策。例如，2017 年 7 月 13 日至 14 日，西安理工大学材料科学与工程学院社会实践小分队，在咸阳市渭城区窑店镇西毛村开展医疗帮扶系列活动。在活动过程中，一方面，志愿者细心地对受访贫困家庭进行采访，了解精准扶贫户是否清楚国家医疗保障政策、对医疗保障政策的看法等；另一方面，志愿者向贫困家庭发放了医疗保障政策的宣传手册，讲解了村民们最关心的报销程序、报销范围和比例，针对村民的疑惑进行了耐心细致的解答。

### 三、援助医疗物资

2022 年 8 月，烟台大学"药乡行"爱心医疗服务团联合泗水县微公益协会开展一系列活动，将 2022 年暑期实践服务人群由老年人拓展到困境儿童，为困境儿童发放"药乡行"团队自制的儿童爱心医疗包，并且回访"希望小屋"的困境儿童，为他们送去温暖和关怀，鼓励孩子们自尊、自立、自强，增强战胜困难的信心和勇气。

### 四、开展健康义诊

开设健康义诊活动，不仅可以为群众提供便捷、优质、高效的服务，让群众在家门口看病就医的需求得到实现，而且对志愿者来说也是宝贵的经验与志愿经历。

例如，2022 年 7 月，南昌大学第三临床医学院"青春无悔，医心益行"文明实践队前往江西樟树市开展"青春笃志义诊行，健康相随暖人心"主题系列活动。实践队在指导老师何洁的带领下，联合南昌大学第三临床医学院的专家、骨干义诊团，来到樟树市垱下亭社区新时代文明实践站设立临时医疗义诊点，不仅为社区及周边居民提供专业医疗咨询、免费体检、免费诊疗等服务，而且开展了健康宣教、爱心赠药等活动。

**案例剖析**

2017 年 7 月 13 日至 14 日，西安理工大学材料科学与工程学院社会实践小分队，在咸阳市渭城区窑店镇西毛村开展医疗帮扶系列活动。

首先，志愿者通过联系村委会和卫生所掌握了村民数量和平常的医疗状况，了解到该村共有 8 户国家建档立卡精准扶贫户。

其次，在村干部的带领下，志愿者深入这 8 户人家详细了解情况，逐户了解家庭人口数、收入来源，掌握他们的贫困原因。这 8 户人家有 2 户是因为家里缺乏劳动力无收入来源而致贫，有 6 户则是因病致贫，甚至有 1 户家中 4 口人 3 人身患残疾。

志愿者细心地对他们进行采访，了解精准扶贫户是否清楚国家医疗保障政策、对医疗保障政策的看法等。受访家庭普遍表示农村合作医疗制度对他们的帮助较大，非常感谢政府出台这样的制度，真正帮助农民解决实际困难。但受访家庭也表示，在实际的报销过程中难免存在一些问题，希望后期可以更好地改进，为广大村民提供更优质的服务。

最后，志愿者利用本次的活动经费购买了部分常用药品，送到了这些贫困家庭中，同时向他们讲解了报销程序、报销范围和比例，针对村民的疑惑进行了耐心细致的解答。

大学生在开展医疗扶持内容的社会实践时，应该做到：一是实事求是，了解当地医疗状况；二是贴近人民，掌握具体医疗认知；三是宣传普及医保政策。在推动医疗扶贫政策过程中，大学生志愿者应当秉承实事求是的原则，从实际出发，深入基层，贴近人民，关注最广大人民群众的利益。

## ● 第三讲　产业富民：电商带货

电子商务是指以信息网络技术为手段，以商品交换为中心的商务活动，也可理解为在互联网、企业内部网和增值网上以电子交易方式进行交易和相关服务的活动，是传统商业活动各环节的电子化、网络化、信息化。以互联网为媒介的商业行为均属于电子商务的范畴。

电子商务是互联网爆炸式发展的直接产物，是网络技术应用的全新发展方向。互联网本身所具有的开放性、全球性、低成本、高效率的特点，也成为电子商务的内在特征，并使得电子商务大大超越了作为一种新的贸易形式所具有的价值。它不仅会改变企业本身的生产、经营、管理活动，而且会影响整个社会的经济运行与结构。以互联网为依托的"电子"技术平台为传统商务活动提供了一个无比广阔的发展空间，其突出的优越性是传统媒介手段根本无法比拟的。

### 一、电商带货的背景

"十三五"时期，随着宽带和移动网络在广大农村地区的普及，农村电子商务得到快速发展，一大批农民通过电商创业，增加了收入，摆脱了贫困。鉴于电子商务给部分农村地区经济社会发展带来的显著效益，国务院扶贫办 2014 年将"电商扶贫"正式纳入扶贫的政策体系，并作为"精准扶贫十大工程"之一，于 2015 年开始实施。

2014 年，在京东等电商巨头的推动下，"工业品下乡，农产品进城"的双向流通体系逐渐成形，为推动农村电商发展奠定了良好的基础。在国家大力支持、电商有力推动下，各类"淘宝村""电商村"全面涌现出来，越来越多的农民通过网络创新创业实现了脱贫致富的梦想。阿里研究院发布的《中国淘宝村研究报告（2016）》显示，截至 2016 年 8 月，在全国共发现 1311 个"淘宝村"，广泛分布在 18 个省（市、区），全国"淘宝村"活跃网店超过 30 万个，其中以企业身份注册的"淘宝村"网店超过 5100 个，全国"淘宝村"活跃网店直接创造的就业机会超过 84 万个。电子商务已经成为农村居民创业和实现就地就业的重要方式。这充分展现了农村地区通过互联网技术应用实现跨越式发展的巨大潜力，同时也为互联网时代实施精准扶贫政策提供了新启示与新思路。

## 二、电商带动农村脱贫的意义

一是激发创业热情。电商创业具有初始投入少、创业门槛低的特点，这些特点使其成为农民的创业新选择。通过电子商务，农民运用少量的启动资金就可以实现自主创业。而如果村庄中的多数农户都进行网商创业，实现规模和协同的网商集群效应，就形成了"淘宝村"，这能够为农民个体和村落整体产业链增加可观的收益。同时，"淘宝村""电商镇"等的大量出现会带动电脑、电信、机械、运输、包装、维修、摄影等相关配套产业蓬勃发展，为当地农民带来新的创业和就业机遇。阿里研究院发布的《中国淘宝村研究报告（2016）》分析指出，"淘宝村"平均新增 1 个活跃网店，可创造约 2.8 个直接就业机会。据此估算，2016 年全国"淘宝村"活跃网店直接创造的就业机会超过 84 万个。农村地区良好的发展形势能够吸引外出务工人员返乡创业和农民就地就业，有利于解决当前多数农村面临的留守儿童、留守妇女和"空巢"老人问题，同时避免了农村优质人才进一步外流。

二是提升村民收入。农村电商主要指的是在农村地区开展的电子商务活动，既包括农村居民在网络平台上售出当地产品，也包括通过网络购买外地产品。一方面，农村电商的发展能够通过搭建贫困地区农村居民网购平台，丰富农村居民的消费选择，使其购买的产品更物美价廉。根据中国互联网络信息中心（CNNIC）统计，截至 2014 年 12 月，农村网民网购用户规模为 7714 万，年增长率高达 40.6%。根据阿里研究院发布的数据，2014 年中国农村网络消费总额约为 1800 亿元。阿里巴巴集团推出的"千县万村"计划正成为电商下乡的主流模式。截至 2015 年 6 月，农村淘宝已累计覆盖全国 17 个省（市、区），建立了 6 个县级服务中心，建成了 1803 个村点服务站。另一方面，随着农村电商在全国的推广，从 2014 年起，一些国家级贫困县开始出现了"淘宝村"。截至 2016 年 8 月，国家级贫困县中，"淘宝村"的数量从 4 个增加到了 18 个。这些"淘宝村"的形成为贫苦地区的产品开拓了市场，解决了销路问题，能够为贫困地区带来更多的收入。《阿里农产品电子商务白皮书（2015）》显示，2015 年，阿里平台完成农产品销售额近 700 亿元，卖家数量超过 90 万。农村电子商务发展在很大程度上为这些贫困地区实现了节支和增收。

三是促进农村发展。农村电子商务的快速发展为探索新型城镇化道路提供了新思路。通过电子商务平台，农民可以离土不离乡，在家实现脱贫致富。农村电子商务通过推动农民工返乡，明显提高了农村居民的生活质量，让农村"空巢"带来的社会问题迎刃而解，农民的幸福感得到提升，村庄面貌重新焕发出生机，城乡差距缩小，农民的生活方式日益城镇化。另外，发展农村电商能够助推农村人口素质和能力提升，为广大农村地区实现彻底脱贫和经济社会可持续发展提供源源不断的人力资源支持。农村电子商务还有力拉动了相关配套产业的发展，成为促进农村经济社会发展的新引擎。

### 三、影响电商带货开展的主要因素

一是资金。资金是电商带货最基础的影响因素。电商需要的基础设施和诸如网络等，都需要启动资金。

二是交通。交通指的是物流运输，主要影响的是将商品运输到买家手中的速度。物流运输受地理区位、气候等多方面因素的影响。

三是人才。电商带货需要相应的人员去参与电商的运营、活动的策划、人工客服等。

四是产品。产品的质量也在一定程度上影响电商带货的开展。一方面，当地品质优良的具有典型性的产品对买家更有吸引力；另一方面，商家应当在保证质量的前提下利用现代技术来增加产量，提高供给。

五是宣传。宣传是为了更好地将产品卖出去。电商带货的宣传形式主要为线上宣传，即通过微信公众号等网络平台进行宣传。此外，还有线下宣传，即通过发放纸质宣传单、海报等进行宣传。宣传有利于提高产品知名度，吸引更多消费者。

### 四、大学生如何在社会实践中促进电商带货

在互联网不断发展的背景下，大学生社会实践通过资金、人才等优势助力电商带货，促进电商发展。

一是开展公益助农直播。2020年暑假成立的清华大学"清春联播"返乡直播扶贫调研实践支队前往北京、黑龙江、吉林、陕西4地贫困县开展公益助农直播，推广普及电商脱贫模式，让更多的贫困户搭上脱贫致富的快车。

二是开设公益电商课程。2022年6月22日，江西外语外贸职业学院"为耕耘者"

暑期三下乡社会实践服务团队携手芦溪乡村振兴学院，启动"新农村电商人"公益课，分类型、分阶段组织线下培训，授课对象为乡村治理骨干、新型农业经营主体带头人等。实践团队通过情景模拟、场景搭建，手把手教授视频制作、手机拍摄、小红书和抖音平台的使用，帮助村民增强电商操作技能，让手机成为"新农具"，数据成为"新农资"，直播成为"新农活"，发挥电商服务与电商平台在促进农产品标准化、商品化、品牌化等方面的关键作用。

三是制作创意直播产品。大学生志愿服务队伍在开展产业扶贫方面的社会实践时，首先可通过访谈、参观等形式了解当地直播带货的发展状况以及特色农产品，掌握一些直播带货技巧。其次可对直播带货的具体工作进行合理分工，如准备产品介绍、撰写直播脚本、准备相关物资、担任主播等。最后可在开展直播带货的过程中，灵活运用场景设置等吸引观众。

● ▬▬▬ **案例剖析** ▬▬▬ ●

清华大学"清春联播"返乡直播扶贫调研实践支队以"脱贫攻坚、返乡有我"为主题，开展电商扶贫模式创新调研和直播助农实践，助力脱贫攻坚。

支队聚焦国家脱贫攻坚典型案例，形成了北京、陕西、黑龙江、吉林4地联动格局，由当地学生组成小分队返乡助农公益直播，并展开深度调研访谈。

来到吉林省延边朝鲜族自治州汪清县的吉林分队从细节入手，通过与路人访谈切实了解直播带货在人们生活中的作用，并进行细致分工。支队成员分别负责准备产品介绍、撰写直播脚本、准备相关物资等工作。在队员们的完美配合下，团队成功带货9款家乡产品，共2878人观看直播，下单总数达195单，成交额达6036元。

来到清华校友担任县长的通河县的黑龙江分队则是通过参观轩辕农业、富林镇榛子种植基地、吉尼斯现代科技示范园，了解当地特色农产品和直播带货模式的发展现状，并选取了其中的7种产品进行直播。每位队员轮流登场，负责1—2种产品的推介。直播时长约100分钟，累计观看人数达4000人以上，共成交61单，销售额超3700元，直播获得了圆满成功。

来到陕西省安康市平利县的陕西分队通过调研了解到，居民对互联网直播较为熟悉。他们采访了富硒堂茶业有限公司创始人王秀梅，对整个平利县的直播助农有了更深入的了解。

北京分队则探访了京蒙扶贫协作（通辽）科技创新基地以及北京消费扶贫双创中心，为直播带货打下了坚实的基础。

在调研与实践后，清华大学"清春联播"返乡直播扶贫调研实践支队梳理总结出了电商扶贫模式，深入部分贫困地区通过直播带货验证其可行性，并得出 6 个结论，提出 3 条政策建议，从生态圈构建、人才培训、农产品质量提升的角度，尝试为更多地区发展新的电商扶贫模式提供理论依据。

## ● 第四讲　信息兴民：就业服务　资源对接

未来学家托夫勒曾说："第三次浪潮文明最基本的原料就是信息加上想象力。"当今社会各个领域的进程都在表明，谁掌握了信息，谁就掌握了未来。当我们回顾中国脱贫攻坚的成果时就会发现，信息在其中发挥了重要作用。大学生通过社会实践推动贫困地区信息发展的同时，也带动了资源对接与就业服务。

大学生如何在社会实践中促进信息兴民？

一是帮助完善信息基础设施建设。2015 年 8 月 6 日至 20 日，由清华大学信息学院电子系、计算机系和自动化系 40 名师生组成的无线网络联合实践支队奔赴贵州贵安新区马场镇开展暑期社会实践。在本次实践活动中，师生同心协力，运用专业知识，帮助马场镇于松林村广场、平寨小学及镇政府大楼 3 处搭建了公用无线网络，并结合地方特色需求，对平寨村的网络使用状况及电商发展意向进行了调研与统计分析，向商家提供了电商发展建议，介绍了关于电商经营及网络安全的科普知识，得到了当地政府和群众的一致好评。

二是通过调研了解人才政策。2022 年 3 月，为推动以社会实践引导实际就业，助力脱贫攻坚政策的实施，清华大学赴山东烟台实践支队在烟台市委组织部的带领下先后前往芝罘区、牟平区、龙口市、招远市和海阳市开展以就业为导向的企业走访调研，了解烟台市的人才政策。赴河南郑州实践支队则高度关注就业需求，分别来到郑州市兴港投资集团、河南财经政法大学、郑州市工业和信息化局、郑州市发展和改革委员会等单位进行参访调研，并与郑州市清华大学、北京大学选调生校友进行座谈交流。支队成员充分了解了新时代国企、高校以及政府机关单位的发展现状以及人才引进政策，为更好地推进信息兴民打下了坚实的基础。

三是帮助筛选企业招聘信息。南昌大学黔行支教调研团积极参与以"春风送温暖 就业送真情"为主题的春风行动，到贵州省黔东南苗族侗族自治州剑河县易地搬迁安置区，为当地群众对接企业用工信息，引导当地群众寻找合适的工作。南昌大学黔行支教调研团推动了当地就业率的提高，同时也帮助当地企业缓解了用工荒困境，助力易地搬迁群众改善生活条件。

帮助完善信息基础设施建设是解决信息源头的问题，帮助筛选企业招聘信息则是解决信息流通选择问题，而通过调研了解人才政策则是了解信息终点的需求。大学生应当通过社会实践，利用自己的所学，推动信息惠及贫困地区，助力信息扶贫政策实施开展。

● **第五讲　知识助民：理论宣教**

大学生在社会实践中提升了政治理论修养；大学生社会实践团队在选拔队员时普遍较为注重学生的政治理论素养。实践团队队员在实践之前要系统地学习相关的理论知识，以做好思想上的准备。在帮助当地群众解决问题的过程中，实践团队队员对党的相关政策也有了更深的认识和理解，进而更加坚定了自己的理想信念。

一是科学理论宣教。通过参与社会实践，大学生能够深刻感受到改革开放以来，尤其是近 20 年来我国发生的巨大变化，从而深刻地认识到中国特色社会主义是我国不断取得新的胜利的强大思想武器。同时，通过参与社会实践，学生们将更加深刻地了解我国的发展理念，切身感受乡村振兴带来的机遇，将理念与实践相融合，推动科学理论的传播。

青年大学生能够参与社会实践，离不开党的支持与领导。党的领导是中国特色社会主义最本质的特征，是社会主义制度最根本的保证。青年大学生参与社会实践需要紧贴人民群众的需要。在到达实践地之后，青年大学生首先需要对当地进行走访调查，对当地的情况有一个初步的认识，在此基础上开展各种学习活动，如开展中共党史、新中国史、改革开放史、社会主义发展史学习活动，通过宣讲、座谈会等方式让实践地群众更好地了解国家政策。同时，在参与社会实践时，青年大学生也需要将党史国情的学习融入实践当中，通过举办相关活动推动相关政策在实践地的普及，让实践地群众知法懂法，能够及时享受到国家的福利政策，从而推动当地社会更好地发展。

社会实践活动为青年大学生深入基层、接触社会、提高实践能力搭建了平台。大多数社会实践团队到达服务地后都会首先听取当地情况的介绍，队员们会为服务地所取得的成绩感到高兴，同时也会对乡村经济发展过程中存在的诸如环境污染、旅游资源开发、适龄儿童教育等问题产生疑问。通过社会实践活动，大学生深入地了解社会，增强了作为青年人的社会责任感和使命感。大学生在社会实践活动中去问、去思考、去探索人生的真谛，增强对社会的了解，加深对国情的理解，进一步增进了和人民群众的感情，明确了人生的定位，坚定了为人民群众谋利益的志向。

二是开展文化传播。大学生应当走入社会，从新时代中国社会建设和发展的巨变中领会中国特色社会主义道路的正确性和广阔的发展前景。改革开放以来，我国发生了翻天覆地的变化。中国特色社会主义道路建设的每一重大举措都深刻影响着社会主义现代化建设的发展步伐。组织大学生开展社会实践，走进社会，从经济、政治、文化和社会的不同视角了解改革开放后社会发生的巨大变化，剖析和领会党在新的历史时期领导人民选择走中国特色社会主义道路取得的丰硕成果，将有助于坚定大学生的文化自信。同时，通过开展乡村支教、社区公益等系列实践活动，大学生也能了解当地的传统文化，领略当地的风土人情，推动传统文化的传播与发展。

三是推动移风易俗。社会实践活动包含诸多公益活动，在培养大学生的同时也推动了社会风气的转变，社会实践活动延伸到大学生毕业之后，形成了种类丰富、形式多样的社会实践平台。比如大学生志愿服务西部计划，就为有理想、有担当的应届毕业生积极投身祖国西部大开发和贫困地区建设提供了良好的平台，鼓励大学生到西部地区发扬志愿服务精神，造福贫困地区人民，从事基础教育、农业科技、医疗卫生等工作，为当地的经济和社会发展做出积极贡献。"三支一扶"的应届毕业生基层落实政策，引导新时代大学生到农村去、到基层去、到人民最需要的地方去建设祖国。大学生利用学到的知识在毕业后到农村基层从事支农、支教、支医和扶贫工作，不仅促进了当地社会事业的发展，也在实践中锻炼了自身，更为实现全面建成小康社会的目标贡献了应有之力。习近平总书记在梁家河曾有 7 年的岁月，他从基层做起、从基础做起，改旱厕、建沼气，带领群众搞生产，还在工作之余读书。新时代大学生要扣好人生的第一粒扣子，真正在社会实践活动中坚定理想信念、锻炼坚强意志。

四是推普助力。语言是一个国家的特色文化。在中国特色社会主义的发展中，普通话起到了巨大的推动作用，讲好普通话对民族团结、经济发展、社会进步与文化融合都起着重大作用。推广普通话有利于消除各民族之间的语言隔阂，促进各民族之间的友好交流，同时，也可以促进文化的传播与融合，促进中华文化的持续发展。

青年大学生在开展社会实践活动时，理应将推广普通话作为主要努力方向之一。乡村振兴离不开语言发展，推广普通话已经成为促进乡村振兴的重要推动力。大学生利用在学校习得的知识，将普通话转变为通俗易懂的"乡土话"，把普通话与乡村里的生活联系起来，提高了当地村民学习普通话的热情。青年大学生进入当地的乡村小学，通过开设特色普通话课程，推动普通话在孩子们之间传播，帮助孩子们更好地学习普通话，从而推动普通话的普及。

五是推广普法教育。法治教育是新时期思想政治教育的一项重要而艰巨的任务。党的十一届三中全会以来，特别是随着改革开放的不断深入，法治教育越来越显示出它在思想政治工作实践中的重要位置。要建立健全社会主义法治，进行法治教育，增强人民的法律意识、法治观念不可或缺。应当大力加强法治教育，让法律观念、法治意识深入人心，使之成为广大公民的行为规范和维护社会安定的有力武器。要用社会主义民主和法治的基础知识来教育年轻一代，使他们从小就受到法律教育，懂得和善于履行公民的权利和义务，养成自觉遵守法律的行为习惯。

第四章

# 未来之路：
# 大学生社会实践前景与展望

近年来，各高校以习近平新时代中国特色社会主义思想为指导，充分发挥大学生社会实践育人功能，精心策划组织了一系列社会实践活动，深化社会实践育人作为高校思想政治工作的重要平台和载体，紧扣时代脉搏，完善实践体系，创新实践形式，强化实践保障，引领广大学生走进社会大课堂，在实践中受教育、长才干、作贡献，勇做担当民族复兴大任的时代新人，在实践中践行"爱国、励志、求真、力行"的要求，产生了较大社会影响，取得了良好成效。

## 第一节　坚持立德树人导向不动摇

"才者，德之资也；德者，才之帅也。"人无德不立，育人的根本在于立德。培养什么人，是教育的首要问题，也是大学生社会实践的重要课题。大学生社会实践的根本任务是培养社会主义建设者和接班人，培养一代又一代拥护中国共产党领导和我国社会主义制度、立志为中国特色社会主义奋斗终生的有用人才。要完成好这一根本任务，关键就在于紧紧抓住并做好立德树人这一核心。

未来，大学生社会实践纯洁性、高效性、创新性的保障与提升，仍需坚持立德树人导向不动摇，将理想信念作为灵魂加以强调和落实，厚植爱国主义情怀，加强道德品质修养，引导学生做到"明大德、守公德、严私德"，把立德树人融入社会实践教育各环节，锻造真正能肩负起民族复兴重任的希望一代。

### 一、坚持价值引领，彰显实践时代色彩

中国特色社会主义是加快推进中国式现代化、实现中华民族伟大复兴的必由之路。党的十八大以来，中国特色社会主义进入新时代，党和国家各个领域、各项事业取得历史性成就、发生历史性变革。各高校要坚持以党的二十大精神为引领，把握中国式现代化发展内涵，坚持育人导向，将理想信念教育和价值引领融入社会实践全过程，精心设计实践主题，引导学生紧跟时代砥砺前行。

清华大学组建博士生讲师团，以"走一路、学一路、讲一路"的形式，组织讲师团成员沿着陕西梁家河、河北正定、福建宁德等习近平新时代中国特色社会主义思想形成之路开展宣讲实践，充分认识国情、解读政策、服务社会。武汉大学把社会实践作为一堂生动的党课和国情民情认知课，组织1.5万余名学生上山下田、走村入户，开展"不忘初心、牢记使命"党的十九大主题宣讲、"创行黔乡、助力扶贫"等实践活动，将社会实践报告写在祖国大地上。复旦大学以"重走改革路、感知新时代"为主题，组建"记录中国"团队和博士生讲师团，走访改革开放城市，开展"改革开放再出发"主题宣讲。南昌大学黔行支教调研团积极推动红色教育进学校、进社区、进家庭，落实"大思政课"实践要求，开展革命文化宣传活动，带领学生诵读红色家书、瞻仰红色遗址、创作红色作品、打造精品陈列、举行文艺演出等，同时在实践地社区服务中心建立红色基地，打造社区红色品牌，通过多平台多载体全方位立体式进行传播学习。

经过多年探索，大学生社会实践已经从走出校园、走进社会，转向相对集中、点面结合的教育、科技、卫生"三下乡"。现在，要努力形成全体学生广泛参与的格局，要同服务乡村振兴结合，同建设"美丽中国"结合，使广大青年学生在践行社会主义核心价值观的过程中得到提升、得到巩固。而在这过程中，社会实践始终是大学生社会主义核心价值观教育的重要载体，要始终坚持把社会主义核心价值观有效融入实践全过程，坚持价值引领，以实践为突破点，构建特色鲜明、效果显著的社会实践大课堂，将社会主义核心价值观落细落小落实，入心、入脑、入生活。要教育引导学生在社会实践中经风雨、见世面、长才干，锻造和锤炼世界观、人生观、价值观，在社会实践中了解国情、观察社会、认识自我，升华信仰、学会感恩、认清责任，在社会实践中做到知行合一、以知促行、以行求知，逐步实现从个体本位到个人、社会、国家三位一体的角色转换，成为有大爱、大德、大情怀的人，成为能适应社会、受社会欢迎、为社会服务和奉献的人。何谓青年？有少年放肆无畏的梦想和成年掷地有声的担当。"青年兴则国家兴，青年强则国家强。"在最好的年纪，青年不应碌碌无为。青年作为"两个一百年"奋斗目标和中华民族伟大复兴的中国梦的参与者、贡献者、见证者，应当筑牢思想根基、砥砺初心、勇攀高峰，主动担负起时代赋予的重任，以奋斗擦亮最亮丽的青春底色。

## 二、加强组织领导，完善实践育人格局

在党和国家对广大高校的社会实践进行高度的价值引领，落实时代要求的同时，我国高校在促进社会实践育人结构的改革进步中起到了中坚作用。广大高校着力于优化社会实践顶层设计，改革学校内部管理体制，统筹实践资源，形成了实践育人整体合力，取得了一系列成效。

东南大学将社会实践列入人才培养方案，建立集征集选题、项目立项、公开招标、网络双选、公开答辩、考核评比等为一体的工作机制，实行"管理项目化、运作团队化、考核学分化"，打造"思政教育、基层体验、社会服务"三位一体的社会实践育人体系。华中科技大学将社会实践纳入课程学分体系，制定《第二课堂学时评定办法》，实行校、院、队三级联动，打造"学教结合"、"学研结合"和"学做结合"的社会实践工作模式。西安电子科技大学成立校、院两级社会实践领导小组，从规章制度、运行体系、评价机制、培训体系和安全教育等方面着手，探索建立社会实践长效机制，实行"订单式"团队项目管理，推进课程、科研、文化、资助与实践育人相结合，形成了党、政、工、团、学协调一致、齐抓共管的工作格局。重庆大学设立学生社会实践服务中心，统筹校级、院级、各学生社团的社会实践工作，实行社会实践"全员参与"工作模式，实施涵盖建设社会实践服务基地10个、城乡社区市民学校22所、志愿服务专项品牌30个的"123"行动计划，建立从招募选拔、教育培训、评价考核到激励保障全链条的社会实践工作体系。北京林业大学、东华大学、南昌大学等高校先后建立了由校党委统筹、多部门参与、学院联合推动的工作机制，成立社会实践工作小组和指导团队，加强工作主体、实践内容和实践资源的协同，形成资源共享、多元开放、齐抓共管的社会实践育人格局。

按照上级部门要求，大学生社会实践应在各高校党委的领导下，以校团委为具体负责部门，积极对接省委宣传部、省委教育工委等有关工作部署，带领大学生支教育人工程的主创人员进行项目的实施。各高校要以立德树人为根本，围绕人才培养目标，以培养学生创新精神和实践能力为重点，构建校内实践、社会实践、创新创业实践"三位一体"实践育人体系，让学生在亲身体验中受教育、长才干，在亲身参与中认识国情、了解社会，增强社会责任感，厚植人民情怀，同时注重构建"课程育人、科研育人、实践育人、管理育人、服务育人、文化育人、组织育人、网络育人、心理育人、资助育人"十大育人体系，进一步完善实践育人格局。

### 三、丰富活动载体，创新实践育人模式

随着新时代中国特色社会主义事业建设的不断深入，结合社会历史实际中不断出现的新的现实状况和需要，大学生社会实践的具体模式和举办的方式方法应当不断做出新的调整，创新社会实践活动的育人模式体系，改变社会实践传统组织方式，拓宽实践阵地，强化信息支撑，大力推进实践育人工作创新发展。我国众多高校在充分结合了大学生社会实践活动的现实需求以及本校具体活动开展情况的基础上，锐意进取，开拓实践，不断提供了具有广泛借鉴意义的创新化经验。

中国石油大学（北京）创新实践项目设置形式，面向全体教师众筹实践项目和内容，鼓励教师提供项目设计框架，并指导学生以课题组形式开展实践。江南大学鼓励以团支部为单位成建制开展实践，同时打通实践基本单元，将学生组织、学生社团吸收到实践队伍中来，采用"扁平化＋项目制"方式全面实施运作。兰州大学打破地域限制，创新实践形式，联合兄弟高校共同前往临夏广河、陇南两当、庆阳华池等地开展家访，依托网络开展远程视频教学，将室内"智慧课堂"拓展到网络，助力教育扶贫。浙江大学组织学生走出国门，在英国、新加坡、印尼、泰国等地建立 10 余个校、院两级海外社会实践基地，赴海外开展"讲好中国故事，传播中国声音"宣讲和文化交流等活动。中南大学、北京科技大学、南京农业大学充分运用新媒体、新技术和新载体，抓好联网上线，开发设计微直播、微足迹、微话题等网上平台和微视频、音频、漫画等微产品，分享实践心得体会，实现实践故事实时直播和深度互动。

在充分借鉴吸收高校创新社会实践优秀案例的基础上，广大高校应因地制宜积极融合当地的社会实践经验，不断改进自身育人模式，开发出最适合、最有效、最现实的社会实践育人新格局。大学生社会实践应坚持知行结合，深化实践育人成果，创新实践育人模式，引导大学生开展下沉式、进驻式的实践锻炼和学习体验，深入基层，扎根一线，切实服务乡村振兴、中华民族共同体建设。

### 四、健全长效机制，强化实践育人保障

大学生社会实践是立德树人的常态化项目。在高校一线建立健全相应的长效社会实践活动机制对巩固实践育人成果，凝聚实践育人核心动力具有关键作用。高校可以将完善实践条件和政策保障作为支撑，加强考核和安全管理，铸好社会实践活动"保险阀"。

中国人民大学完善安全保障机制，以安全手册、行前培训、团队学习等多种形式开展安全教育，实践过程中安排专人值班，全程跟踪实践进展，加强气象和地质灾害预警提醒，全方位保障实践安全。西安交通大学加大经费投入，实行学校专项经费，校内多部门、书院、学院协助经费，校外企业赞助经费相结合，为社会实践提供持续经费保障。西南交通大学、西南科技大学、四川理工学院开展社会实践安全教育，实施"每日一报"签到制度，印发《大学生暑期社会实践活动安全须知》，举办医疗救护专题培训，制定突发事件应急预案，为全体师生购买人身保险，保障实践团队安全出行。天津大学设立"黎明基金"专项，打造集队伍组建、信息发布、学分认定等为一体的一站式实践服务平台，并通过主题实践论坛、成果分享沙龙等活动，发挥实践育人的辐射作用。中国海洋大学、合肥工业大学科学开展社会实践量化考核，制定《社会实践工作考核评比细则》，建立考核评价指标体系，研发第二课堂成绩单系统，客观记录、有效认证、科学评价社会实践活动，切实保障实践育人成效。

经过长期的探索和实践，高校实践育人形成了以实践教学、生产劳动、社会调研、参观访问、勤工助学、军政训练、社会志愿服务等为主要活动形式的工作格局，育人工作取得了显著成绩。然而面对新形势和新任务，一方面，还需对原有的一些活动形式进行改进和完善；另一方面，也要积极整合拓展，创造新的活动形式，形成缤纷多彩的活动格局。大学生社会实践的长远发展需要完善的长效机制与坚实的育人保障，各高校要积极与企事业单位、部队、地方政府等共同建立社会实践基地，建立社会实践保障体系，安排必要的社会实践专项经费，同时贴近实际、贴近生活、贴近学生，把握经济社会发展的要求、大学生思想特点和发展需要，积极改进和升级原有活动，努力拓展大学生喜闻乐见、真心喜爱的有效活动，充分调动大学生参与实践的积极性和主动性，确保实践育人取得实效。大学生也要结合个人专业知识和研究成果，以科研报告、技术开发和推广、挂职锻炼等形式为经济社会发展服务，并在社会实践和志愿服务活动中受教育、长才干、作贡献。

## 第二节　拓宽实践育人发展新阵地

社会是教育的大舞台，社会实践活动不仅是学生了解社会、激发学习动机的重要方式，而且是提高实践能力、专业技能和社会适应能力的重要途径，对大学生形成正确的人生观、价值观以及了解社会、关心公共生活等方面都有重要作用。近年来，各高校从人才培养的战略高度出发，认真贯彻落实中宣部、中央文明办、教育部、共青团中央《关于进一步加强和改进大学生社会实践的意见》，积极从大学生社会实践的制度体系、运行体系、培训体系、评价机制和安全教育等方面，探索建立了大学生社会实践的长效机制，组织构建大学生实践育人阵地，取得了一系列显著成果。新时代之下，大学生社会实践阵地仍是发出党和人民声音、培养中国特色社会主义事业建设者和接班人的重要依托。面对多变的内外环境，面对意识形态领域的复杂形势，我们要不断增强阵地意识，紧而又紧、实而又实地抓好大学生社会实践阵地建设。

### 一、着力抓好理论课堂这个重点

落实社会实践立德树人的根本任务，主渠道仍在课堂。实践证明，"课堂实践教学"是提升大学生社会实践活动实效的有力抓手，能够增强理论讲授的说服力，有利于"把道理讲深、讲透、讲活"，也能够进一步提升社会实践活动对大学生的独特魅力、吸引力、感召力，激发实践活动活力。"理论课堂教学"通过坚持理论性和实践性相统一，把理论课堂同社会实践课堂结合起来，教育引导学生立鸿鹄志，做奋斗者。这要求我们要切实加强大学生社会实践理论阵地建设，广大教师要自觉依托实践理论课堂讲坛，用自己的言行倡导和践行社会主义核心价值观，用自己的学识、阅历、经验激发学生对大学生社会实践的向往，使理论课堂阵地成为传播弘扬社会主义核心价值观，激发大学生社会实践思想，弘扬传播正能量的坚强阵地。

近几年，南昌大学黔行支教调研团以习近平新时代中国特色社会主义思想实践研修课程为试点，加强理论层面的大学生社会实践阵地建设。课程总体思路是通过理论课程学习与实践课程应用，建设一支既有理论素养，又有带队经验和阐释问题能力的社会实践团队，按照"源于教材、超越教材，立足课堂、超越课堂，依靠主讲、超越主讲"的课程原则，通过精心设计专题讨论、案例分析、课堂辩论、课题报告、读书报告等形式，将实践过程中可能出现的问题与支教活动开展的重难点分门别类进行探讨，充分调动学生对支教理论学习的积极性，让学生心灵上有触动、思想上有感悟、行动中有体现。教师是实践理论阵地的组织者、实施者，是学生成长的引路人和指导者，其在课堂上的一言一行对学生影响极大。好老师应该做中国特色社会主义共同理想和中华民族伟大复兴中国梦的积极传播者，帮助学生筑梦、追梦、圆梦，让一代又一代年轻人都成为实现我们民族梦想的正能量。

在理论课堂教学过程中，教师会根据理论教学重难点，把课堂教学的内容渗透到每一个现实的课堂中，营造思政育人环境，达到全方位育人效果；通过课堂师生互动，运用马克思主义人生观理论，引导学生"以正确的人生观为指引，以乐观的人生态度做支撑"进行自我调适，努力追寻自我价值的实现，进而为提升学生参与社会实践活动的意愿和兴趣打好基础。这种理论课堂营造的实践育人环境，对社会主义合格接班人的培育效果显著。同时，"理论课堂教学"能够有效改善大班教学情况下的课程内容"全覆盖"难题，使每个学生都能够参与到提升自我思想素养中；在增强理论课教学实效方面，通过对理论教学中的重难点配备"课堂实践教学"环节，能够进一步加强理论教学的说服力、感召力和吸引力；在提升课堂活力方面，"理论课堂教学"能够高度契合学生实际需要，进一步激发其好感度、参与度、积极性、主动性，促进青年大学生全方位提升对社会实践活动的兴趣及相关的实践技能水平，为更好地加强高校大学生社会实践阵地建设做好思想教学准备。

### 二、紧紧抓住实践基地这个主体

社会实践基地是高校与地方政府、企业、社会团体协同共建，按照高等教育目标的要求有计划地组织在校大学生参与社会生产、生活，理论联系实际，对大学生进行思想政治教育的长期、稳定、持续的基地。高校社会实践阵地建设可以将工作重心放在校外实践基地的建设上，聚焦联系高校与社会的关系上，确保大学生在校期间能够通过校外实践基地拓宽视野，培养能力，增长才干；在校外进行实践期间能够充分利用学校的治理和学科支持，不断规范实践队伍的实践活动实施环节，促进各高校的社会实践成效水平再创新高。

实践基地是大学生社会实践的重要依托。南昌大学黔行支教调研团始终坚持以共建"实践育人基地"为契机，加强校外社会实践基地建设，与实践地有关部门共同推进以支教为代表的志愿服务，努力为人民群众办实事。目前，南昌大学黔行支教调研团已与共青团剑河县委、共青团瑞金市委签订合作协议，挂牌多个实践育人基地，使之成为与校内实践活动相互联系、相互补充的实践大课堂，构建与社会教育相互沟通、相互融合的体验平台，推动大学生社会实践活动长期化、规模化、阵地化。

高校大学生社会实践阵地建设需要进一步加强实践基地建设，明确建设方向，坚持需求导向。首先，依托行业背景，实现专业发展。依托行业特点建立专业特色的社会实践基地，学生发挥专业优势为基地单位排忧解难，同时在实践活动中发现问题、解决问题、调整完善知识结构、激发培养创新能力。其次，坚持需求导向，实现合作共建。学校与基地单位根据学生特点、基地特色，加强顶层设计，形成明确的实践项目，规定社会实践基地建设的双方职责和义务，实现合作共建。再次，汇聚资源优势，实现健康发展。汇聚社会多方资源，发挥基地优势，明确基地发展定位，实现基地健康可持续发展。最后，制度保障到位，加强组织管理。制定《社会实践基地建设管理办法》《社会实践基地管理实施细则》《社会实践基地共建协议书》等文件，设置校、院两级大学生社会实践领导小组，由领导小组总体规划、统筹制订实践计划，使基地建设有据可依，确保长效性。

### 三、紧紧抓住学生组织这个要点

学生组织由广大同学选举产生，受命于广大同学，因而应努力为广大同学服务，凡事以是否有利于同学的学习、生活和进步为出发点，在同学中树立良好的形象，打下坚实的基础，力求充分发挥在师生之间的桥梁与纽带作用。在党组织、团组织对高校学生组织的管理力度日益加大，学生组织的各项内容规定愈发规范的当下，学生组织在促进高校发展的建设进程中能够起到的作用越来越大。目前，越来越多的高校开始构建以学生组织为主要领导的实践育人阵地，学生社团、公会等在大学生社会实践阵地建设中发挥着越来越重要的作用。

一方面，依托社团统一管理，南昌大学黔行支教调研团开展方向正确、健康向上、格调高雅、形式多样的日常社会实践活动，达到常态化实践育人的目的；另一方面，通过统一的社团管理，南昌大学黔行支教调研团实现"以点带面，百花齐放"

的团队构想，优化队伍建设，提升队伍质量，增强团队成员的归属感与凝聚力。南昌大学大学生社会实践阵地建设以学生组织为领导，鼓励学生自行组织、规划、成立、发展不同规模的社会实践活动阵地，充分发挥学生在社会实践活动与实践育人中的主体性、自主性与创新性，加强校内外不同实践类型学生组织的交流互通，由此真正做到以点带面，逐步扩大育人范围，深入研究总结大学生在参与社会实践中受教育、长才干的内在机理和实现逻辑，着力构建实践教学、文化体验、理论创新、专业育人等相统一的实践育人体系，以科学的队伍建设促进形成基于实践育人的"大思政课"常态化、高效化阵地。

### 四、紧紧抓住新媒体阵地这个关键

当前，网络对高校师生的学习、工作、生活和思想观念产生了前所未有的影响，已经成为师生思想交流、信息传播的重要平台。然而，由于网络自身的特点，其内部蕴含的信息繁复多样，而网络世界对青年大学生的强大吸引力决定了高校一定要规范学生的网络世界内容，牢牢把握新媒体的自身优势，打造各种新媒体平台，占据宣传高地。面对网络世界瞬息万变、精华与糟粕并存的特点，我们要增强主动性、掌握主动权、打好主动仗，从理论与实践的结合上积极抓好校园网络这一新时代实践平台，建设大学生社会实践新媒体阵地，构建新媒体多元平台。

一要注重搭建微博平台。以校园公共网站为依托，创建社会实践网络平台，信息及时联动，促进学校与学生、学生与学生之间通过电脑或手机多层次、扁平化、平等性交流，及时把握实践活动开展动态，广泛开展网络舆情收集，使实践育人工作更具主动性和前瞻性。二是创办手机报。开办学生手机报，以推文形式免费发送，让青年学生切身感受到新媒体所带来的社会实践新体验、新服务和新时尚。三是推出电子杂志。推出电子杂志，除了文字和图片外，还包括视频、超链接、及时互动等网络元素，汇集多种表现形式。四是建立短信平台。以学生手机用户群为依托，通过校内短信平台给所有校园用户免费发送有关学校社会实践开展的消息，切实提高实践育人管理效率，确保全校全员认识、了解社会实践活动，更大范围与程度提升学生对社会实践活动的兴趣性、积极性与主动性。充分利用学校全方位覆盖、全过程渗透的网络思想政治教育体系，使大学生社会实践发展主动适应网络快速发展的新形势，充分发挥新媒体的积极作用，加强大学生实践育人教育、管理和服务，实现网络新媒体与实践育人教育和管理的紧密结合。

高校是教育单位，也是文化单位，历来是各种文化思潮传播激荡的重要场所，也是意识形态斗争的前沿阵地。当前，意识形态领域形势错综复杂，既有国内经济社会深刻转轨转型和对外开放带来的思想观念空前活跃，也有国外敌对势力的牵制遏制和以西方价值观为核心的思想文化渗透。高校在加强和改进宣传大学生社会实践活动的工作过程中，应该进一步增强政治意识，切实完善宣传思想阵地管理制度，实施主动管理、科学管理和有效管理，守住阵地、清洁阵地，并不断传播好思想、传递好声音和传输正能量。

### 五、务必抓实制度建设这个根本

俗话说"没有规矩，不成方圆"。规矩也就是规章制度，是广大群体应该遵守的，用来规范自身行为的规则、条文。它保证了良好的秩序，是各项事业成功的重要保证。党的十九届四中全会明确了推进国家治理体系和治理能力现代化的指导思想、总体要求、总体目标和重点任务，提出了加强系统治理、依法治理、综合治理、源头治理，把我国制度优势更好地转化为国家治理效能。治理体系建设与治理能力培养对一个国家的发展具有重要意义，对一所学校的发展同样至关重要，对于高校加强社会实践活动的建设也同样重要。科学、积极的制度的建立，能降低风险、坚持高效、促进发展，在加强高校大学生社会实践阵地建设方面，制度建设是宣传思想阵地规范、有序、高效运行的保证。

要增强系统思维、法治思维、底线思维，建立健全高校社会实践阵地管理制度，强化对实践育人相关校园报纸杂志、广播电视、局域网、移动终端等的建设和管理，强化对各种研讨会、报告会、读书会等的引导和管理，决不给错误思想提供传播渠道；要在有效管理的前提下有序推进建设和使用，做到备好闸门再放水、配好刹车再上路，使高校社会实践阵地始终坚持正确政治方向、站稳政治立场，成为坚定理想信念、营造良好氛围、凝聚师生共识的主阵地。南昌大学黔行支教调研团始终坚持以制度建设巩固阵地建设，提升实践成效，坚持制度"一月一协商、一季一审核、一年一更新"的原则，调动全员参与制度建设中，以实践成果检验制度成效。例如，2021年，南昌大学黔行支教调研团进行了更为科学充分的人员选拔与培训制度改进，开创"意愿表＋试课"的两轮选拔制度，一轮选拔兴趣性、积极性，二轮选拔服务能力，由此进一步确保具有创新性、稳定性、高效性的新鲜血液加入。

规章制度作为一所学校治理体系的重要组成部分，是科学管理、依法治校的依据，也是建立健全内部质量保障体系、实现高质量发展的重要保障。高校应当积极学习先进的制度建设经验，建立起制度"立、审、改、废、编、释"的有效运行机制，为自身坚定不移地走内涵式发展道路提供有力保障。制度体系的建设是一个动态管理的过程，需要不断完善和发展。为此，各高校应当继续探索大学生社会实践活动的规章制度体系建设，努力形成横向职能、纵向层级、纵横联动、共治共享的有效机制，创新构建制度理权、流程理事、过程可溯、结果可控的治理模式，进而不断提高治理效能，促进学校的社会实践活动高水平高质量发展。

## 第三节　探索互联网新平台新渠道

随着互联网新平台新渠道在思政育人体系中发挥着越来越重要的作用，实践育人作为思政育人的重要环节之一，也应不断开辟互联网新平台新渠道，创新网络育人工作，坚持正确政治方向，统筹运用各类资源，不断创新手段方式，致力于建设新时代高校实践育人互联网主阵地。各高校要以习近平新时代中国特色社会主义思想为指导，以习近平网络强国战略思想为根本遵循和办网灵魂，坚持正确政治方向，坚守中华文化立场，扎根当代中国大地，努力建设具有中国特色、中国风格、中国气派和国内权威、国际上有一定影响的实践育人工作宣传网站。

近年来，南昌大学黔行支教调研团充分利用校园里的各级各类新媒体平台，构建完备的网络育人体系，推进网络思政教育开展。比如，建立了南昌大学黔行支教调研团网站，开通了南昌大学黔行支教调研团、红色漫绘等微信公众号，开设了南昌大学黔行支教调研团抖音、微博、爱奇艺、哔哩哔哩、喜马拉雅与小红书账号，公开发布实践活动开展情况及开展过程中的感人故事、优秀成员事迹，获得了广大青年学生的青睐。同时，南昌大学黔行支教调研团利用线上平台，定期举办深入浅出、生动活泼的系列主题宣讲与微课堂，涵盖"大山里的故事""红色文化为什么好""疫情之下我们应该怎么做""如何不成为精致的利己主义者"等主题，引导带动广大大学生乐在网络、学在网络、思在网络。直播、短视频、H5等新技术被广泛运用于思政课堂，形成了网上"思政大课"新样态。除此之外，近几年，南昌大学黔行支教调研团着重利用互联网等信息化手段提供远程素质教育服务。疫情期间，团队成员积极响应国家"停课不停学"的号召，推出了针对疫情的在线支教"云"课堂，利用空中课堂开展远程教学。通过提供音视频、互动白板、互动直播这几个关键能力，远程教学得以顺利进行。课后，每个成员还会长期对应两到三名孩子，及时解决孩子们在日常学习与生活中遇到的各种问题，真正做到让实践地孩子们在家安心学、认真学。在此过程中，团队还积极推进"同看一屏幕，共享一堂课"

活动。成员们通过一块屏幕就可以同时为多地学生讲课，实现优质教育资源的均衡、共享。

网络正改变着当代大学生的行为习惯和思维方式，互联网已经成为高校思想政治教育的前沿阵地。随着互联网、大数据、云计算等信息技术加速融入高校各项工作，以信息网络为基础架构形成的交互空间已成为高校人才培养的重要载体。大学生社会实践也不断孕育出以平台性、跨界性和数据性为主要特征的互联网教育思维。在越发强调全员、全程、全方位育人的教育理念下，互联网思维能够有效助推大学生社会实践活动创新发展，推动实践育人与立德树人工作深度融合，为构建大思政工作格局提供强有力的思想支撑、方法遵循和实践指导，是广大高校在指导本校社会实践活动开展的过程中应当充分确立的指导思想。

## 一、平台思维——推动实践育人协同创新

互联网是信息整合的载体，具有与生俱来的"平台思维"，即以共建、共享、共赢为特征，整合碎片化资源，连点成线，搭建联结不同群体的开放共享平台，在合作互动中实现资源的共享共用和互利共赢，从而推动大学生社会实践与实践育人协同创新。当前，在构建"三全育人"大思政格局的背景下，高校思政教育已进入"全国一盘棋"时代，社会实践也需要全国合作，各高校在结合自身特色打造百花齐放实践局面的同时，积极引入互联网"平台思维"，能够实现实践资源和优势的最大化共赢。

高校要加强多元主体的实践互联互通，整合多方实践育人资源和优势，打造区域性、全国性社会实践平台或基地，综合利用外部资源合力开发适应当前实践育人工作需要的网络平台、手机应用、数据库等，强化校际、校地、家校等多元主体间的交流互动，提高多元主体间的交互质量和效率，在交互学习中使大学生社会实践焕发新的生机活力。

高校还要加强社会实践成果共享，借助互联网技术共建大学生社会实践内容生产与分享平台，广泛集纳、实时更新全国范围内的实践育人最新成果。一方面，面向高校，实现对各级各类优秀实践案例、实践成果的共享共用，在广泛研讨普遍性、规律性问题的过程中，推动实践育人改革创新；另一方面，面向学生群体，从学生需求出发，兼顾大学生社会实践思想性和趣味性，筛选并供给囊括丰富实践内容的多媒体网络资源，搭建可供自由交流的实践互动平台，提升大学生社会实践活动的针

对性和实效性。

平台思维能够为高校不断创新实践育人成效，巩固社会实践成果，同时为高校利用"互联网思维"提供切实可行的努力方向。在建设互联网平台的基础上，扩展学科视野、学术视野，确立跨界思维，能够提高高校利用互联网平台的效率，充分立足于互联网平台的自身优势，提高利用各方面资源的能力水平，促进高校探索互联网新平台新渠道工作取得新的成效。

### 二、跨界思维——提升实践资源利用效率

互联网跨界思维以交叉融合、外向发散、创新重构为特点，即打破思维定式，发挥"互联网+"创新驱动作用，嫁接融合不同领域的理念或模式，在协作中创新重构，再生出全新的体系，带来更加多样化的选择和多元化的体验。融入互联网跨界思维将为传统高校实践育人活动与大学生社会实践活动注入创新动力，创造产生"实践+理论创新""实践+活动创新""实践+技术创新"等全新模式，聚合多方优势，使大学生社会实践彰显新的活力。

高校实践育人合理融入跨界思维，要推动实践活动载体跨界融合，结合新时代大学生思想行为的新变化、新特点，在全面分析其变化特征的基础上，巩固大学生社会实践载体，优化管理服务载体。与此同时，要充分利用短视频、网络直播、微信、微博等新媒体，探索大学生社会实践新载体，全方位融入学生学习、生活，在潜移默化中引导其树立正确的世界观、人生观、价值观。除了实地体验、走访调研、理论宣讲等实践形式外，"云实践"也越来越多地成为大学生的实践形式之一。在互联网技术的加持下，学生们"云组队""云调研""云访谈""云直播"，还有高校利用新媒体平台创新推出"云课堂""云展厅""云展览"等，为学生参与社会实践提供了更为便捷多元的途径。近年来，还有越来越多其他形式的"云"实践形式出现。重庆酉阳土家族苗族自治县返乡大学生天馆分队在天馆乡甜脆李种植基地开展公益助农直播活动，直播持续2个小时，进入直播间的观众累计近3000人，点赞近2万。直播有效推广了酉阳特色农产品、旅游景点，在助力农户增收的同时，营造了青年助力乡村振兴的浓厚氛围，为家乡发展贡献了青春力量。应注重推动高校和有关单位组织发动返乡大学生通过网络平台，线上线下全渠道开展实践育人活动。可以发动青年企业家协会、电商协会等团体，发挥网络平台渠道优势，团结凝聚青年，整合各方资源，多渠道开展实践育人活动，为助力乡村振兴贡献青春力量。

各高校还要推动社会实践教育资源跨界融合，围绕学生学习、生活、实践、娱乐、管理等各个环节，跨组织、跨学科、跨领域、跨技术，打破壁垒、整合资源，以多关联性视角挖掘实践育人元素，大力推进新时代社会实践活动创新，营造全方位大学生社会实践环境，着力突破时间、空间、边界限制，不断推进高校实践育人的全程化、无界化，实现实践活动效果最大化。

在充分确立互联网跨界思维的基础上，各高校同时还要充分将目光聚焦于互联网的数字化、智能化特点上，意识到将互联网数据作为社会实践活动总结分析的资源的重要性，意识到确立数据思维是促进精准落实实践育人理念的一个突破口。

### 三、数据思维——精准落实实践育人理念

互联网数据思维以全样性、全维度、智能化为特征，通过对海量数据的搜集、汇总和分析，获得具有更高价值、更高效率的产品、服务或洞见。数据是进行科学研究和分析的基础材料。要真正了解学生的思想行为、价值取向、心理健康状态等，就需要客观、动态的数据作为实证分析和科学结论的基础。如贵州思南县"雏雁计划"项目单位建立了项目大学生数据库，准确记录"雏雁计划"大学生的基本信息，为活动的开展及后续跟踪管理服务提供依据和参考，并针对每一位参与大学生的专业、特长及意愿设计相应的社会实践岗位，由此确保每一位参与活动的大学生得到锻炼与提升。将数据思维融入实践育人全过程，就是要借助互联网技术，全方位网罗学生信息，以数据为核心，深度了解、剖析、预测学生的思想状况，揭示相关规律，创新大学生社会实践管理机制，为更加精准高效的大学生社会实践活动提供科学决策和技术支持。

各高校要建立实践数据研究平台。高校有关职能部门要通力协作，打破数据壁垒，实现数据融合，全方位了解学生的规律性特点和个性化需求，实现差异化分类实践活动和个性化实践活动，借助学生反馈的数据客观评价实践活动开展实际质量和成效，不断改进当前实践育人工作。各高校要依托专家团队，围绕学习贯彻习近平新时代中国特色社会主义思想、加强和改进实践育人工作、创新推动网络育人等重大理论和现实问题，展开研究阐释和宣传推介，切实发挥专家团队在提升高校思政工作质量、构建一体化育人体系方面的"思想库"作用。各高校要充分发挥互联网新平台作为高校实践育人智囊的作用，建设大学生社会实践核心智库，积极推动社会实践网络学术研究，开辟理论品牌栏目，特约知名思政专家围绕大学生社会实

践理论领域的热点难点问题撰写网络文章，推出原创精品。各高校要充分调动各方积极性，统筹运用各类资源，打造信息发布、工作交流和数据分析平台，加强高校实践育人工作信息管理系统共建与资源互享，不断推动实践育人工作创新发展。

将立德树人价值导向作为总方向，把拓宽育人阵地作为工作重心，视互联网思维为创新源泉，这是各高校在促进大学生社会实践活动创新化发展的过程中可以确立的"三位一体"的原则。回顾大学生社会实践的发展历程，无数的实践案例向我们证明，确立立德树人总目标对社会实践活动的有效开展具有根本性的推动作用。在工作改进方面，拓宽育人阵地是高校拓展社会实践活动管理建设体系的核心内容，有利于高校充分结合自身的特点优势，切实提高本校大学生社会实践活动的育人作用。在展望未来，寻求突破方面，将目光聚焦于互联网新平台新渠道建设，确立互联网思维是高校开拓进取，再获佳绩的发展方向。陶行知先生说，生活即教育。让教育回归生活，从生活中汲取营养、获得力量，始终是重要的教育命题。科学认识和定位社会实践在教育中的地位与作用，积极展望社会实践活动的未来发展方向、途径，不仅是教育改革持之以恒的方向，也是教育主动适应新时代要求的关键所在。

# 调研报告

# 易地扶贫搬迁下未成年人社会适应性问题研究

## ——基于贵州省剑河县 283 名易地扶贫搬迁未成年人的追踪调研

**摘要：**易地扶贫搬迁是解决"一方水土养活不了一方人"、实现贫困群众跨越式发展的重要途径。2020 年，"十三五"易地扶贫搬迁任务全面完成，为打赢脱贫攻坚战、实现第一个百年奋斗目标作出了重要贡献。但随着搬迁建设任务全面完成，搬迁群众"搬得出"问题基本得到解决，如何实现搬迁群众稳定脱贫、后续发展，如何提升搬迁社区的社会治理水平，特别是如何解决随迁青少年的社会融入等问题已成为当前易地扶贫搬迁工作的首要任务。为全力做好易地扶贫搬迁"后半篇文章"，让随迁青少年顺利融入当地，获得更好的教育服务与发展机会，就必须对我国易地扶贫搬迁社区的青少年社会融入现状进行深入研究，分析其产生、发展的深层次原因。

本文以空间变动理论为支撑，分析易地扶贫搬迁社区的青少年社会融入问题产生的原因，并选取贵州省脱贫攻坚主战场之———深度贫困县剑河县为调研区域，采取问卷调研、深度访谈与跟踪调研相结合的方式，以团队 10 年来对剑河县 283 名随迁青少年的跟踪调研数据为基础，总结当前易地扶贫搬迁社区的青少年社会融入问题，分析家庭环境、学校环境与社会环境的变迁对青少年社会融入的影响，总结青少年学习无法转变、情感无法抒发、群体无法融入的三大适应问题，并在此基础上为各级政府与教育主管部门制定教育扶持政策提供建设性意见，帮助随迁青少年实现更加阳光、更加幸福、更有希望的根本性转变。

**关键词：**易地扶贫搬迁　青少年　空间再造　社会适应性

## 一、易地扶贫搬迁社区青少年适应性问题研究概述

### （一）研究背景

易地扶贫搬迁是精准扶贫"五个一批"的重要组成部分，也是解决"一方水土养活不了一方人"、实现贫困群众跨越式发展的重要途径。党的十八大以来，在党中央、国务院的正确领导下，易地扶贫搬迁工作扎实推进，同步新建了约 3.5 万个安置社区，对世界的减贫进程作出了重大贡献，也彰显了中国特色社会主义制度的优越性。当前，易地扶贫搬迁工作已经转入以后续扶持为中心的新阶段，"搬得出"的同时要"稳得住"，并且"能致富"。其中"稳得住"一个重要前提就是群众在新社区能住得习惯、能融入社区。《潇湘晨报》于 2020 年 10 月 15 日刊登的《易地扶贫搬迁如何"安"》《中国青年报》于同年 10 月 21 日刊登的《100 个易地扶贫搬迁社区，未入冬先添暖！》两篇文章，在社会上引起了强烈反响，反映出随迁青少年社会融入存在的问题逐渐凸显，引起人们重视。

当 2021 年我国宣布全面完成"十三五"时期易地扶贫搬迁任务之后，据不完全统计，全国累计实施搬迁 960 多万人，其中 3 至 18 岁人口 201 万人，占总人口的21.3%，比例较大。党和国家十分注重易地扶贫搬迁社区青少年城市融入与社会适应问题，实施《中长期青年发展规划（2016—2025 年）》，加强易地扶贫搬迁社区青少年发展理论和政策研究等。目前，国内对于易地扶贫搬迁社区青少年社会融入问题研究尚处于初步发展阶段，研究成果有待完善，本文拟在顺应国内外关于青少年发展研究趋势、借鉴前人经验的基础上对此问题进行深入探讨与研究。

"十三五"期间，贵州全面完成 192 万人的易地扶贫搬迁任务，搬迁人口占全国易地扶贫搬迁人口总数的近 1/5。为全力做好后续扶持工作，贵州探索实施基本公务服务体系、培训和就业服务体系、文化服务体系、社区治理体系、基层党建体系等"五个体系"，取得了一定成效，书写了中国减贫奇迹的贵州篇章。其中"9+3"重点挂牌督战易地扶贫搬迁县之一剑河县着力于贫困治理问题，是贵州省乃至全国易地扶贫搬迁的缩影，其扶贫经验可以为其他地区提供一个很好的样本。为此，本文将剑河县作为调研地点，选取其易地扶贫搬迁社区青少年为调研对象，通过对其中 6 座乡镇、8 所中小学、3 个搬迁社区、数百名青少年的问卷调查、访谈调查与跟踪调研，探讨易地扶贫搬迁社区青少年城市融入策略，制定激励各主体采取措施提高青少年

社会融入程度的方案，为今后剑河县与其他易地扶贫搬迁地开展后扶工作、实现青少年更高水平的社会适应提供借鉴。

**（二）概念界定**

**1. 青少年**

我国法律规定 18 周岁以下为青少年。不同于成年人，青少年对物质、精神上的渴求极为强烈，这种状态使他们在适应社会方面常感到困惑与不安。尤其在心理方面，青少年依赖性较强，角色意识、自我中心意识较强，若不能及时地加以保护与引导，很容易导致人格、心灵的扭曲。

**2. 社会适应性**

社会适应性起源于达尔文进化理论学说"适者生存"一词，后来专指人与社会的关系，包括人与人之间的沟通、人对社会的适应等多方面的内容。

**3. 适应性障碍**

青少年在经历环境巨变后，往往会产生集体身份递减、贫困、教育差别、家庭破碎等社会适应性问题，由此带来的烦恼状态和情绪失调等情绪和行为变化即适应性障碍。适应性障碍临床表现多样，如抑郁、失眠、焦虑等。

**4. 易地扶贫搬迁**

易地扶贫搬迁政策是中国针对生活在"一方水土养活不了一方人"地区的贫困人口实施的专项扶贫政策，具体是指对居住在生态环境恶劣、自然条件低劣等不具备生存条件和地质灾害高发地区的贫困群众，按照自愿的原则，在政府的统一组织下，搬迁到生活和生产条件较好的地区，实行有计划的开发式移民。

**5. 空间变动**

空间变动理论是基于空间的视角对移民、易地扶贫搬迁等问题背后的空间变动和空间隐喻，及其带来的后续社会适应性问题进行解释和分析的理论。易地扶贫搬迁背后的空间变动，包含客观的物理空间（或居住空间）变动，也包含具有社会性的社会空间变动和主观色彩的空间变动。

**6. 劳动力流动有效性**

劳动力流动有效性指劳动力流动主体的目标实现程度或需求满足度，表现为劳动力流动主体在流动过程中家庭环境、学校环境、社会环境适应性的大小。劳动力流动主体的目标（或需求满足度）实现程度越高，意味着劳动力流动主体的家庭环境、学校环境、社会环境适应性越强。

## 二、易地扶贫搬迁社区青少年社会适应现状调研

### （一）调研概况

#### 1. 调研区域选择

贵州是中国脱贫攻坚主战场。2014 年末，贵州全省有贫困人口 623 万人，占中国贫困人口的 8.9%，数量居中国第 1 位。2015 年 12 月，贵州把易地扶贫搬迁作为脱贫攻坚"当头炮"，开展易地扶贫搬迁工作，计划实施易地扶贫搬迁 188 万人，占中国搬迁计划的 15%。截至 2020 年，贵州省全面完成 192 万人的易地扶贫搬迁任务，搬迁人口占全国易地扶贫搬迁人口总数的近 1/5。作为中国搬迁规模最大、人数最多的省份，贵州是全国易地扶贫搬迁的缩影，已探索出一条独具特色的易地扶贫搬迁路子。而剑河县作为贵州省脱贫攻坚"9+3"重要县区之一，为贵州省脱贫攻坚作出了突出贡献，是贵州省易地扶贫搬迁的缩影，具有一定的代表性。为此，在贵州省剑河县的调研结果及建议可能对其他城市也具有一定的适用性。

同时，易地扶贫搬迁开始较早的贵州省剑河县也更早地认识到，为按时保质完成易地扶贫搬迁目标任务，后续安顿工作必不可少。贵州印发了《关于高质量推进易地扶贫搬迁后续扶持工作的意见》，提出将确保搬迁群众到 2025 年在安置地稳定融入，到 2035 年完全融入。为认真贯彻落实相关文件精神，剑河县结合实际制定《剑河县易地扶贫搬迁后续工作实施方案》。

剑河县本就是团队进行社会实践的服务地，在此区域内，团队志愿服务与调查研究关系网基本形成，支持服务与调研的基础设施建设较为完善。以团队暑期支教所在地作为调研地点，便于跟踪调研活动的集中开展与信息的及时交流，也便于与指导老师及当地负责人进行沟通。

#### 2. 调研单位及数量

截至 2021 年 3 月，团队现有跟踪调研对象 283 名，发放问卷 7000 余份，访谈对象 700 余名，如图 1、图 2、图 3 所示。

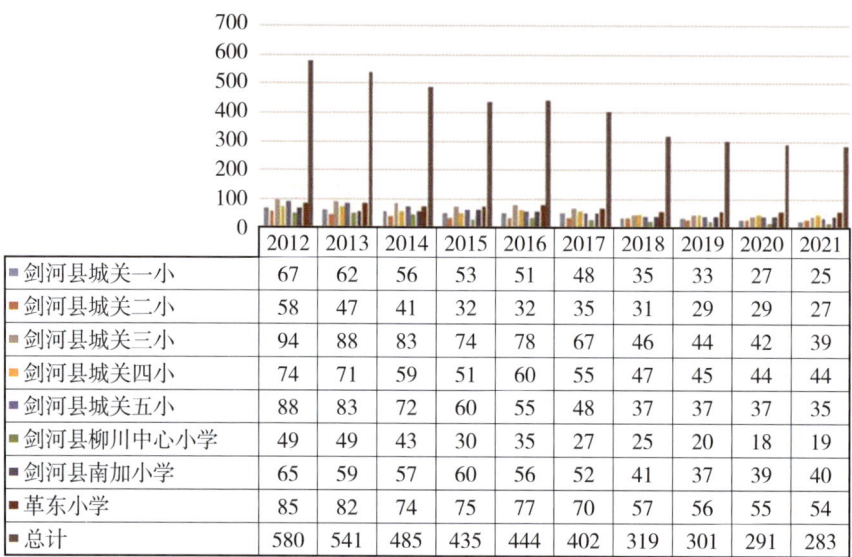

| | 2012 | 2013 | 2014 | 2015 | 2016 | 2017 | 2018 | 2019 | 2020 | 2021 |
|---|---|---|---|---|---|---|---|---|---|---|
| ■ 剑河县城关一小 | 67 | 62 | 56 | 53 | 51 | 48 | 35 | 33 | 27 | 25 |
| ■ 剑河县城关二小 | 58 | 47 | 41 | 32 | 32 | 35 | 31 | 29 | 29 | 27 |
| ■ 剑河县城关三小 | 94 | 88 | 83 | 74 | 78 | 67 | 46 | 44 | 42 | 39 |
| ■ 剑河县城关四小 | 74 | 71 | 59 | 51 | 60 | 55 | 47 | 45 | 44 | 44 |
| ■ 剑河县城关五小 | 88 | 83 | 72 | 60 | 55 | 48 | 37 | 37 | 37 | 35 |
| ■ 剑河县柳川中心小学 | 49 | 49 | 43 | 30 | 35 | 27 | 25 | 20 | 18 | 19 |
| ■ 剑河县南加小学 | 65 | 59 | 57 | 60 | 56 | 52 | 41 | 37 | 39 | 40 |
| ■ 革东小学 | 85 | 82 | 74 | 75 | 77 | 70 | 57 | 56 | 55 | 54 |
| ■ 总计 | 580 | 541 | 485 | 435 | 444 | 402 | 319 | 301 | 291 | 283 |

■ 剑河县城关一小　　■ 剑河县城关二小　　■ 剑河县城关三小
■ 剑河县城关四小　　■ 剑河县城关五小　　■ 剑河县柳川中心小学
■ 剑河县南加小学　　■ 革东小学　　　　　■ 总计

图1　10年间跟踪调研单位及调研对象数量

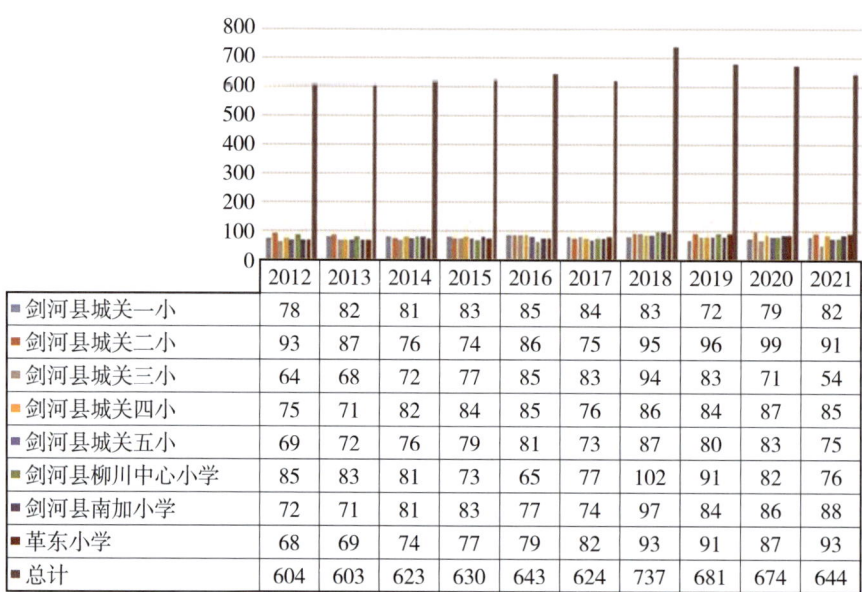

| | 2012 | 2013 | 2014 | 2015 | 2016 | 2017 | 2018 | 2019 | 2020 | 2021 |
|---|---|---|---|---|---|---|---|---|---|---|
| ■ 剑河县城关一小 | 78 | 82 | 81 | 83 | 85 | 84 | 83 | 72 | 79 | 82 |
| ■ 剑河县城关二小 | 93 | 87 | 76 | 74 | 86 | 75 | 95 | 96 | 99 | 91 |
| ■ 剑河县城关三小 | 64 | 68 | 72 | 77 | 85 | 83 | 94 | 83 | 71 | 54 |
| ■ 剑河县城关四小 | 75 | 71 | 82 | 84 | 85 | 76 | 86 | 84 | 87 | 85 |
| ■ 剑河县城关五小 | 69 | 72 | 76 | 79 | 81 | 73 | 87 | 80 | 83 | 75 |
| ■ 剑河县柳川中心小学 | 85 | 83 | 81 | 73 | 65 | 77 | 102 | 91 | 82 | 76 |
| ■ 剑河县南加小学 | 72 | 71 | 81 | 83 | 77 | 74 | 97 | 84 | 86 | 88 |
| ■ 革东小学 | 68 | 69 | 74 | 77 | 79 | 82 | 93 | 91 | 87 | 93 |
| ■ 总计 | 604 | 603 | 623 | 630 | 643 | 624 | 737 | 681 | 674 | 644 |

■ 剑河县城关一小　　■ 剑河县城关二小　　■ 剑河县城关三小
■ 剑河县城关四小　　■ 剑河县城关五小　　■ 剑河县柳川中心小学
■ 剑河县南加小学　　■ 革东小学　　　　　■ 总计

图2　10年间发放问卷单位及数量

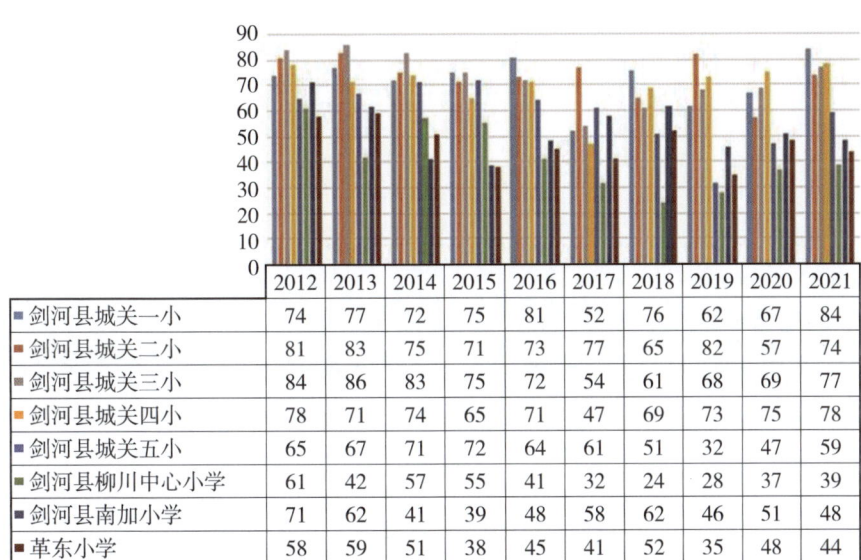

| | 2012 | 2013 | 2014 | 2015 | 2016 | 2017 | 2018 | 2019 | 2020 | 2021 |
|---|---|---|---|---|---|---|---|---|---|---|
| ■ 剑河县城关一小 | 74 | 77 | 72 | 75 | 81 | 52 | 76 | 62 | 67 | 84 |
| ■ 剑河县城关二小 | 81 | 83 | 75 | 71 | 73 | 77 | 65 | 82 | 57 | 74 |
| ■ 剑河县城关三小 | 84 | 86 | 83 | 75 | 72 | 54 | 61 | 68 | 69 | 77 |
| ■ 剑河县城关四小 | 78 | 71 | 74 | 65 | 71 | 47 | 69 | 73 | 75 | 78 |
| ■ 剑河县城关五小 | 65 | 67 | 71 | 72 | 64 | 61 | 51 | 32 | 47 | 59 |
| ■ 剑河县柳川中心小学 | 61 | 42 | 57 | 55 | 41 | 32 | 24 | 28 | 37 | 39 |
| ■ 剑河县南加小学 | 71 | 62 | 41 | 39 | 48 | 58 | 62 | 46 | 51 | 48 |
| ■ 革东小学 | 58 | 59 | 51 | 38 | 45 | 41 | 52 | 35 | 48 | 44 |

■ 剑河县城关一小　　　■ 剑河县城关二小　　　■ 剑河县城关三小
■ 剑河县城关四小　　　■ 剑河县城关五小　　　■ 剑河县柳川中心小学
■ 剑河县南加小学　　　■ 革东小学

图3　10年间访谈对象单位及数量

## （二）调研过程

2012 年，团队了解到剑河县数百名青少年的居住地址与所在学校等基本情况，为了获取更加全面准确的调研材料及数据，团队先从接触这些青少年入手，利用暑期支教时间与日常调研机会对其进行志愿服务与跟踪调研。从最初的助学、助行到与青少年散心聊天，团队发现了易地扶贫搬迁社区青少年社会适应性问题研究中存在的不足与偏差。为了使易地扶贫搬迁社区青少年社会融入研究更加客观真实，也为了更深一步帮助青少年群体，团队开始在帮扶的同时，着手收集其现状与诉求信息。

在对贵州省剑河县易地扶贫搬迁社区数百名青少年社会适应性问题的跟踪调研中，问卷调查法与访谈调查法是最为重要的调研方法。10 年来，团队成员每年都会大规模发放问卷，并选取一定数量的典型案例进行深度访谈。在实际调研过程中，由于部分青少年成年、工作或组建家庭等因素，团队成员则会考虑协商终止对其进一步跟踪调研。在调研过程中，团队成员分组在不同的社区与学校进行调研及志愿服务；在对已知的青少年进行调研的同时，团队成员以每个已知的学校或居住地为中心，通过自行寻找，借助学校、村委会、街道办提供的信息等，逐步扩大调研范围，青少年样本量不断增加。历时 10 年的调研与服务，团队终于完成了阶段性调研分析。图 4 是调研的大致过程。表 1 为易地扶贫搬迁社区青少年社会适应现状调研情况。

图4　团队调研的大致过程

**表 1　易地扶贫搬迁社区青少年社会适应现状调研情况**

| 调研地点 | 调研时间 | 具体调研点 | 调研组成员 | 调研方法 | 调研对象样本量 | 有效回收量 |
|---|---|---|---|---|---|---|
| 剑河县 | 2012 年 7 月—2013 年 7 月 | 巫交村、夭那村、久吉乡等 6 个乡村；剑河县城关一小、二小等 8 所中小学 | 南昌大学黔行支教调研团第一届成员（19 人） | 问卷调查访谈调查跟踪调研 | 604 | 604 |
| 剑河县 | 2013 年 8 月—2014 年 7 月 | 巫交村、夭那村、久吉乡等 6 个乡村；剑河县城关一小、二小等 8 所中小学 | 南昌大学黔行支教调研团第二届成员（22 人） | 问卷调查访谈调查跟踪调研 | 632 | 603 |
| 剑河县 | 2014 年 8 月—2015 年 7 月 | 巫交村、夭那村、久吉乡等 6 个乡村；剑河县城关一小、二小等 8 所中小学 | 南昌大学黔行支教调研团第三届成员（34 人） | 问卷调查访谈调查跟踪调研 | 653 | 623 |
| 剑河县 | 2015 年 8 月—2016 年 7 月 | 巫交村、夭那村、久吉乡等 6 个乡村；剑河县城关一小、二小等 8 所中小学 | 南昌大学黔行支教调研团第四届成员（39 人） | 问卷调查访谈调查跟踪调研 | 632 | 630 |

续表

| 调研地点 | 调研时间 | 具体调研点 | 调研组成员 | 调研方法 | 调研对象样本量 | 有效回收量 |
|---|---|---|---|---|---|---|
| 剑河县 | 2016年8月—2017年7月 | 思源社区等3个大型易地扶贫搬迁社区；剑河县城关一小、二小等8所中小学 | 南昌大学黔行支教调研团第五届成员（37人） | 问卷调查访谈调查跟踪调研 | 645 | 643 |
| 剑河县 | 2017年8月—2018年7月 | 思源社区等3个大型易地扶贫搬迁社区；剑河县城关一小、二小等8所中小学 | 南昌大学黔行支教调研团第六届成员（41人） | 问卷调查访谈调查跟踪调研 | 624 | 624 |
| 剑河县 | 2018年8月—2019年7月 | 思源社区等3个大型易地扶贫搬迁社区；剑河县城关一小、二小等8所中小学 | 南昌大学黔行支教调研团第七届成员（43人） | 问卷调查访谈调查跟踪调研 | 753 | 737 |
| 剑河县 | 2019年8月—2020年7月 | 思源社区等3个大型易地扶贫搬迁社区；剑河县城关一小、二小等8所中小学 | 南昌大学黔行支教调研团第八届成员（50人） | 问卷调查访谈调查跟踪调研 | 687 | 681 |
| 剑河县 | 2020年8月—2021年4月 | 思源社区等3个大型易地扶贫搬迁社区；剑河县城关一小、二小等8所中小学 | 南昌大学黔行支教调研团第九届成员（46人） | 问卷调查访谈调查跟踪调研 | 676 | 674 |
| 合计 | | | | | 5909 | 5819 |

**（三）调研结果分析**

本次调研结合贵州省剑河县易地扶贫搬迁社区青少年社会适应的现实状况，对剑河县包括巫交村、夭那村、久仰乡在内的6个乡村、8所中小学的易地扶贫搬迁社区青少年进行跟踪调研，对其主要社会适应性问题、学习适应状况、社交适应状况、心理适应状况等进行了解，经过统计分析后得出易地扶贫搬迁社区青少年社会融入状况的结论。

## 1. 社会适应性突出问题（如图 5 所示）

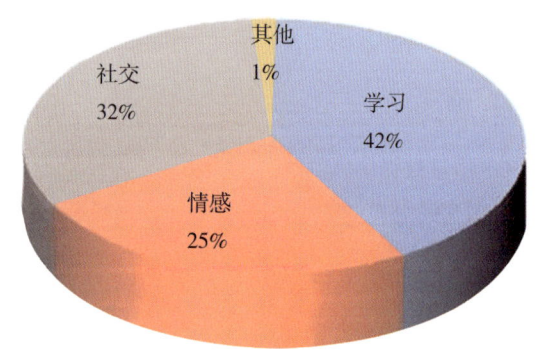

图5　社会适应性突出问题分布图

针对"易地搬迁后，你哪方面的困难最大"这一总领性问题，2012 至 2021 年平均数据显示，剑河县易地扶贫搬迁社区青少年在学习、情感与社交三大方面的问题占比最高，由此形成了剑河县易地扶贫搬迁社区青少年社会适应问题的三大维度：原有学习进度被迫中止、学习内容大幅增加、学习方式急剧变化，均增加了青少年学习压力；老友分离新友难交、不同交友风格难以相融，导致很多学生认为城里关系"很难搞"；乡土情怀成为融入城市的羁绊，男女不平等问题愈发强烈，造成不利影响。

## 2. 融入困难人数比例（如图 6 所示）

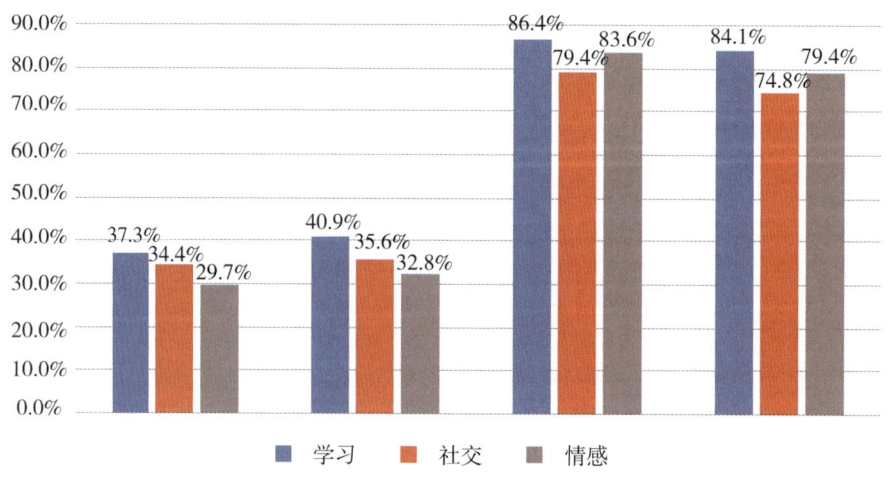

图6　融入困难人数比例

根据跟踪调研结果比对，自 2015 年、2018 年贵州省剑河县计划实行、全面实行大规模易地扶贫搬迁之后，在学习、情感与社交方面存在适应性问题的学生比例大大增加，但随着时间推进缓慢且平稳地降低。由于对空间进行了不均衡、剧烈的再造，易地扶贫搬迁虽然迅速提升了青少年的生活质量，但从社会适应的层面来看，这种模式面临"阵痛"。

### 3.典型对象分析（如表 2 所示）

**表 2　典型对象基本情况**

**（2012 年）**

| 访谈对象 | 年龄 | 性别 | 家庭情况 | 学习情况 |
|---|---|---|---|---|
| Case1 | 5（幼儿园） | 男 | 与母亲、奶奶、一个姐姐一起生活，父亲在外地打工，一年回家一次 | 活泼好动飞扬跋扈不喜学习 |
| Case2 | 7（小学二年级） | 女 | 与父母、一个妹妹、一个弟弟一起生活 | 成绩较好 |
| Case3 | 6（小学一年级） | 女 | 与父亲、爷爷、奶奶、三个姐姐、一个妹妹、一个弟弟一起生活，父母离异，母亲改嫁 | 成绩较差 |

**（2018 年）**

| 访谈对象 | 年龄 | 性别 | 家庭情况 | 学习情况 |
|---|---|---|---|---|
| Case1 | 11（小学三年级） | 男 | 与父母、奶奶、一个姐姐一起生活，父亲在迁入地本地打工 | 活泼好动飞扬跋扈成绩有进步 |
| Case2 | 13（小学五年级） | 女 | 与父母、一个妹妹、一个弟弟一起生活 | 成绩较好，能很快适应迁入地的教学 |
| Case3 | 12（小学六年级） | 女 | 爷爷去世，与父亲、奶奶、三个姐姐、一个妹妹、一个弟弟一起生活，父母离异，母亲改嫁 | 成绩较差，无人监督学习 |

（2021 年）

| 访谈对象 | 年龄 | 性别 | 家庭情况 | 学习情况 |
|---|---|---|---|---|
| Case1 | 14（初中二年级） | 男 | 与母亲一起生活，父亲与姐姐在外地打工，一年或几年回家一次 | 孤立叛逆；不喜学习，成绩较差；计划读高中 |
| Case2 | 16（高中一年级） | 女 | 与父母、一个妹妹、一个弟弟一起生活 | 成绩较好；个人计划读大学，但父母望其尽早工作 |
| Case3 | 15（初中三年级） | 女 | 与奶奶、一个妹妹、一个弟弟一起生活，父母离异，母亲改嫁，父亲去世，大姐、二姐未成年即出嫁外地，三姐外出打工，常年不回家 | 成绩中游；无计划读高中 |

　　以上 3 个典型案例几乎囊括了贵州省剑河县常见的 3 种家庭结构：家庭结构较为合理，不存在盲目生育现象，家庭关系气氛和睦，男女不平等现象不突出（Case1）；家庭结构合理，不存在盲目生育现象，家庭关系相对和睦，男女不平等现象较为突出（Case2）；家庭结构不合理，存在盲目生育现象，家庭关系不和睦，男女不平等现象十分突出（Case3）。同时也几乎体现出剑河县易地扶贫搬迁社区青少年社会适应性问题产生的常见原因，涵盖了自身、家庭、学习（学校）、社交（社会）四大维度，且四大维度占比不一：家庭原有经济基础尚可，但由于易地扶贫搬迁造成额外学习、生活开支增大，父母压力增大，原有生活节奏被打乱；监护人或青少年本人对于读大学或工作选择尚不明确；缺乏父母双方或一方陪伴；社交问题处理不当；个人主观能动性较弱或本身存在性格问题，且易地扶贫搬迁背景下生活、学习与社交环境转变导致此类心理问题进一步暴露；原生家庭支离破碎，经济基础较为落后，男女不平等问题严重。

## 4.学习适应性问题（如表 3 所示）

### 表 3　易地扶贫搬迁前后青少年学习情况对比

#### （2012 年）

| 题项 | 最小值 | 最大值 | 平均值 | 标准差 |
|---|---|---|---|---|
| 能否跟得上学习进度 | 1 | 5 | 1.8376 | 0.9275 |
| 学习压力是否太大 | 1 | 5 | 1.6235 | 0.73821 |
| 教师对学生学习情况关注度 | 1 | 5 | 2.8412 | 2.81204 |
| 学生学习是否具有动力和目标 | 1 | 5 | 3.9371 | 2.17336 |
| 学生对教师的喜爱程度 | 1 | 5 | 1.8262 | 1.21312 |
| 学生对网络教学的了解程度 | 1 | 5 | 3.9173 | 1.44564 |

#### （2020 年）

| 题项 | 最小值 | 最大值 | 平均值 | 标准差 |
|---|---|---|---|---|
| 能否跟得上学习进度 | 1 | 5 | 3.7286 | 2.84859 |
| 学习压力是否太大 | 1 | 5 | 2.7485 | 1.00654 |
| 教师对学生学习情况关注度 | 1 | 5 | 3.3546 | 2.18469 |
| 学生学习是否具有动力和目标 | 1 | 5 | 3.9649 | 2.46549 |
| 学生对教师的喜爱程度 | 1 | 5 | 2.4943 | 2.45183 |
| 学生对网络教学的适应程度 | 1 | 5 | 3.8465 | 1.14676 |

（样本取值范围为整数 1—5，样本值越大，表示该项实际情况越差）

学习问题始终是易地扶贫搬迁社区青少年融入城市的重要问题，调研数据比对显示，易地扶贫搬迁后，由于原有学习进度被打乱，无法跟上学习进度的青少年比例大大增加，学习压力随之增大。而在搬迁的社区，青少年学习方面最重要的变化是由传统乡村"小班制"转变为城镇"大班制"，这种变动使得师生比例出现偏差，教师很难关注到每个学生。同时，教学方式与学习方式出现改变，网络教学比例大幅增加，原就对网络教学不甚了解并且本就长期缺乏学习动力和目标的青少年更容易丧失学习的积极性，反映出易地扶贫搬迁社区青少年的适应性和能动性较低。

## 5. 社交适应性问题（如表 4 所示）

**表 4　易地扶贫搬迁下青少年社交状况**

**（2012 年）**

| 题项 | 最小值 | 最大值 | 平均值 | 标准差 |
|---|---|---|---|---|
| 是否有一个或多个关系要好的朋友 | 1 | 5 | 0.8291 | 0.72819 |
| 是否形成了自己的交友"小圈子" | 1 | 5 | 1.4381 | 0.27371 |
| 是否会因为友谊感到烦恼 | 1 | 5 | 2.1635 | 2.87162 |
| 是否会主动参与集体活动 | 1 | 5 | 1.9261 | 2.91733 |
| 在交友中是否感到自卑或胆怯 | 1 | 5 | 2.1236 | 2.73626 |

**（2020 年）**

| 题项 | 最小值 | 最大值 | 平均值 | 标准差 |
|---|---|---|---|---|
| 是否有一个或多个关系要好的朋友 | 1 | 5 | 3.1817 | 3.13819 |
| 是否形成了自己的交友"小圈子" | 1 | 5 | 4.9172 | 0.37136 |
| 是否会因为友谊感到烦恼 | 1 | 5 | 4.0183 | 1.73261 |
| 是否会主动参与集体活动 | 1 | 5 | 3.7173 | 2.81317 |
| 在交友中是否感到自卑或胆怯 | 1 | 5 | 4.1237 | 1.34356 |

（样本取值范围为整数 1—5，样本值越大，表示该项实际情况越差）

相比于原有农村居住较为聚集的特征，易地扶贫搬迁后，采取抓阄或摇号的方式分配房屋的搬迁社区，居住的空间分布充满了随机性，进而导致青少年所在的社会空间由原先的聚集、熟悉变成了疏离、陌生。而调研数据对比显示，搬迁前后，物理空间距离拉大了社会距离，使社会空间疏离化而影响青少年社会交往。绝大多数搬迁青少年表示，搬迁后社交方面出现问题，很难在短时间内与城市原居住地学生达成交友共识，而又由于居住地距离远、不在同一个班级等，搬迁青少年与原先好友见面机会减少，关系减弱。同时，大部分搬迁青少年性格上存在自卑、胆怯的弱点，来到新环境后，面对不同成长环境下的陌生学生，不敢参与以交友为目的的集体活动，为友谊所烦恼的频率也大大增加。

## 6.情感适应性问题（如表5所示）

### 表5  易地扶贫搬迁前后青少年情感情况对比

（2012年）

| 题项 | 最小值 | 最大值 | 平均值 | 标准差 |
|---|---|---|---|---|
| 是否喜欢所在的乡村环境 | 1 | 5 | 3.2383 | 0.72818 |
| 对亲情的需求与依赖感 | 1 | 5 | 3.3282 | 0.98117 |
| 是否内心封闭自卑 | 1 | 5 | 1.2234 | 1.82619 |
| 是否经常感到孤独寂寞 | 1 | 5 | 1.9372 | 1.92616 |
| 是否对周围人的看法反应激烈 | 1 | 5 | 2.1424 | 1.83865 |

（2020年）

| 题项 | 最小值 | 最大值 | 平均值 | 标准差 |
|---|---|---|---|---|
| 是否想念原来的乡村环境 | 1 | 5 | 3.8741 | 0.46289 |
| 对亲情的需求与依赖感 | 1 | 5 | 3.2496 | 0.64492 |
| 是否内心封闭自卑 | 1 | 5 | 4.1854 | 3.14896 |
| 是否经常感到孤独寂寞 | 1 | 5 | 3.9846 | 4.14849 |
| 是否对周围人的看法反应激烈 | 1 | 5 | 3.1984 | 3.18418 |

（样本取值范围为整数1—5，样本值越大，表示该项程度增强）

团队利用情感适应性衡量测试对易地扶贫搬迁社区青少年进行问卷调查，经过统计分析，大部分青少年有着较为浓厚的乡土情怀，比较依赖原有的乡村环境，在新环境中仍对原有环境难以忘怀。更为突出的问题是，随着空间变动，青少年并未实现预想之中的意识转换，甚至大部分青少年不会也不愿融入新的环境、构建全新的人际关系。相比于之前，其封闭程度、敏感程度、自卑感、孤独感大大提升，所以他们迫切需要情感疏解与社会关注。

## 7.社会对易地扶贫搬迁社区青少年的帮扶倾向

调查数据统计显示（如图7所示），针对易地扶贫搬迁社区青少年社会适应性问题，社会群体最有可能（最愿意）做到的3项为：参加爱心团体，实地关心未成年人（73.28%）；以个人名义关心、看望（64.38%）；在学校、社区宣传，扩大认知范围（38.28%）。目前，我国易地扶贫搬迁社区青少年社会适应性问题较为严重，亟待解决。令人遗憾的是，目前在青少年社会适应性问题教育帮扶方面的宣传力度不够，整体认知效果不好，且措施缺乏一定的针对性。为此，本文在措施制定时侧重对学校、教师、社区等加强宣传，提升认知，同时增加"设立对点帮扶个人或团队组织"，提升措施的针对性与可行性。

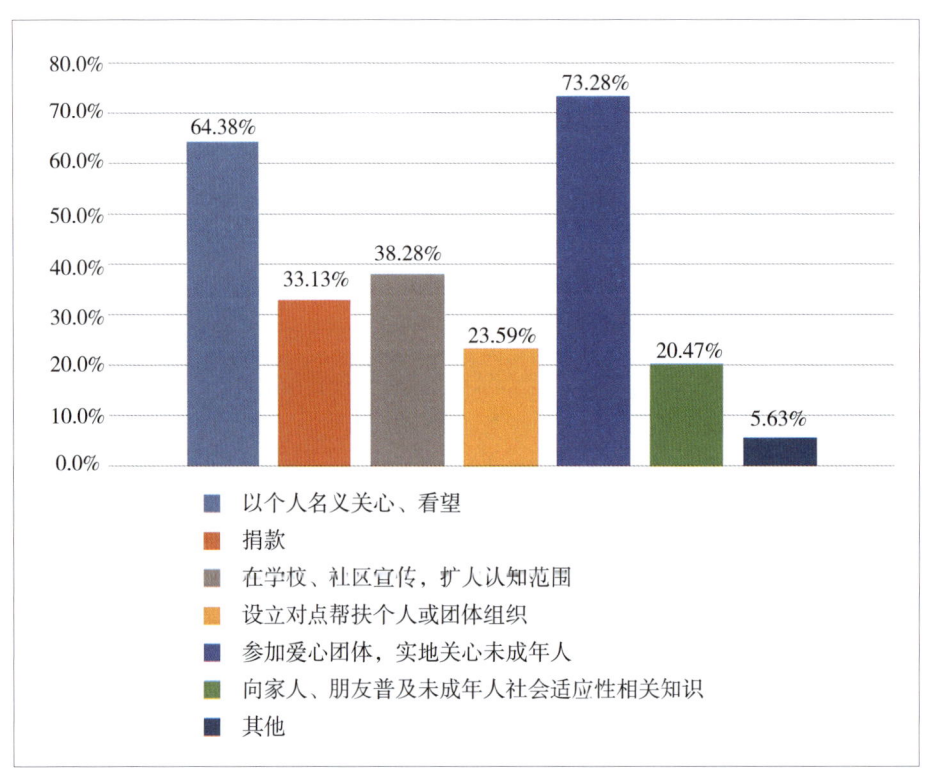

图7　跟踪调研结果比对

### 8. 调研结论总结

在对易地扶贫搬迁背景下贵州省剑河县青少年城市融入程度与存在的社会适应性问题整体把握的基础上，团队得出初步结论：在贵州省剑河县易地扶贫搬迁集中安置模式下，由于环境短时间内由农村空间向城市空间快速转变，且以快速改善青少年的学习环境和物质生活为主要导向，相对忽视了青少年社会空间与意义空间，即社交关系与思想意识的改造，青少年所处物理空间与社会意义空间出现了一定"错位"，且不同年龄、性别、家庭背景之下的青少年社会适应性问题种类、程度等呈现出多元的特点。参照诸多国内外学者对青少年社会融入问题总结出的基本维度（青少年社会适应分为 3 个维度：心理适应，即心理健康；学习适应，即学习成绩；文化适应，即行为规范、社会规则、人际关系）的情况下，团队将剑河县青少年社会适应分为学习方面，即学习进度、学习方式，情感方面，即乡土情怀、亲情依赖，社交方面，即交友情况、城市融入 3 个维度。综上所述，剑河县易地扶贫搬迁社区青少年社会适应性问题有历史遗留与时代发展的双向痕迹，既存在男女不平等带来的社会适应性等老生常谈的问题制约，也存在成败效应影响下学习进度被迫转变而产生的学无所依的新型问题影响。

## 三、易地扶贫搬迁社区青少年主要社会适应问题

### （一）学无所依——学习无从转变

#### 1. 学习进程衔接困难

易地扶贫搬迁完成后，青少年在学习方面最大的改变便是学习进程被打乱，教学环境、教学内容、教学进度等方面都存在着较大的变化。此时，原居住地农村学校的教学进程与现学校的教学进程的有效衔接便显得十分重要。

调查研究发现，56.3% 的青少年于小学三至五年级转入搬迁地，搬迁地全新的学习进度与学习环境与原来有较大差别，原有的学习进度被打乱。随着学习强度的增加，调研对象极易出现无法跟上教学进度而导致成绩下降的负反馈效应。易地扶贫搬迁前，教学内容简单，教学进度缓慢，考试内容相对单一，几乎没有考试"不及格"的现象。而在易地扶贫搬迁后的新学校里，大部分青少年思维能力仍停留于原有的教育进度与内容水平上，常出现尚未完全理解上一章知识点，而教学进度已迅速进入下一章节的问题，知识点的前后联系产生断层，导致越来越多的知识难以被掌握，形成了一个"越来越不懂"的负反馈效应，通过获得成功使人内心愉快的"成败效应"无法在其中发挥作用，进而造成学习效率低下、学习积极性与主动性不高的情况。与此同时，搬迁地学校使用多媒体等线上教学的情况较为普遍，而搬迁青少年对于线上学习方式不甚熟悉，不会操作，容易因为操作技术等问题阻碍学习进度的顺利开展。

#### 2. 学习缺乏动力

学习动力是使学习目标与过程具有意义的前提，只有具有学习动力，青少年才能集中精力提升学习效率。调研发现，部分易地扶贫搬迁社区青少年找不到学习动

力，不明白接受教育的意义，面对困难与挫折往往表现出无能为力甚至是自暴自弃，选择逃避等"安全性"行为，陷入一种"习得性无助"。

调查研究显示，部分易地扶贫搬迁社区青少年对学习抱着得过且过的心态，没有从内在衍生出主动学习的观念。在其眼中，学习是父母与老师的要求，是学校与社会的期望，对于其本人而言，学习显得可有可无。2012年，团队跟踪调研500多名对象，但截至2017年，调研对象仅剩不到400名，部分尚未成年的青少年走上工作岗位，且以廉价劳动力居多。2018年，贵州省剑河县全面完成易地扶贫搬迁任务。为降低转学与移居开支，部分调研对象被迫工作或建立家庭，如今调研对象仅剩283名。易地扶贫搬迁社区青少年更容易产生厌学情绪，他们厌烦学校，厌烦家庭作业，厌烦老师，甚至在父母提醒要好好学习时和父母发生冲突，出现了所谓的"叛逆期"。

### （二）情无所寄——情感无从抒发

#### 1. 乡土情怀无处寄托

中国文化历史悠久、传承不绝，中国人自古以来就十分重视血脉故乡和返本归源。随着乡村振兴和易地扶贫搬迁政策的推进和实施，青少年的生活环境由安宁自由的乡村转变为快节奏多约束的城市，这一"物理空间"的变动引起青少年"意义空间"的变化：一方面，部分青少年从一开始就没有从意识上接受搬迁后的新环境与新生活；另一方面，部分青少年对新环境美好的"空间想象"与实际的"空间认同"存在差异，这极易唤醒其对故乡的回忆，阻碍其融入城市生活。

人作为一种生物物种，是有原始记忆的。易地扶贫搬迁社区青少年的原始记忆，便是植根于心的乡土情怀。相比于原生地即为城市的青少年，易地扶贫搬迁社区青少年从小在乡村生活，乡土情怀浓烈。2018年，团队暑期调研正值当地期末考试，四年级语文作文题目便为"_____，最好的地方"。据观察发现，诸多易地扶贫搬迁社区青少年在下划线上填了"故乡"或"家乡"，而城镇青少年则多数填的是曾经听闻、游玩或短期居住过的地方。由此可见，易地扶贫搬迁社区青少年与乡土是脉脉相通的关系，他们自幼与自然和谐共处，离开了故乡，就像断了精神血脉，思乡便成为另一种精神补偿和皈依。一方面，易地扶贫搬迁社区青少年由于乡土情怀无人可诉说，对迁入地缺乏一定的认同感与归属感，容易造成情感问题。另一方面，学校、教师与家长未能及时发现易地扶贫搬迁社区青少年在处理乡土情怀与城市融入上存在的问题，这在一定程度上加剧了他们的城市融入问题。

### 2. 情感弱点根深蒂固

青少年的情感世界是由各种心理成分组成的一个多层次、多侧面的统一体。处在自我意识逐渐加强时期的青少年，独立性与依赖性同在，自觉性与幼稚性并存，往往容易形成狭隘的意识与不良的心态。易地扶贫搬迁这一物理空间变动导致青少年社会空间与意义空间发生变动，原有社会关系链条中断，加上他们尚未从意识层面完成转变，容易缺乏空间归属感和身份认同感，进而产生社会适应性问题。

剑河县政府相关负责人表示："可能你们会认为易地扶贫搬迁后那些青少年会受到当地孩子的排斥，但事实是，很多易地搬迁的孩子反而会排斥当地孩子和老师，不服从管教，也不支持工作。"团队经过调研发现，部分易地扶贫搬迁社区青少年性格较为孤僻。一方面，家长溺爱导致他们缺乏一定的同理心，不擅长与他人平等相处，这种情况多发生在男孩身上；另一方面，部分未成年人家庭关系不和谐，其在家里得不到重视，家庭地位较低，对周围人失去信任与感情，导致性格孤僻、懦弱，这种情况大多发生在女孩身上。当易地扶贫搬迁社区青少年性格孤僻排外，不愿意配合学校与社区的活动，不善于与老师主动沟通，不主动与他人建立新的友谊时，其身心健康发展便会受到诸多不良影响。

### （三）身无所容——社交无从适应

#### 1. 人际关系难以构建

心理学家阿德勒曾说："人类所有的烦恼，均来自人际关系。"人际关系对青少年的成长发展至关重要。青少年的人格意识正处在发展尚未成熟的阶段，一方面极度渴望友谊，另一方面自我意识与独立性初萌，在这种矛盾下，极易产生社交问题。易地扶贫搬迁社区青少年社会适应性问题更为突出，易地扶贫搬迁这种"空间再造"造成的地缘关系变动直接导致了人际关系的突变，全新的社会关系为易地扶贫搬迁社区青少年的城市融入带来了更大压力。普遍存在的旺盛社交需求与存在差异的社交环境不相适应，使易地扶贫搬迁社区青少年社交状况难上加难。

调研结果显示，67.53% 的易地扶贫搬迁社区青少年认为移民搬迁后朋友数量较以往大量减少。原因在于学校在分班时并未注意将原同地区、同村庄或同学校的青少年集中于一个班级，而是分散开来，这导致易地扶贫搬迁社区青少年朋友分散。由于环境不同的农村青少年与城市青少年交友观念差别较大，搬迁青少年与当地青少年难以迅速建立起新的社交关系，搬迁青少年社交需求难以得到满足，从而产生社会适应性问题。正如一位学生所言："没想到在城里同学关系这么难搞。"此时，志愿者帮扶活动中心、新市民追梦桥中心等便成了目前易地扶贫搬迁社区青少年交友排忧的重要场所。但县级政府与相应工作场所志愿者与工作人员短缺，团委领导等基层工作者日常工作过于繁杂忙碌，在诸多工作压力之下容易产生纰漏，进而导致很多帮扶工作的开展仅游于表面，难以有效解决易地扶贫搬迁社区青少年的人际关系问题。

### 2. 男女不平等持续影响

男女不平等问题始终存在于贵州省剑河县诸多家庭，尤其是经济发展十分落后的农村地区。其问题根源在于生产力和劳动力的性别差异，男性在传统农耕文明下繁重的农耕劳动中具有生理优势，女性相比则难以承受繁重的苦力，劳动贡献往往低于男性。男性作为主要劳动力便成为家庭与村落存在发展的重要保证，生产行为的差异自然引发了不平等问题。虽然易地扶贫搬迁导致了"物理空间"的变动，但社会观念和整体劳动力需求倾向并未转变，因此，重男轻女现象在剑河县诸多易地扶贫搬迁家庭甚至是学校中仍屡见不鲜。

调研结果显示，女生群体中，约30.4%的女孩面对男女不平等问题已然麻木，用其原话便是："不是不想反抗，而是无法反抗。""有的时候我会躲在被子里哭，万一被发现了还要被打。"很多女生表示，自幼受到的不平等待遇使其失去了对大多数人的信任，难以融入集体。令人震惊的是，在接受城市化改造更早的搬迁地学校中，仍存在男女不平等现象。以下为典型案例 Case1 女生于 2013 年及 2021 年针对同一问题"你学校里的老师是否也有男女不平等的做法"的回答："学校老师打饭的时候，会给男生多打几块肉，因为老师说男生消耗体力大，更需要吃肉，我觉得这不太公平。""在学校里，男生打女生，老师会对我们说，他们都是和我们闹着玩。但是如果女生打男生，老师便会责骂我们，还会说如果不是我们那么躁，男生怎么可能会打我们。"贵州省剑河县已全面完成了易地扶贫搬迁，在脱贫攻坚道路上取得了重大进展。但令人痛心的是，扶贫与扶智效果却存在落差。据实地考察发现，大多数学校的宣传栏侧重于安全宣传，对男女平等思想的宣传却不多。诸多因素导致男女不平等思想纠正工作难以开展，使得部分女生存在特殊社会适应性问题。

### 四、制定易地扶贫搬迁社区青少年社会融入方案

#### （一）完善学有所依地对点衔接教育

##### 1. 发展城乡衔接智慧教育

易地扶贫搬迁社区青少年学习经常被打乱，不同学习环境之下的教育衔接不善，导致很多青少年难以适应新环境。为此，团队提出发展城乡衔接智慧教育。首先，教师应提升自身专业素养，成立易地扶贫搬迁下特色学习小组与特色养成班，加强对点教育，避免强者愈强弱者愈弱的马太效应。其次，学校要认真履行对易地扶贫搬迁社区青少年承担的各项义务，充分发挥统筹作用，利用妇联、团委工作的便利条件，对易地扶贫搬迁中经济困难、父母受教育程度较低的家庭进行教育指导，提升家长的教育能力和水平。家长也应与学校密切配合，及时了解孩子在衔接学习开展方面存在的不足，查漏补缺，通过报补习班等方式有针对性地加强。同时，剑河县社区可以与搬迁的学校共建"四点半课堂"，在每周一到周五的下午4时30分准时开课，征集社区志愿者为易地扶贫搬迁社区青少年提供作业辅导、弱项提升、爱好培养、心理辅导等服务。在寒暑假时期，也可以推出"大学带小学，家乡学子情"服务，选聘本籍大学生、高中毕业生和"五老"人员开展假期免费辅导班，助力易地扶贫搬迁社区青少年早日适应新环境。

##### 2. 构建新少年思想引路桥

团队提出构建新少年思想引路桥，聚焦为党育人这一根本政治任务，以改变目前部分青少年存在的"感觉自己虽然来到了城市，但是思想上还不是城市人"这一问题。通过组建青年讲师队伍，搭建团属媒体矩阵，线上线下组织开展青少年大学习和青年马克思主义培训工程，坚持用青少年易于接受的形式和语言讲好科学理论、红色文化、发展成就和典型事迹，不断激发搬迁青少年感恩之心、奋进之志，大力引领搬迁青少年感党恩、听党话、跟党走。在日常生活中，还可与剑河县"新市民·追梦桥"合作，组织开展"我是团员·我接力"线上活动、"传承红色基因·勇担时代使命"主题团日活动、"说变化、话感恩"活动以及"青春长征"实践教育活动等。

##### 3. 构建易地搬迁"流动"图书馆

如何切实保障易地扶贫搬迁社区青少年群体的教育公平，给予他们优质的教育供给，化解他们面临的"教育尴尬"？有学者指出，可以为流动青少年开设专属图

书馆，为他们提供一个长期稳定、平等的阅读环境，这是基于：一方面，相比城市的孩子，搬迁青少年的父母忙于生计，没有时间陪伴他们，他们也没有机会外出旅行，学校社会实践也少，所以读书成为孩子们了解世界的重要方式；另一方面，阅读是一种具有个性化特征的个人行为，在此过程中，易地扶贫搬迁社区青少年或追求爱好，阅读感兴趣的书籍，或查漏补缺，阅读工具书籍，这便是发挥主观能动性进行学习的过程。结合剑河县易地扶贫搬迁社区都配备了专属图书角，具有成立图书馆的有利条件，团队建议组织"新少年计划"，设立"流动"图书馆，由"新少年计划""捐人"，帮助运营图书馆，保证孩子们有一个安稳的读书环境。

### （二）建立情有所寄的情感帮扶体系

#### 1. 成立乡土情怀守望组织

在调研过程中团队成员发现，不同年龄、性别、家庭背景、成长环境的青少年对于乡土与故乡的依赖性是不同的。在易地扶贫搬迁后续工作开展过程中，社会、学校、家长、教师等需关注融入度分化的各类青少年群体。对于不同融入度的青少年要因群施策，引导其更好地融入城市生活。为引导低融入度的青少年从心理上接受、融入城市，学校可开设专门课程，设立助学教师，给予青少年力所能及的关爱，发掘青少年的心理资源，提高青少年的心理韧性，培养青少年积极的心理品质，帮助青少年提升社会融入度。父母应通过营造轻松愉悦的家庭氛围，加强沟通交流，帮助孩子保持积极乐观的心理状态。社区可呼吁志愿者一人对接一名低融入度的青少年，进行跟踪调研与持续对点帮扶，并完善暖心服务。比如建立青少年心理健康辅导中心或青少年成长指导中心等，使青少年体验到爱的力量和自主成长的动力，真正实现思想和身份的转变。对于高融入度的青少年，社会、学校、家长、教师等需持续做好后续巩固工作，关注其在自身具有较高融入度的情况下是否会出现积极性受到打击的问题，保证并持续提升其城市认同感。

#### 2. 搭建"小天使"家庭调解平台

调查研究显示，贵州省剑河县易地扶贫搬迁社区青少年家庭破碎率很高（48.96%），诸多青少年从小生活在父母离异、去世或长期外出打工的家庭环境中。易地扶贫搬迁后，迁入地产业发展，很多家长无需外出打工便可获得就业机会，也获得与孩子共处的机会。团队提出可搭建"小天使"家庭调解平台，旨在通过与家长更深层次的合作，深入开展青少年权益保护工作。可由剑河县妇联或剑河县人民政府派出工作人员常驻平台工作室，提供涉及青少年家庭纠纷的法律咨询、纠纷调解等服务，并走进社区，深度调解矛盾纠纷。同时，为了深化多元化纠纷解决机制，重视家庭内部的纠纷自我修复能力，还可增设"少年家事调解工作室"，针对涉及青少年的抚养费纠纷、变更抚养纠纷及探望权纠纷进行诉前调解，注重说理教育及亲情修复，以期取得更好的社会效果。

### 3. 建设情感问题帮扶团队

通过分析青少年心理健康与情感发展状况对融入社会的影响，团队提出建议：促进青少年城市融入是推进新型城镇化战略的重要环节，社会各界需关注青少年心理健康，增进青少年对城市的归属感和获得感，作为城镇化过程中改善居民生活水平的重要内容。家长作为易地扶贫搬迁社区青少年的第一责任人，要重视和关注其心理健康状态，加强沟通交流；学校要加强校园文化建设，定期开展易地扶贫搬迁社区青少年心理健康培训；社区等要定期举办文化、体育等休闲活动，提供活动设施，丰富易地扶贫搬迁社区青少年的精神文化生活，提升其心理健康水平，使其逐步融入城市孩子的生活圈。同时，要构建青少年心理健康服务团队，招聘志愿者与指导老师，正确引导老乡会、老友会、妇联等相关组织为青少年提供心理健康咨询服务，从心理上帮助农村孩子缩近与城市孩子之间的距离。

### 4. 强化排忧解难主题项目支撑

强化项目支撑是能够长期为易地扶贫搬迁社区青少年排忧解难的重要保障，为此，团队提出"忧难清零"专项行动，以开展"忧难清零"专项行动为抓手，积极联合剑河县团干部、志愿者、社会组织进行搬迁青少年遍访工作，及时更新完善工作台账，确保服务对象和服务内容更加精准。例如，实施"关爱青少年·希望艺术课堂"等爱心陪伴项目，面向易地扶贫搬迁社区青少年开展素质教育，培育爱心陪伴特长队伍，全力提升易地扶贫搬迁社区青少年的综合素养。目前，团队已在剑河县思源社区组建"小剪刀剪出幸福梦"少儿剪纸社，吸纳安置点学生50余名。未来，团队还会探索其他项目，在深入实施"希望工程·陪伴计划""四点半课堂"等品牌项目的同时开展学业辅导、免费托管、帮扶关爱等特色项目，多方面满足易地扶贫搬迁社区青少年的需求。

### （三）构建身有所容的社会关系网络

#### 1. 搭建城乡融合交友平台

不同地域的青少年社交观具有不同特点：城市青少年的交友理念先进，更注重交友的人际氛围；农村青少年倾向于理想化的同学关系，更赞成理性对待同学间纠纷等。交友方式、交友观念等的不同，使易地扶贫搬迁社区青少年与迁入地城市青少年在交友方面存在较大差异。为此，在易地扶贫搬迁后续工作开展的过程中，社会、学校、教师、家长与青少年自身需要共同发展城乡融合交友平台，加快融入城市进程。易地扶贫搬迁社区青少年应努力提升自主学习与生活技能，同时转变心态，改变"低人一等"等错误思想观念，正确认识交友差异，学会疏导社交中的负面情绪，积极融入新环境。家长应带孩子走出家门，走向社区，与陌生孩子进行沟通交流，教育孩子与人为善，广交朋友，走向社会。学校应针对易地扶贫搬迁社区青少年开设"破冰活动"，通过不同班级之间的趣味运动会、联欢会等，增加搬迁青少年同本地青少年的沟通交流机会，使他们逐渐适应双方不同的交友差异。各社区应完善易地扶贫搬迁社区青少年社交的相关配套措施，积极创建老乡会、老友会、互助会等组织与平台，使易地扶贫搬迁社区青少年积极融入城市社交环境。

#### 2. 创新青少年社会融入工作载体

本调研以帮助易地扶贫搬迁社区青少年更好更快融入城市新生活为目的，探索建立易地扶贫搬迁社区青少年融入城市成长监测体系试点，通过组织志愿者走访易地扶贫搬迁社区青少年，跟踪监测其学习成长、思想动态、个人发展等情况，为帮助其成长成才提供数据支撑。建立青年志愿者脱贫攻坚夜校，采取"固定＋流动""网上＋掌上"等多种形式相结合，聘请志愿者教师，开展专业化培训，切实将社区与学校内存在的夜校打造成为易地扶贫搬迁社区青少年的精神家园。在日常生活中，还可联动剑河县中小学结对安置点团支部，开展入户调查、爱心陪伴、红色文化主题团课等活动，同时构建志愿服务体系，探索组建专业志愿服务队伍，全力打通青年与大众、干部与群众"最后一公里"，关注易地扶贫搬迁社区青少年的个性化需求，推行"社区群众下单、服务中心派单、志愿团队接单"的"三单制"服务模式，推动志愿服务精细化。

#### 3. 共建男女平等维护体系

剑河县人民政府应从实际出发，深入探讨目前县内男女不平等现象主要存在于哪些方面，由哪些主体引发了男女不平等现象，有针对性地建立健全相关制度。学校要进一步宣传男女平等的思想，将相关法律法规纳入学校宣传栏与社区宣传栏，同时加强师德师风建设，引导青少年及其监护人树立正确的社会性别意识，弘扬男女平等观，构建先进的性别文化。家长应加强对青少年的性别教育，使他们更好地认识自己、认识他人、认识社会。社区还可以为易地扶贫搬迁社区女生打造专属社区活动，以此提高女生的公共参与意识，增强其公共参与能力，进而提升其自身素质与主体意识。女生要提升自我保护意识，增强自我保护技能，在充分认识男女平等思想的前提下学习救助与自卫技能，以应对突发情况。

### 4.建立青少年成长护航维权组织

在长达 10 年的跟踪调研中，团队始终关注青少年法治意识培养和权益维护，尤其在剑河县男女不平等问题长期存在且持续影响的情况下，团队更为注重通过建立维权组织为青少年成长护航。可以组织开展法治文化基层行活动，组建蓝色法律援助志愿服务队等，深入开展法治宣传进社区活动。同时，坚持用好"12355"青少年服务平台，开通热线电话咨询、网络心理互助服务，开展主题心理健康活动，依托社区内"新市民·追梦桥"构建"青少年·追梦桥"树洞信箱，组建"做你身边的树洞"信箱志愿服务团队，为来信青少年答疑解惑，维护其权利，促进其融入社会。

本次调研活动开展具有一定的行政保障，得到了学校、学院领导与当地负责人的重视和支持，保障了相关调研经费。同时，团队基于大量的社会实践与文献阅读，经过长达 10 年的努力，得出对易地扶贫搬迁社区青少年社会适应性问题成因与策略的研究成果，以供其他研究者参考借鉴。成果可进一步推广，不断应用于今后贵州省剑河县青少年社会适应性问题的解决。

时光荏苒，岁月如梭，在本次调研活动第 10 年阶段性任务即将完成之际，谨对多年来给予团队支持与帮助的良师益友致以最诚挚的谢意。感谢胡邦宁老师、邹德凤老师、汤林捷老师在选题、内容与实践调研上对团队的悉心指导和温暖关怀；感谢贵州省剑河县当地政府、学校、社区、家长以及孩子们对团队开展本次调研活动的大力支持与高度信任；感谢"黔行人"在帮助青少年适应社会方面做出的持续努力与取得的成果成效。

年轻人要"自找苦吃"，只有到社会中与群众打成一片、扭到一起后，产生了社会责任感，才能获得真知灼见。我们这一代青年的成长周期与实现"两个一百年"

奋斗目标的历史周期正相契合，更应树立与时代主题同心同向的理想信念，勇于担当时代赋予的历史责任。10 年之行，团队坚持不懈对剑河县数百名易地扶贫搬迁社区青少年进行跟踪调研与个案实证调查，实时关注其社会适应与身心发展现状，深入探究在城市融入过程中其适应性问题产生的原因，以此提出可供参考借鉴的建议。未来，团队会进一步深入群众，拓展研究范围，将目光放得更为长远，尝试涉及其他对象研究，不断助力乡村振兴。

倘若以 10 年为期，那么我们相信，未来的 20 年、30 年、40 年，南昌大学黔行支教调研团代代成员必将不忘初心、砥砺前行，在立德树人的全过程中全情投入、孜孜以求，点亮潜藏于内心的主人翁意识，唤醒厚植于脊梁中的家国情怀，汇聚磅礴的青春正能量，持续投入到实现中华民族伟大复兴的中国梦中。

### 参考文献

张拴会.坚定必胜信心，下足绣花功夫，坚决打赢打好脱贫攻坚战 [N].甘肃经济日报，2020-12-09（04）.

赵勇军.一步跨千年——贵州强力推进易地扶贫搬迁书写奇迹 [J].当代贵州，2020（36）.

闫薇，张燕.易地扶贫搬迁后续帮扶的民政作为——贵州乡镇社会工作和志愿服务站建设观察 [J].中国社会工作，2020（31）.

苗荣锦.有留守经历的中学生人际信任、积极心理品质与社会适应的关系研究 [D].南京师范大学，2019.

付佳茵.流动儿童社会退缩行为现状及其干预研究 [D].重庆师范大学，2018.

徐智坚.港南"老乡家园"里的幸福生活 [J].当代广西，2020（22）.

周丽，黎红梅.社会适应、政治信任与易地扶贫搬迁政策满意度——基于湖南集中连片特困区搬迁农户调查 [J].财经理论与实践，2020，41（06）.

辛均庚.贵州高校"领办"易地扶贫搬迁安置点学校的实践探索 [J].中国民族教育，2020（12）.

王菊，周羿，韦英，赵伶俐.贵州易地扶贫搬迁安置区合作治理路径研究 [J].安顺学院学报，2020，22（04）.

刘晓君，吉亚茜，胡伟.EPC 模式下易地扶贫搬迁项目成功的关键影响因素研究——以贵州省为例 [J]. 生产力研究，2020（11）.

曹薇，罗杰 . 贵州省少数民族大学新生适应性与心理韧性的影响研究 [J]. 兴义民族师范学院学报，2020（05）.

赵磊磊，柳欣源，李凯 . 社区支持对留守儿童学校适应的影响——基于县域视角的调查研究 [J]. 教育科学，2019，35（06）.

邵华 . 师生关系对农村寄宿制小学生攻击行为的影响：社会适应与自我控制的中介作用 [D]. 辽宁师范大学，2019.

吕津珠 . 家庭功能对初中生抑郁的影响 [D]. 河南大学，2019.

苏延清 . 舍小家顾大家——记安定区石泉乡赵河村"第一书记"包强 [J]. 甘肃农业，2020（11）.

# "易步百年"：易地扶贫搬迁政策如何造福百姓

## ——基于贵州省黔东南苗族侗族自治州凯里市剑河县搬迁社区八年跟踪研究

**摘要：**易地扶贫搬迁是中国特色综合性扶贫方式，是新时期脱贫攻坚"五个一批"精准扶贫工程之一，是通过"挪穷窝""换穷业"实现"拔穷根"的伟大扶贫实践。贵州省聚焦"稳得住、有就业、逐步能致富"目标，奋力写好易地扶贫搬迁"后半篇文章"，加速推动易地扶贫搬迁群众融入新生活、过上好日子。

目前国内相关领域对易地扶贫搬迁政策实施效果的跟踪研究及搬迁后长期影响的调查和分析较少。本文基于 6987 份问卷调查数据、306 次走访调查，由 193 位同学持续 8 年时间共同书写。本文积极探寻易地扶贫搬迁政策如何造福百姓，关注乡村振兴战略下剑河县易地搬迁政策的实施成效，总结剑河县易地搬迁典型措施、归纳搬迁经验，剖析剑河县在易地扶贫搬迁政策实施及巩固中的堵点、痛点、难点，指明剑河县在推进乡村振兴、实现农业农村现代化过程中面临的就业问题、社区管理、教育资源和环境保护等关键挑战，并提出兼具创新性与可行性的解决策略。

剑河县 8 年来的实践与经验，丰富了易地扶贫搬迁的社会研究视角与研究理论，对我国巩固脱贫攻坚成果、有效衔接并实现乡村振兴战略具有重大的理论指导意义，为推进中国式现代化提供了宝贵的借鉴。

**关键词：**共同富裕　乡村振兴　易地扶贫搬迁　农业农村现代化　中国式现代化

## 引言

世界百年未有之大变局加速演进，我国发展进入战略机遇和风险挑战并存、不确定难预料因素增多的时期，守好"三农"基本盘至关重要、不容有失。党的二十大擘画了以中国式现代化全面推进中华民族伟大复兴的宏伟蓝图。全面建设社会主义现代化国家，最艰巨最繁重的任务仍然在农村。《中共中央 国务院关于做好 2023年全面推进乡村振兴重点工作的意见》指出："党中央认为，必须坚持不懈把解决好'三农'问题作为全党工作重中之重，举全党全社会之力全面推进乡村振兴，加快农业农村现代化。强国必先强农，农强方能国强。"易地扶贫搬迁作为农村地区实现困难群众跨越式发展的重要手段，使贵州省剑河县实现了贫困地区贫困人口脱贫致富，推动了农村地区的发展，为乡村振兴和"三农"问题的解决作出了积极贡献。

易地扶贫搬迁不只是空间的简单挪移，而是一个复杂、系统、长期的艰巨工程。据此，贵州省聚焦"稳得住、有就业、逐步能致富"目标，始终把后续扶持作为保障搬迁群众稳定脱贫的重要手段和巩固搬迁成果的关键环节，做实易地扶贫搬迁"后半篇文章"。团队深入贵州省黔东南苗族侗族自治州凯里市剑河县 13 年，对剑河县的贫困村落巫交、久吉、夭那 3 村进行走访调查。随着剑河县易地扶贫搬迁工作的展开，从 2016 年开始，调研工作进入了新的阶段。在过去的 8 年中，团队专注于研究剑河县的搬迁社区，实地走访了 34 位政府工作人员和 56 位社区管理人员，共发放了 7179 份问卷，回收有效问卷 6987 份，致力于深入探讨易地搬迁政策的相关问题。在此基础上，团队综合访谈和调研成果所得数据，结合乡村振兴理论，对当前剑河县搬迁社区的现状与困境进行深入分析，回答"易地搬迁如何造福百姓"这一时代问题，扎实推动农业农村现代化，以中国式现代化全面推进中华民族伟大复兴。

## 一、绪论

### （一）研究背景

农村地区的发展是推动中国式现代化进程的重要方面，乡村振兴战略的实施对于实现中国式现代化目标至关重要。通过易地扶贫搬迁政策，贵州省剑河县实现了贫困地区贫困人口的脱贫致富，推动了农村地区的发展，为乡村振兴和第二个百年奋斗目标的实现作出了积极贡献。

　　易地扶贫搬迁作为精准扶贫"五个一批"的重要组成部分，同时也是解决"一方水土养活不了一方人"、实现困难群众跨越式发展的重要手段。在党中央、国务院的正确领导下，易地扶贫搬迁工作自党的十八大以来扎实推进，同步新建了约3.5万个安置社区，彰显了中国特色社会主义制度的优势。"十三五"期间，贵州省全面完成了192万人的易地扶贫搬迁任务，搬迁人口占全国易地扶贫搬迁人口总数的近1/5。为全力做好后续扶持工作，贵州省探索实施基本公共服务体系、培训和就业服务体系、文化服务体系、社区治理体系、基层党建体系等"五个体系"，有力推动当地乡村振兴。农业、农村、农民问题是关系国计民生的根本性问题，党的十九大以来，以习近平同志为核心的党中央始终把解决好"三农"问题作为全党工作的重中之重，坚持实施乡村振兴战略。贵州省剑河县积极探索乡村治理新方法，完善乡村治理新机制，开拓乡村发展新途径；总结推广"寨管委"、"合约食堂"、"强组兴村"、"院坝协商"、乡贤榜、数字化、接诉即办等乡村治理方式；推动健全村民会议，完善村民自治章程、村规民约；积极开展联村发展。在易地扶贫搬迁政策引领下，剑河县乡村振兴工作取得阶段性实质进展，对当地百姓的生活产生了积极影响，是贵州省乃至全国易地扶贫搬迁的缩影，其乡村振兴经验为其他地区提供了借鉴。

### （二）研究价值

#### 1. 评估政策对百姓的影响和造福效果

　　研究剑河县易地扶贫搬迁政策的效果，可以评估政策对贫困群众的实际影响和造福效果，为政策的持续改进和优化提供科学依据，同时也有助于改善当地群众的生活条件，为当地群众提供更好的教育、医疗和就业机会，促进当地经济增长与社会发展。

#### 2. 探索可持续发展模式和路径

　　本研究有助于深入探索易地扶贫搬迁政策的可持续发展模式和路径，通过分析剑河县的成功经验和实践案例并总结出适合不同地区的可行模式和有效策略，有助于指导其他地区在实施易地扶贫搬迁政策后，进一步推动该地区乡村振兴战略的实施，从而实现共同富裕的长远目标。

#### 3. 巩固拓展脱贫攻坚成果和推动乡村振兴及中国式现代化进程

　　研究剑河县的易地扶贫搬迁政策，可以更加深入地了解该政策对剑河县贫困地区群众生活条件的改善程度，以及当地基础设施的改善状况，巩固拓展剑河县脱贫攻坚成果，推动乡村振兴战略实施以及中国式现代化进程。

### （三）调研流程（如图1所示）

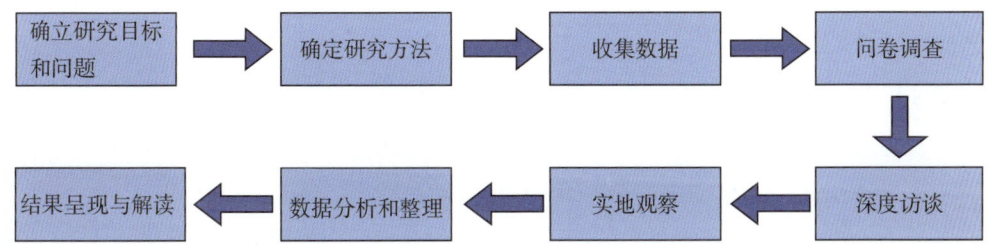

图1　调研流程

2011年，南昌大学黔行支教调研团来到贵州省黔东南苗族侗族自治州凯里市剑河县，深入了解剑河县贫困村落巫交、久吉、夭那3村的具体情况。随着剑河县易地扶贫搬迁工作的展开，2016年起，团队来到了剑河县搬迁社区，为获取更加全面准确的调研材料及数据，从实地走访调研入手，采用问卷调查的形式，利用暑期与日常调研机会进行志愿服务与社会访谈（见表1）。8年来，团队积极探索在乡村振兴战略下易地扶贫搬迁政策如何促进中国式现代化等重大问题。

**表1　易地扶贫搬迁社区青少年社区适应现状调研情况**

| 调研地点 | 调研时间 | 具体调研点 | 调研人员 | 调研方法 | 调研对象样本量 | 有效回收量 |
|---|---|---|---|---|---|---|
| 剑河县 | 2012年7月—2013年7月 | 巫交村、夭那村、久吉乡等6个乡村 | 南昌大学黔行支教调研团第一届成员（19人） | 问卷调查 访谈调查 跟踪调研 | 604 | 603 |
| 剑河县 | 2013年8月—2014年7月 | 巫交村、夭那村、久吉乡等6个乡村 | 南昌大学黔行支教调研团第二届成员（22人） | 问卷调查 访谈调查 跟踪调研 | 632 | 602 |
| 剑河县 | 2014年8月—2015年7月 | 巫交村、夭那村、久吉乡等6个乡村 | 南昌大学黔行支教调研团第三届成员（34人） | 问卷调查 访谈调查 跟踪调研 | 653 | 623 |

续表

| 调研地点 | 调研时间 | 具体调研点 | 调研人员 | 调研方法 | 调研对象样本量 | 有效回收量 |
|---|---|---|---|---|---|---|
| 剑河县 | 2015年8月—2016年7月 | 巫交村、夭那村、久吉乡等6个乡村 | 南昌大学黔行支教调研团第四届成员（39人） | 问卷调查访谈调查跟踪调研 | 632 | 620 |
| 剑河县 | 2016年8月—2017年7月 | 巫交村、夭那村、久吉乡等6个乡村 | 南昌大学黔行支教调研团第五届成员（37人） | 问卷调查访谈调查跟踪调研 | 645 | 633 |
| 剑河县 | 2017年8月—2018年7月 | 思源社区等3个大型易地扶贫搬迁社区 | 南昌大学黔行支教调研团第六届成员（41人） | 问卷调查访谈调查跟踪调研 | 624 | 604 |
| 剑河县 | 2018年8月—2019年7月 | 思源社区等3个大型易地扶贫搬迁社区 | 南昌大学黔行支教调研团第七届成员（43人） | 问卷调查访谈调查跟踪调研 | 753 | 727 |
| 剑河县 | 2019年8月—2020年7月 | 思源社区等3个大型易地扶贫搬迁社区 | 南昌大学黔行支教调研团第八届成员（50人） | 问卷调查访谈调查跟踪调研 | 687 | 661 |
| 剑河县 | 2020年8月—2021年7月 | 思源社区等3个大型易地扶贫搬迁社区 | 南昌大学黔行支教调研团第九届成员（46人） | 问卷调查访谈调查跟踪调研 | 676 | 654 |
| 剑河县 | 2021年8月—2022年7月 | 思源社区等3个大型易地扶贫搬迁社区 | 南昌大学黔行支教调研团第十届成员（11人） | 问卷调查访谈调查跟踪调研 | 647 | 637 |
| 剑河县 | 2022年8月—2023年7月 | 思源社区等3个大型易地扶贫搬迁社区 | 南昌大学黔行支教调研团第十一届成员（39人） | 问卷调查访谈调查跟踪调研 | 626 | 623 |
| 合计 | | | | | 7179 | 6987 |

## 二、剑河县易地扶贫搬迁的历程、做法、成效和经验总结

### （一）剑河县易地扶贫搬迁的历程

剑河县根据贵州省相关政策，实施易地搬迁，改善贫困地区群众的居住环境和经济状况，评估贫困地区并确定需要搬迁的地点和人口，制订搬迁计划和安置方案，选择适合的新地点，考虑资源优势和发展潜力。政府提供资金支持、住房补贴和产业扶贫等政策，确保顺利安置和就业；加强对搬迁对象的管理，并提供扶持措施，确保稳定就业和良好融入社会。剑河县通过综合评估多项因素，实施易地搬迁计划，旨在促进贫困地区的发展和改善人民生活条件。

### （二）剑河县易地搬迁的典型措施

#### 1. 搬得出——基层干部重调研，挨家挨户劝搬迁

剑河县2016年度以整体搬迁为主，整体迁出的自然村寨基础条件十分薄弱，基本都不通公路。剑河县生态移民局组织干部职工，徒步至每一个迁出点进行搬迁政策宣讲。"前期百姓不理解搬迁政策，县生态移民局的同志不厌其烦，在田间地头、屋檐下不断向群众宣传政策，在全县13个乡镇（街道）308个村（居）委会张贴海报1000余份。"剑河县生态移民局相关负责人说。2017—2019年，剑河县按现行易地扶贫搬迁政策动员搬迁户进行旧房拆除，为消除群众的故土情结，剑河县生态移民局再次组织干部职工下村入户，印发5000余份宣传手册，发放至每一个搬迁群众手中，确保了剑河县应拆旧房3127栋，已拆除3127栋，拆除率达100%，完成宅基地复垦复绿3127宗，复垦复绿率达100%。

#### 2. 稳得住——推进乡村城镇化，提高居民幸福感

"治国之道，富民为始。"在搬迁之初，为了解决搬迁群众的就业困难，剑河县生态移民局创新提出"制定一个方案、搭建两个平台、突出三个重点、建立四长联保机制、健全五个体系"的"12345"工作举措，形成了上下联动、左右协调，齐思共谋、齐抓共管的后续管理格局，努力实现搬迁对象"基本生活有保障、后续服务有平台、发展致富有路子、幸福指数有提升"的"四有"工作目标。

落实基本公共服务。县城内3个安置点分别成立馨怡社区、思源社区、幸福社区，均已建成社区服务中心、就业创业服务中心、卫生服务站、文化活动室、警务室等配套基础设施，并配备相应工作人员、警务人员和医务人员常驻办公和服务。

利用安置点商业门面资源引进平价购物中心，配合县教育局建成县城关第五小学、县城东幼儿园和城北幼儿园等配套教育设施，各项配套设施基本满足了当前易地移民群众办事议事、休闲娱乐、就业就学就医、购置生活用品和副食品的日常需求。

### 3. 能致富——脱贫之后不返贫，探究就业新道路

落实培训和就业服务。在思源社区、幸福社区、馨怡社区等3个安置点挂牌成立就业创业服务中心，落实安置点社区工作者10人，为易地扶贫搬迁对象提供就业政策咨询、就业失业登记、职业培训信息发布、职业指导和职业介绍、就业援助等服务，全面开展搬迁劳动力普查，建立完善劳动力就业培训动态台账，因产施培、按需定培。

剑河县同时对食用菌"一县一业"主导产业进行精准布局，借助国家力量引进扶贫车间和小企业入驻安置点，积极引导搬迁移民就近就地就业，帮助贫困群体摆脱"就业难"问题，助力乡村振兴。

### （三）剑河县易地搬迁的成效

#### 1. 谋共富，城乡收入差距持续缩小

全体人民共同富裕的现代化，是中华民族实现伟大复兴的经济基础。剑河县以经济建设为中心，努力缩小收入差距，推进共同富裕。剑河县地区生产总值实现年均10.4%的增长，总量突破60亿元大关，2019年、2020年经济增速连续排位黔东南苗族侗族自治州第一。

社区帮扶车间，让搬迁群众稳定增收。近年来，剑河县为确保搬迁群众"搬得出、稳得住、能致富"，建设社区帮扶车间，引进有市场前景的微型企业入驻，为搬迁群众提供稳定就业岗位。截至目前，全县共建立社区帮扶车间11个，涵盖电子、制衣制鞋、工艺品等类型，200余名搬迁群众实现家门口就业增收。

学技能促就业，加大妇女职业培训。为增加妇女群众就近就业率，剑河县总工会联合社区和企业积极开展技能培训和就业招聘等服务，使群众稳岗就业。"今天团队组织技能培训是结合企业的所需和群众的所愿进行的培训，主要目的是帮助易地扶贫搬迁群众实现就业增收。"剑河县总工会副主席周治锋表示，接下来剑河县总工会还计划组织10场类似的促就业培训及岗位大练兵，预计培训人数1000余人。

剑河县生态移民局一直秉持着让群众"搬得出、稳得住、有事做、能致富"高度负责的工作理念，严格按照省、州、县关于易地扶贫搬迁工程的决策部署，承担

全县易地扶贫搬迁工程实施的具体指挥和统筹协调，确保搬迁群众真正安居乐业，真正实现让搬迁群众"搬得出、稳得住、有事做、能致富"。

### 2. 新风尚，社区精气神越来越足

通过软硬件综合施策，剑河县努力提高搬迁群众的获得感、幸福感、安全感。

创建书香社区。剑河县思源社区、馨怡社区和幸福社区开展了"小手牵大手，共沐书卷香"亲子诵读活动。此次活动旨在以"小手牵大手"的方式引导学生、家长积极参与和美城乡"四大行动"，让孩子们在言传身教中收获健康成长，进一步拓展"书香家庭"和"书香社区"的创建，引导亲子家庭共同树立良好的家风，践行正确的家规，发扬中华民族优良的美德，争做新时代文明的传播者和践行者。

落实文化服务。思源社区聚焦感恩教育、文明创建、公共文化、民族传承"四进社区"，增强文化引领能力，在安置点规划和建设配套公共文化服务设施，利用民族节日、国家节庆假日等积极组织开展形式多样的文娱活动，深入开展"牢记嘱托、感恩奋进"主题宣传教育活动，积极引导搬迁群众树立自强自立、不等不靠的思想。

### 3. 优环境，县城面貌焕然一新

环境面貌焕然一新，推动人与自然和谐共生的现代化发展。团队调研发现，易地扶贫搬迁政策的实施有效调和了生态恶劣或脆弱区的居民与周边生态环境之间的矛盾，极大满足了剑河县居民对基础设施和公共服务的需求，使县城面貌焕然一新。

交通便利快捷。剑河县思源社区在搬迁之前处于天然森林之中，"地无三里平""路似羊肠绕，山如鸟道悬""跬步皆山"。实行易地扶贫搬迁后，当地疏通了"毛细血管"，贯通了"主动脉"，村村通、组组通，一条条连接乡镇、村寨的大道、小径蜿蜒于青山绿水间，楼房鳞次栉比，马路宽阔，交通愈加便利。

水电供应无忧。搬到新家后，很多村民实现了人生的许多第一次：第一次买了智能手机，第一次用上了微信支付，第一次拥有了电冰箱、洗衣机、空调、抽水马桶……搬迁前，当地居民的生活能源主要依靠樵采，不仅破坏了原本就脆弱的生态环境，也存在威胁生命健康与安全的因素。搬迁后，社区供电可靠率、电压合格率全面合格，供电服务基本全覆盖，从此告别了缺电的历史。

### （四）剑河县易地搬迁经验总结

#### 1. 坚持"一个中心"——以党的领导为中心

在党的领导下，剑河县以中国式现代化为方向，指导和推动易地扶贫搬迁社区

发展。坚持党的领导，发挥集中统一领导的政治优势是剑河县如期完成易地扶贫搬迁任务的根本保障。

党员引领产业发展。为推动食用菌产业发展，做到产业发展一盘棋，剑河县发挥党员先锋模范作用，构建并完善了县级四大班子和乡镇党委一把手统筹规划食用菌产业发展的制度。

党组织推动社区管理。剑河县建立思源、馨怡、幸福社区 3 个党总支、9 个党支部，将 292 名易地搬迁党员编入移民社区党支部，纳入移民社区党员管理，推行区域化学习模式。剑河县探索推行楼长、户长、"党员中心户"等工作机制，建立安置小区工会组织，建立老年日间照料中心室等群团服务阵地，每个社区安排 2 名专职人员为搬迁群众提供服务，极大提升了群众参与感与积极性。

### 2. 聚焦"两大重点"——以就业为重点，以创新为重点

乐业安居，以就业为重点。乐业才能安居，搬得出的问题基本解决后，推动就业是后续扶贫的关键，是防止搬迁移民返贫的有效手段，是巩固易地扶贫搬迁成果的基本措施，是"搬得出、稳得住、有事做、能致富"的关键。

剑河县不断创新劳动就业服务体系，将预防失业与促进就业相结合，提高搬迁群众就业增收能力。根据劳动力类型，精准施策，重点强化技术培训与就业服务链协同，坚持培训与就业同步规划、同步推进。通过丰富就业渠道，建立转移人员就业联系机制，发挥"一县一业"食用菌全产业链发展优势，千方百计抓好就近就业，积极促进搬迁群众在县域工业园区、农业坝区、林下基地就业。

新益求新，以创新为重点。创新是发展的第一动力。剑河县注重发挥创新的引领作用，向创新要动力，将创新贯穿脱贫攻坚全过程，激发贫困人口创新创业内生动力，提高贫困人口创新创业能力，整合各方面、各领域的创新资源和要素，协同推进科技、商业模式、教育、制度、金融等一系列创新，以全面创新助推共同富裕。

### 3. 系牢"一个纽带"——以"贵州精神"为纽带

要大力培育和弘扬团结奋进、拼搏创新、苦干实干、后发赶超的新时代贵州精神。

团结奋进。贫困群众是脱贫的主体，剑河县将自主脱贫与政府帮扶有机结合起来，培育奋斗精神，重视精神脱贫工作，在政策宣传、思想引导、教育培训等扶志

扶智上下大功夫。剑河县采取"双语宣讲""院坝宣读""入户宣讲"等方式，利用"夜校""坝坝会"等形式，把贫困群众组织起来，让干部和贫困群众面对面沟通，让贫困群众坐下来面对面交流，用身边人说身边事、用身边事教育身边人，相互鼓劲、相互打气，帮助群众克服思想依赖等精神贫困。

拼搏创新。剑河县在打赢脱贫攻坚战、奋力开启乡村振兴新征程中，深刻把握新时代贵州精神带来的文化优势和精神力量，促进农业、工业、文旅产业兴旺，推动更加有效生动的脱贫实践，农村产业创新纵深推进。剑河县攻坚克难、敢为人先、推陈出新、敢闯新路，成功打造关口万亩现代山地特色高效农业示范基地，建立了"2个园区、8个基地、13个区域"，初步形成了"一县一业"的全产业链。剑河县的特色菌酱拿下了贵州省唯一一个复合菌酱企业生产标准。

苦干实干。工业产业释放更多动能。剑河县岑广抽水蓄能项目被国家能源局列入"十四五"重点开工项目目录，南东水电站入选全国"2021年度绿色小水电示范电站"，贵州森环活性炭有限公司被认定为国家高新技术企业。

后发赶超。文旅融合实现跨越发展。剑河县不甘落后、跨越发展、弯道取直、赶超进位，成功创建国家4A级旅游景区1个，新增国家3A级旅游景区4个，旅游综合收入年均增长31.2%。剑河县文化馆入选全国一级文化馆，太拥镇易革村、仰阿莎街道寨章村入选贵州省第三批乡村旅游重点村。

剑河县在易地搬迁推动乡村振兴，诠释中国式现代化的探索实践中，始终坚持"一个中心"，以党的领导为中心，聚焦"两大重点"，以就业、创新为重点，系牢"一个纽带"，以"贵州精神"为纽带。这是剑河县创造出的可复制、可借鉴、可推广的鲜活经验，是剑河县为中国式现代化作出的贡献。

### 三、剑河县易地扶贫搬迁社区"痛点"

易地搬迁政策，是在推进乡村振兴的背景下，党为贫困地区制定的重要举措。贵州省在推进该政策方面取得了显著成效，但随着调研活动的开展，团队发现依旧存在制约搬迁后纵深发展的"堵点""痛点"和"难点"。对此，本部分拟全面剖析就业、社区管理、教育发展以及环境保护等方面的"痛点"，从而为有针对性地寻求破解之策和提出对策建议创造前提。

### （一）就业难：多重难题待解决

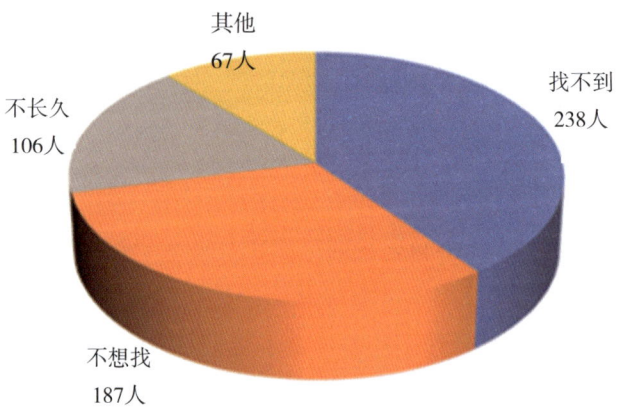

注：其他包括年龄、健康原因、家庭因素等

图2　思源社区搬迁居民就业存在的问题

就业是民生之本。团队在思源社区走访发现，社区搬迁居民就业主要存在"找不到"、"不想找"和"不长久"等问题（如图2所示）。

表2　典型对象基本情况

（2012年—搬迁）

| 访谈对象 | 年龄 | 性别 | 家庭情况 |
|---|---|---|---|
| Case1 | 24 | 男 | 父母、爷爷奶奶务农，本人到外省打工 |
| Case2 | 42 | 女 | 儿女外出打工，本人和丈夫在家务农 |
| Case3 | 63 | 男 | 与儿女一同在家务农 |

（搬迁—2018年）

| 访谈对象 | 年龄 | 性别 | 家庭情况 |
|---|---|---|---|
| Case1 | 30 | 男 | 与妻子在搬迁地打临时工，父母在搬迁地无工作 |
| Case2 | 48 | 女 | 儿女外出务工，丈夫在搬迁地打临时工，本人在家待业 |
| Case3 | 69 | 男 | 无工作，儿女外出务工 |

（2018 年以后）

| 访谈对象 | 年龄 | 性别 | 家庭情况 |
|---|---|---|---|
| Case1 | 35 | 男 | 与妻子在搬迁地找到长期工作，父母在搬迁地做临时工 |
| Case2 | 53 | 女 | 儿女外出务工，丈夫与本人在搬迁地打临时工 |
| Case3 | 74 | 男 | 无工作，儿女回到搬迁地工作 |

表 2 所列典型案例概括了贵州省剑河县常见的家庭工作结构：Case1 是家庭工作结构合理，自己赚钱维持生计，有稳定经济来源；Case2 是家庭工作结构较合理，虽没有稳定的经济来源，但能维持生活；Case3 是家庭工作结构不合理，自己年纪大无工作，儿女外出务工。这些案例也展示了剑河县易地搬迁对居民就业的影响，涉及自身、家庭、社会 3 个方面：Case1 是原有经济基础较好，自己踏实能干，在搬迁后能够及时找到工作；Case2 是由于长期务农，其他工作技能较差，找不到稳定工作；Case3 是原本经济基础较差，年纪较大，搬迁后无法找到工作。

（二）社区乱：社区文化氛围差

在走访思源社区时，团队就社区管理和文化活动等问题进行了问卷调查。调查结果显示，大部分住户对社区管理表示满意，但也有一部分住户对邻里感情、社区文化提出了更高要求（如表 3 所示）。

表 3 易地扶贫搬迁社区管理满意度调查

（2018 年）

| 题项 | 最小值 | 最大值 | 平均值 | 标准差 |
|---|---|---|---|---|
| 社区生活是否便利 | 1 | 5 | 4.4573 | 2.98768 |
| 社区邻里关系是否和谐 | 1 | 5 | 3.0087 | 1.23654 |
| 社区文化氛围是否活跃 | 1 | 5 | 3.6537 | 2.18469 |
| 社区环境是否整洁 | 1 | 5 | 2.7689 | 2.04949 |
| 社区管理是否满意 | 1 | 5 | 3.7432 | 2.34873 |
| 社区活动是否丰富 | 1 | 5 | 3.8764 | 1.23746 |

（2020 年）

| 题项 | 最小值 | 最大值 | 平均值 | 标准差 |
|---|---|---|---|---|
| 社区生活是否便利 | 1 | 5 | 3.7286 | 2.84859 |
| 社区邻里关系是否和谐 | 1 | 5 | 2.7485 | 1.00654 |
| 社区文化氛围是否活跃 | 1 | 5 | 3.3546 | 2.18469 |
| 社区环境是否整洁 | 1 | 5 | 3.9649 | 2.46549 |
| 社区管理是否满意 | 1 | 5 | 2.4943 | 2.45183 |
| 社区活动是否丰富 | 1 | 5 | 3.8465 | 1.14676 |

（2023 年）

| 题项 | 最小值 | 最大值 | 平均值 | 标准差 |
|---|---|---|---|---|
| 社区生活是否便利 | 1 | 5 | 1.8376 | 0.9275 |
| 社区邻里关系是否和谐 | 1 | 5 | 1.6235 | 0.73821 |
| 社区文化氛围是否活跃 | 1 | 5 | 2.8412 | 2.81204 |
| 社区环境是否整洁 | 1 | 5 | 3.9371 | 2.17336 |
| 社区管理是否满意 | 1 | 5 | 2.8262 | 2.21312 |
| 社区活动是否丰富 | 1 | 5 | 3.9173 | 1.44564 |

（样本取值范围为整数 1—5，样本值越大，表示该项实际情况越差）

### （三）教育变：青少年难以适应

截至 2023 年 3 月，团队现有跟踪调研学生对象 457 名，发放问卷 7500 余份，访谈对象 700 余名。

学习问题始终是易地搬迁青少年面临的重要问题。调研数据显示，易地搬迁后，由于原有学习进度被打乱，无法跟上学习进度的青少年比例大大增加，学习压力随之增大。在搬迁社区，青少年学习方面最重要的变化是由传统乡村"小班制"转变为城镇"大班制"，这种变动使得师生比例出现偏差，教师很难关注到每个学生。同时，教学方式与学习方式出现改变，网络教学比例大幅增加，原就对网络教学不甚了解并且本就长期缺乏学习动力和目标的青少年更容易丧失学习的积极性，导致厌学、退学的情况时有发生。表 4 为易地扶贫搬迁前后青少年学习情况对比。

表 4　易地扶贫搬迁前后青少年学习情况对比

（2012 年）

| 题项 | 最小值 | 最大值 | 平均值 | 标准差 |
|---|---|---|---|---|
| 能否跟得上学习进度 | 1 | 5 | 1.8376 | 0.9275 |
| 学习压力是否太大 | 1 | 5 | 1.6235 | 0.73821 |
| 教师对学生学习情况关注度 | 1 | 5 | 2.8412 | 2.81204 |
| 学生学习是否具有动力和目标 | 1 | 5 | 3.9371 | 2.17336 |
| 学生对教师的喜爱程度 | 1 | 5 | 1.8262 | 1.21312 |
| 学生对网络教学的了解程度 | 1 | 5 | 3.9173 | 1.44564 |

（2020 年）

| 题项 | 最小值 | 最大值 | 平均值 | 标准差 |
|---|---|---|---|---|
| 能否跟得上学习进度 | 1 | 5 | 3.7286 | 2.84859 |
| 学习压力是否太大 | 1 | 5 | 2.7485 | 1.00654 |
| 教师对学生学习情况关注度 | 1 | 5 | 3.3546 | 2.18469 |
| 学生学习是否具有动力和目标 | 1 | 5 | 3.9649 | 2.46549 |
| 学生对教师的喜爱程度 | 1 | 5 | 2.4943 | 2.45183 |
| 学生对网络教学的了解程度 | 1 | 5 | 3.8465 | 1.14676 |

（2023 年）

| 题项 | 最小值 | 最大值 | 平均值 | 标准差 |
|---|---|---|---|---|
| 能否跟得上学习进度 | 1 | 5 | 4.4573 | 2.98768 |
| 学习压力是否太大 | 1 | 5 | 3.0087 | 1.23654 |
| 教师对学生学习情况关注度 | 1 | 5 | 3.6537 | 2.18469 |
| 学生学习是否具有动力和目标 | 1 | 5 | 2.7689 | 2.04949 |
| 学生对教师的喜爱程度 | 1 | 5 | 3.7432 | 2.34873 |
| 学生对网络教学的了解程度 | 1 | 5 | 3.8764 | 1.23749 |

（样本取值范围为整数 1—5，样本值越大，表示该项实际情况越差）

## （四）环境差：居民环保意识弱

搬迁地环境建设是搬迁工作的重点。居民在搬迁前长期生活在村寨中，环境保护意识普遍不足，搬迁后对社区要求环保行为接受度低，出现垃圾分类装置无用、公共设施闲置等情况。同时，由于社区环境保护宣传薄弱，加上居民缺乏环境保护意识，视环境为人服务，破坏社区环境的情况时有发生，对社区自然环境、社会环境造成不可逆影响。

## 四、剑河县易地扶贫搬迁后发展对策的思考与探索

易地搬迁在精准扶贫和乡村振兴战略中起着重要作用。它不仅是精准扶贫的一种重要手段，还为乡村振兴提供了坚实基础。通过改善贫困人口的居住环境和提高贫困人口的生活质量，易地搬迁巩固了扶贫成果。同时，它也推动了乡村建设和发展，为乡村振兴奠定了基础。过去 8 年中，团队致力于研究和探索剑河县易地搬迁出现的问题，提出了一系列创新的解决策略，涉及就业、社区、教育和环境等方面。

### （一）公私合作：助力稳定就业

公私合作伙伴关系模式（PPP）为解决当地就业"找不到""不想找""不长久"的问题提供了一个双赢的方案。在该模式中，公共部门与私营部门紧密合作，充分利用私营部门的资金、管理经验和技术知识，同时确保公共部门在规划、监督和提供公共服务中的主导权。这种合作模式成功解决了剑河县就业的三大问题。

一是扩充居民就业机会。剑河县通过该模式，引入专业的人力资源公司，提供定制化的就业服务。这些公司可以开展职业技能培训，提供就业咨询，为搬迁居民提供优先就业机会，提供一站式服务，解决工作"找不到"问题。

二是满足多种就业需求。政府可以与私营企业合作，创造适合当地居民同时又满足当地居民就业需求的工作机会。

三是鼓励长期稳定就业。剑河县运用 PPP 模式推动企业为居民提供长期稳定的就业岗位。通过与企业合作，剑河县不仅确保为当地居民提供持续的工作机会，同时企业也从中受益。企业通过 PPP 模式可以顺利地获得所需资源，从而降低运营成本和提高效率。此外，政府还可以通过税务优惠、补贴等激励措施，进一步减轻企业的经营压力并鼓励企业为居民提供长期、稳定的工作机会，从而实现双方互利共赢，有效解决工作"不长久"的问题。

## （二）以人为本：改善民生福祉

社区文化作为中国式现代化的重要组成部分，强调的是以人为本，强调人的全面发展，强调社区成员之间的和谐共处。

一是培养社区文化氛围。相关部门可以设立社区文化促进会，由居民自己组织并参与各种文化活动，让社区更有"人情味"。在苗族、侗族等少数民族聚集的社区，可以举办少数民族特有的传统节日，丰富居民的文化生活，加强社区的凝聚力。同时，政府可以通过公私合作伙伴关系，引入文化企业或非政府组织，为社区提供更多的文化资源和活动。

二是促进社区交流。为了加强社区成员之间的联系和互动，可以推广各种社区交流活动和平台。例如，开设社区论坛、召开定期的社区大会等，使居民有更多的机会沟通交流。政府和社区管理机构可以提供必要的资源和支持，如提供活动场地、资金支持等，为居民提供更多的交流机会和平台。

## （三）教育革新：应对时代挑战

扶贫先扶志，扶贫必扶智。针对学校与教师的教育教学衔接工作成效不足、留守儿童易形成不正确的思想观念以及教育资源匮乏等方面的问题，剑河县可以从以下3个方面入手：

一是大力发展数字化教育。数字化教育是我国教育事业一项重要的改革举措。剑河县可以通过推广数字化教育来解决教学衔接不足的问题。例如学习管理系统（LMS）可以提供课程管理、学习跟踪、成绩管理等功能，让教师更好地了解学生的学习进度，及时调整教学策略。同时，剑河县还可以组织定期的教师培训和交流活动，提升教师的教学能力和团队协作能力。

二是建立专门的职业技术培训学校。通过10余年的跟踪调查，团队发现剑河县仅六成左右的孩子有机会进入到高中，相当一部分孩子读完初中选择外出打工。剑河县只有一所职业教育学校，远远无法满足毕业分流学生的需求。对此，剑河县应当为这些孩子设立学情档案并建立专门的职业技术培训学校，让更多孩子能够在初中毕业后接受更高层次的教育，用教育为孩子们的前程铺设出一条更为明朗的道路。

三是开展社区教育，深度挖掘内在的文化教育资源。思源社区每年暑期与高校支教团队合作，实现教育资源共享。同时，剑河县还可以挖掘自身文化内涵，举办特色课程，让学生学习当地少数民族文化，深挖内在的文化教育资源。

### （四）绿色转型：发展绿色经济

绿水青山就是金山银山。发展绿色经济是实现中国式现代化的重要路径。绿色经济强调环保和可持续发展，符合中国式现代化建设的要求。易地扶贫搬迁对土地的改动非常大。土地变动，加上大雨天气，易导致较为严重的山体滑坡、泥石流等事故。当地环境破坏不仅仅对社区财产造成了损失，更对人民群众的生命安全构成了威胁。

一是从个人角度入手，剑河县可以通过教育和公共宣传活动来提高居民的环保意识。例如，学校可以开展环保教育，让孩子们从小就了解环保的重要性。社区可以组织环保主题的公共活动，如植树节、清洁河流活动等，让居民直接参与环保工作，增强他们的环保意识。

二是从政府角度入手，剑河县应当针对山洪灾害等建立相应的预防救灾措施，保护人民群众生命财产安全。此外，剑河县可以通过公私合作伙伴关系，引入绿色产业，加快绿色经济发展。在这方面，剑河县有着比较突出的优势。剑河县应该抓住机会，引入绿色企业，为当地居民提供更多的就业机会。剑河县还可以利用丰富的自然资源，发展生态旅游等绿色产业，既可以创造就业机会，也可以保护和改善环境。

### 结语

对剑河县多年来易地搬迁政策的研究表明，这一政策以党的领导为中心，立足于地方实际，坚持实践与创新相结合，彰显了新时代贵州精神。

剑河县通过"搬得出、稳得住、有事做、能致富"的方法，实施易地扶贫搬迁政策，城乡收入差距逐步缩小，社区的精气神日益旺盛，县城的面貌焕然一新。同时，团队也发现，易地扶贫搬迁过程中仍然存在一些文化融合、社区管理、教育发展和环境保护等方面的"痛点"。

在未来的发展过程中，剑河县需要进一步深化文化融合，创造文明社区；以实效为导向，提供有温度的社区服务；优先发展教育，助力乡村振兴走在前列；以绿水青山为基础，推动可持续发展。

总的来说，剑河县易地扶贫搬迁政策的实施，是我国农村工作中一项重要的实践探索。易地扶贫搬迁政策的成功实行，对于社会主义新农村建设以及实现中华民族伟大复兴的中国梦都具有重要意义。团队相信，在党的正确领导下，剑河县以及全国的易地扶贫搬迁工作，必将取得更大的成绩，为实现全面建设社会主义现代化国家的伟大目标作出更大的贡献。

**参考文献**

杜志雄.重视"四安"家园经验，扎实做好易地搬迁后续帮扶工作[J].中国发展观察，2021（01）.

马业波.在"红船精神"引领下[J].当代贵州，2019（21）.

顾海淞.团结奋进 拼搏创新 苦干实干 后发赶超 新时代贵州精神[J].当代贵州，2017（48）.

曹普.1978—2021：社会主义初级阶段理论的提出、深化和新发展[J].科学社会主义，2021（5）.

陈金龙.中国式现代化的探索历程、鲜明特征及重要意义——基于习近平相关重要论述的思考[J].党的文献，2022（2）.

杜琳琳.从铁路发展看中国式现代化的重要特征[J].理论学习与探索，2022（1）.

潘光才.易地扶贫搬迁前后移民生计比较研究——以贵州省为例[J].广西社会主义学院学报，2021，32（5）.

附录二

# 团队指导老师体悟

喻丹

| 届数及职务 | 南昌大学黔行支教调研团第十一届指导老师 |
|---|---|
| 当时所在工作/学习单位 | 人文学院团委书记 |
| 现在所在工作/学习单位 | 人文学院团委书记 |

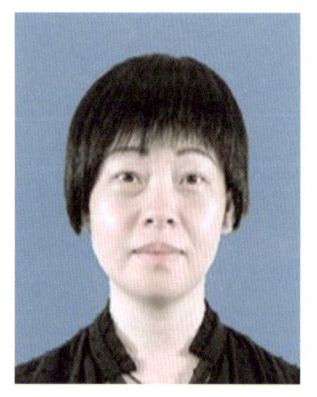

**个人体悟**

　　今年我是第一次做南昌大学黔行支教调研团的指导老师。7月第一次来到贵州剑河县思源社区支教点，听留守儿童说家里的情况，好些都是单亲家庭，我真的觉得很心酸。孩子们很喜欢我们支教团的老师，这也许就是支教团的同学们用真心的关爱换来的。我很感动，我们支教团成员自己还是孩子，在那边自己做饭，没有空调，条件艰苦，还能给孩子们带去关爱。感谢我们南昌大学黔行支教调研团十年如一日地坚持！

附录三

# 团队成员体悟

## （一）第一届成员

### 1. 郑薇

| 届数及职务 | 南昌大学黔行支教调研团第一届支教队队长 |
| --- | --- |
| 当时所读学院及班级 | 新闻与传播学院广播电视新闻学 103 班 |
| 现在所在工作 / 学习单位 | 三明学院团委组织宣传部部长 |

### 个人体悟

我曾很多次，在很多场合，满怀想念、自豪，抑或是自省的态度，与人分享过我在"黔行"的故事。

2012 年暑期，因为一份看似心血来潮的青春热血，我遇见一群小伙伴，共同奔赴祖国的西南方。

青春的奔赴总是无畏。10 年来，团队总能有很棒的思路和策划去向外延展和争取，以扩充我们的力量，校园跳蚤市场、附属小学爱心捐赠，每一个环节都有趣又有爱。前往贵州的绿皮火车上，通宵硬座带来的不是疲惫，而是兴奋，一种广阔天地大有可为的豪情和一份以启智润心为己责扶持贫困地区基础教育的责任与期待。于是，我们与美好的久吉相遇。

于是，我有幸听到这世界上最动人的梦想。

在乡村小学的语文课堂上，在给孩子们讲到"理想"和"梦想"的含义与区别时，我听到了五花八门的答案。"老师，我的梦想是当警察""我想当科学家""我想当老师""我想出去打工""我想走出大山"……坐在教室最后面一排角落里一个安静的小男生在我的询问下回答，"我的梦想是一直读书"。

我清楚地记得，从他的座位到讲台短短的距离，我是哭着走上去的。因为无法想象在我们看来理所当然的事情，会被一个小朋友冠以"梦想"的重量。而仅仅这一句话就足够时刻提醒我，对待这一份实践工作应该保有足够的端正和用心。

此后，我与教师这个角色有了更深的缘分。读研期间担任兼职辅导员，研究生毕业后进入高校工作，在更理直气壮以师者的名义为学生传道授业解惑的时刻，我时常想到这个故事，也会反思，我是否用心用情用力守护好了更多学生们关于读书求学和成长成才的梦想。

历经 10 年时间，我很感恩看到社团的发展越来越好，一批批学弟学妹们始终坚持初心，让团队的工作更实在、帮扶更有效。我谨以一位老"黔行"人的身份，向你们，以及更多的后来者表示感谢。

最后想说，无论我们在哪里，做着什么，如果"黔行"需要，我们始终都在。"黔行"，继续前行吧！

### 2. 张全洋

| 届数及职务 | 南昌大学黔行支教调研团第一届调研队队员 |
| --- | --- |
| 当时所读学院及班级 | 新闻与传播学院 11 级 |
| 现在所在工作 / 学习单位 | |

#### 个人体悟

关于加入南昌大学黔行支教调研团这件事，10 年后现在的我再次回想，依然觉得自己是那么幸运，2012 年的夏天竟成了我时常怀念的一段时光。但同时，对于这件事我又时常感到惭愧。社团创立之初，我是那么懵懂，对于千里外的贵州省凯里市剑河县久仰乡久吉村一无所知，坦白地说，更

多是一时的冲动和新鲜感让我作为 13 名成员之一踏上了前往贵州的绿皮火车。我到现在依然记得，在一个太阳刚刚升起的早晨，阳光透过玻璃车窗照耀在我们 13 个人东倒西歪、睡眼惺忪的身影上，坐了 20 多个小时硬座，我们却睡得很香。

作为调研队的一员，调查当地的人文历史、传统节日、生活习俗是我们的主要任务。芦笙、水鼓舞、服饰、斗牛、纺织、对歌、苗语、房屋建筑、饮食起居等都是我们研究、记录的对象。语言有障碍，我们就请学生当翻译，挨家挨户走访，我

们走遍了苗寨大大小小的青石板路，翻越雾气蒙蒙的大山，去别的苗寨探寻历史的遗迹。热情好客的苗族村长，能歌善舞的苗族妇女，给我们蔬菜瓜果的善良村民们，活泼可爱、早早当家的孩子们，都在我的记忆里生了根、发了芽。

很多人质疑支教的意义，认为大学生由奢入俭难，是自身镀金的作秀，对孩子们的情感伤害大于实际意义，等等。可是，一些从未真正去实践的人质疑，这件事就没人做了吗？他们没有看到孩子们一张张渴望知识的脸，也没有看到用塑料挡风纸铺满窗户的教室，更没有看到我们十年如一日的坚持和付出！一届又一届大学生们带着善良之心，用自己的爱和奉献为苗寨孩子们树立榜样、送去希望，拉赞助，设立图书馆，捐钱捐物，只因想让山里的孩子们都能热爱学习，用知识改变命运，像当初的我们自己一样。

转眼 10 年，当初的 13 人小队，到现在已发展成 130 余人，我们不仅有一腔热血，还有一代一代传承下去的决心。投身公益，激情是开端，坚持才是永恒。

最后，希望"黔行"能一直勇往前行！

### 3. 覃玲

| 届数及职务 | 南昌大学黔行支教调研团第一届调研队队员 |
| --- | --- |
| 当时所读学院及班级 | 新闻与传播学院广播电视新闻学 101 班 |
| 现在所在工作 / 学习单位 | 南方报业传媒集团南方新闻网 |

### 个人体悟

今年（2022 年）距离踏上列车前往贵州的 2012 年已经过去了 10 年。这 10 年，我从南昌来到广州，从一名大学生变成一名职场人，始终关注"黔行"大家庭，始终牵挂着久仰、巫交村热情的村民，他们的淳朴善良、热情好客每每想起心头都能涌上一股暖意，他们的真诚感染着我、鼓励着我去与人为善、勇敢前行。

这 10 年，"黔行"路越走越宽，作为一名"黔行"人，我感到由衷自豪。我们的成员从最初 13 位增加到如今 100 多位，我们的服务点从 1 个拓展到久仰、巫交、夭那等多个自然村。相信未来，"黔行"之路不止，爱心传承不断。

### 4. 陈栋梁

| 届数及职务 | 南昌大学黔行支教调研团创始人 |
| --- | --- |
| 当时所读学院及班级 | 人文学院 10 级国学实验班 |
| 现在所在工作 / 学习单位 | 遵义清华中学 |

### 个人体悟

10 年，原来"光阴似箭，日月如梭"不是一句停留在纸上的文字。谁曾想到，"黔行"就已经走过了 10 年。

我们第一届的"战友"在群里感慨："那个时候真的是年少轻狂""曾经的我们那么热血，那么想为别人做些什么""时间过得好快啊，十年了""一边是支教，一边是青春"……

而那一次启程，改变了我的人生轨迹，我的大学时光，我的职业选择。

2012 年 3 月 31 日，K1236 次列车，南昌到凯里。

在大学第一次鼓起勇气踏出了现在可能没有勇气踏出的第一步，路途对我而言或许不算艰辛，但别人听起来可能就有些奇幻……有时候，对一件事情的热忱和愿景真的会带给人无穷的动力。

其实千言万语都说不完心中的感受，因为这是我们的初心，是我们的青春。千言万语，万语千言，终归化作"感谢"二字。

感谢学院当时的领导程水金院长、叶林帧副院长对我"创业"的支持和肯定，感谢党委宣传部甘萍部长和甘雨老师对我的指点和帮扶，感谢胡邦宁老师的带领和引导，感谢"'黔行'十三先锋"放弃实习和休息的同行与陪伴，感谢南丁格尔奖章获得者邹德凤的参与并年年坚守，感谢剑河县团委和教育局的对接和提供的平台，感谢当地政府和村委会的接纳和包容，感谢爱心人士和单位的资助、献力，感谢"黔行"队员的传承与创新，感谢曾经勇敢跨出第一步并坚守初心的自己……

有心人，天不负，"黔行"一路走来，披荆斩棘，经历了重重困难，但在各方的共同努力下取得了越来越好的成绩，而当我们再回头时，心里充满了"感动"。

支教时孩子们天真无邪的笑容和纯净纯粹的眼眸，调研时村民们热情的款待和酒后真诚的无尽道谢，遇到困难时队员们的共同面对，思考发展时大家面红耳赤的争执，雨季塌方受阻时的一往无前，离别时孩子们摘的一束束野花和用心折的千纸鹤，多年后孩子发来的大学录取喜讯……

时间好快啊，就已经走过了10年。接下来一定会走过第二个、第三个、无数个10年！

时间也好慢啊，让我们的青春停留在了贵州这片土地，停留在那个夏天。

"黔行"之后，唯有前行！

### 5. 杨瑞

| 届数及职务 | 南昌大学黔行支教调研团第一届调研队队员 |
| --- | --- |
| 当时所读学院及班级 | 新闻与传播学院广播电视新闻学092班 |
| 现在所在工作/学习单位 | 平安金服 |

#### 个人体悟

"黔行"的故事的确就像一场梦。在那场梦里，我们凭着万丈青春豪情发下这个愿，也成全了这个愿。从最初的组队，到捐书、运书、联络当地、13人成行、走山路、备课、开课、家访、调研、参加苗族集会……很多画面仿佛已经忘记，但一一排列下来却又印刻脑海、恍如昨日。只是这文字浅薄，再难复现当初之万一。所幸我们还留下了很多照片，留下了几段视频，点滴回顾下来，只叹一句"当初真是年少轻狂"。

转瞬10年，就像我当初在制作《你好，久吉！》中说的，带着为孩子们支教的初心而去，实际真正赚到的是我们自己。赚到了青春的难忘印记，赚到了人生不可

多得的体验，也赚到了从莽莽大山里汲取到的善良和慈悲，乃至留存至今对生活的一份淡然和温润。我们中的大多数终究要归入平凡的人生，但曾经"黔行"故事中的鲜衣怒马和意气风发就会是心底的一团火、一束光，念念不忘、终有回响。

蹉跎荏苒，我还记得那个喜欢画画的邰毛报纳，那个眼睛透亮的邰仰报吕，还有那个心思细腻的邰们报兄……当初我们守护的孩子或者已经上了大学，或者成为家里的顶梁柱了吧！可能他们已然忘记了 10 年前的那个夏天，但当初的一封封信和一个个笑脸都证明着他们曾经的欢乐，我还是想要非常热切地祝福他们，希望他们平安顺遂，希望他们依然如当初一样，对生命有热忱，对生活有期盼。

最后，非常乐见于 10 年来"黔行"团队的不断壮大和历历成绩，实在与有荣焉。希望后浪们不负"黔行"初心，去释放年轻的光和热，去沉淀生活的苦与悲。"黔行"，加油！

### 6. 刘祚良

| 届数及职务 | 南昌大学黔行支教调研团第一届历史、地理课老师 |
| --- | --- |
| 当时所读学院及班级 | 法学院法学 102 班 |
| 现在所在工作 / 学习单位 | 北京市尚权律师事务所 |

### 个人体悟

很幸运，在大二这样一个懵懂又萌动的人生节点加入了南昌大学黔行支教调研

团，认识了 12 位志同道合的朋友，一起做了一些我现在依然觉得很有意义的事。转眼已经 10 年了，我也已经工作 5 年了，隐约有了一种人到中年的感觉。但当初在久吉村小学发生的那些点滴，至今还留存在我的 QQ 相册里，也留存在了我的记忆深处。要说这段时光给我留下了什么？我觉得是真，是善，是美，是我终身都能受益的情怀。很欣喜，师兄师姐们曾经走过的路，师弟师妹们如今依然在走，而且走得更加宽广，更加坚实。祝"黔行"越来越好！祝大山里的孩子们永葆童真、奋勇向前！祝师弟师妹们工作顺利、生活精彩！也向"黔行"第一届的各位兄弟姐妹道一声："好久不见，别来无恙呀！"

### 7. 郭巍

| 届数及职务 | 南昌大学黔行支教调研团第一届调研队队长 |
| --- | --- |
| 当时所读学院及班级 | 公共政策与管理学院行政管理 102 班 |
| 现在所在工作/学习单位 | 先锋书店（陈家铺平民书局） |

### 个人体悟

　　想想都觉得不可思议，跟着梁梁和伙伴们一起去贵州支教的时光已经过去 10 年了。对那一个月的日子具体的回忆都模糊了：去隔壁村子调研走山路很辛苦，芦笙的声音特别清脆，苗族人喝米酒很厉害，小朋友们可爱又热闹，老干妈和面条是良

配……想起来觉得感慨，当初莽撞的我们就那样出发了，虽然稚嫩有很多不足，但足够真诚，满腔热情。

这段支教的经历，对我之后的人生选择有重大的意义。毕业后，因为对贵州苗族的喜爱，对仍然想去做些什么的执着，我从事了公益事业，之后又去贵州雷山地区待了一年，能够更多地去了解苗族的文化，也为村里的小朋友们引入一些教育资源。

很惭愧，我对"黔行"的关心已经很少了，但在群里和微博上，看着大家仍然在热情地努力着觉得好开心，希望大家能越走越远。

## （二）第六届成员

### 1. 吕巧稚

| 届数及职务 | 南昌大学黔行支教调研团第六届团长 |
| --- | --- |
| 当时所读学院及班级 | 人文学院汉语言文学 142 班 |
| 现在所在工作 / 学习单位 | 甘肃省天水市第三中学 |

**个人体悟**

从小我就知道我不想当老师，直到遇到"黔行"，这不是一个普通的社团，它有魅力，充满着魔力，吸引了一批又一批人。在这里，无论你是第一届成员还是第十届成员，大家都是"黔行"人。

毕业已经 4 年，我依旧会下意识地关注"黔行"的消息，不时翻一翻当年的照片和微博，寒冬酷暑的周六社区行、圣诞的苹果义卖、"暖冬"的物资筹备……收获的不仅仅是更有意义的大学生活，还有那群"同路"人。

纵有千古，横有八荒，前途光明，我们来日方长。希望"黔行"不忘初心，扎扎实实走好每一步，用行动去影响更多人投身公益事业。

### 2. 俞佩伶

| 届数及职务 | 南昌大学黔行支教调研团第六届办公室部长 |
| --- | --- |
| 当时所读学院及班级 | 第一临床医学院麻醉学 151 班 |
| 现在所在工作/学习单位 | 中山大学附属第三医院 |

### 个人体悟

从 2015 年加入"黔行"到现在已经 9 年了，不时回想起和"黔行"的点点滴滴：2016 年的圣诞节苹果义卖、暖春活动、2017 年暑假支教活动……那些和小伙伴们一起哭过、笑过、苦恼过、努力过的日子，都成了我人生中最难忘的印记，藏在内心最深处，每每翻看以前的照片都会无比怀念和感慨，仿佛与"黔行"的故事一天一

夜都说不完。怀念巫交昏暗的教室、结冰的山路、好客的村长，夭那潺潺的小溪、闪闪的萤火虫、热情的村民，想念那群在校园里卖苹果、坐 20 个小时车去剑河、凌晨奔走在株洲街头、挤在狭小温馨的广播室里开会、吃不饱饭用辣条充饥的朋友。

感恩"黔行"，让我遇到了一群志同道合、热血向上的伙伴，让我看见了村里孩子们一张张纯真的笑脸，也让我自己干什么都充满了斗志和勇气。希望"黔行"能永永远远前行下去，给更多小朋友带去实现梦想的机会，希望孩子们都能做自己想做的事，成为想成为的人。愿每一个"黔行"人都能不忘初心、扬帆起航！祝愿"黔行"蒸蒸日上，越来越好！

### 3. 杨向星

| 届数及职务 | 南昌大学黔行支教调研团第六届宣传部部长 |
| --- | --- |
| 当时所读学院及班级 | 新闻与传播学院广播电视学 152 班 |
| 现在所在工作 / 学习单位 | 北京学而思 |

#### 个人体悟

不知不觉，"黔行"10 岁了，而自己成为一名"黔行"人也已经 6 年了！

还记得当初被电梯口的一张海报"走，我们一起去支教"吸引住了目光，然后就有了后面两年的故事。周末天不亮就起个大早去社区，天知道这对我这种起床困难户有多难；为了给孩子筹集善款搞了一次轰轰烈烈的苹果义卖活动；冒着大雪、爬过山路去给孩子们送物资。这些事情一想起来，就没完没了。

　　回想起当初的支教之路，很是艰辛。7月接连不断的暴雨，反复浇淋着我们的信心和意志，一列列停运的火车让凯里剑河成了一个到不了的城市。好在最后守得云开见月明，我们终于赴了这个夏日之约。孩子们甜甜地叫"小杨老师"的时候，顿时让我觉得之前的一切努力都是值得的。

　　毕业后，虽然人不在学校了，但我还是会默默关注着各方的信息，默默祝愿"黔行"越来越好。这不，听说要写点儿体悟，我特地问候了一下至今仍保持联系的一位巫交小朋友，听说他下学期高三，即将面临高考。时间过得真快啊，当初的小不点都快成年了。希望他能如愿进入自己理想的大学，也希望所有孩子都能走出大山，去感受更美好的世界。

　　这是"黔行"的第一个10年，以后还会有第二个、第三个10年，"黔行"会永远前行！

### 4.杨京含

| 届数及职务 | 南昌大学黔行支教调研团第六届爱心桥部长 |
|---|---|
| 当时所读学院及班级 | 艺术与设计学院音乐学（音乐教育）152班 |
| 现在所在工作/学习单位 | 江西省红十字会第八届理事会常务理事，南昌大学建筑与设计学院兼职团委副书记、兼职辅导员，南昌大学人文学院2020级文艺学硕士研究生 |

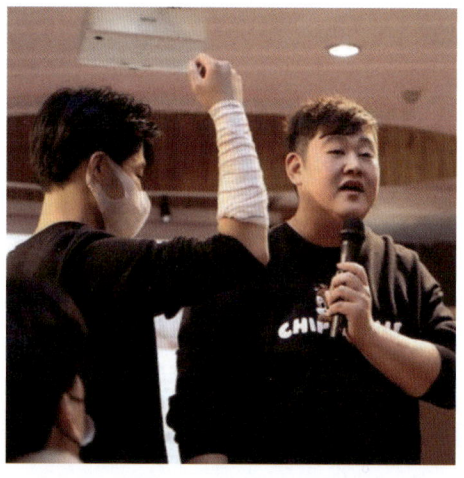

**个人体悟**

2015—2022 年，7 年的时光让我记忆犹新。忘不了大山深处那抹深情，忘不了一起奋斗的青春，更忘不了在"黔行"遇到的每一个志同道合的小伙伴。从服务精准扶贫到乡村振兴，"黔行"走的每一步路，都是一代代"黔行"人共同努力的脚印，衷心祝愿南昌大学黔行支教调研团越办越好，在助力乡村振兴道路中书写属于自己的青春华章！

### 5. 陆运

| 届数及职务 | 南昌大学黔行支教调研团第六届外联部部长 |
| --- | --- |
| 当时所读学院及班级 | 光电信息科学与工程 151 班 |
| 现在所在工作 / 学习单位 | 常州时创 |

**个人体悟**

时光荏苒，"黔行"已经 10 岁了，而我的记忆也飘回了那个如梦如幻、如痴如醉的 2017 年夏天。经历了"黔行"正规而又严谨的三轮面试选拔，我幸运地进入了"黔行"大家庭。记得在挥汗如雨的夏日里和"黔行"伙伴们一起下社区，参加义工活动；在温暖的秋光里蹬着小三轮，徜徉在医学院与天健园的校园里拉着苹果，做苹果义卖；在小小的办公室里有着大大的梦想，每一个用梦想为"黔行"努力加油的"黔行"人在全团大会上迸发出思想的火花。"黔行"于我，不仅仅是一个简单的社团，更是一种勇于奉献的精神，时光匆匆，"黔行"永远在心底占据着最柔软的一个角落。2017年夏天，我来到了禾那这一片充满爱的土地。在短短的一个月支教中，感觉时间很长很长。安静的午后，看着孩子们，我可以看很久很久。油然而生地，我想给孩子们带去一些好的观念：一定要坚持读书，你们所见的世界还很小，广阔天地会等着你们，而知识就是你们的翅膀。无论是以前的"黔行"，还是现在的"黔行"，"黔行"一定会越走越远，越来越好，因为它是我们10年来所有人共同的梦想与结晶。

## （三）第七届成员

### 1. 张新伟

| 届数及职务 | 南昌大学黔行支教调研团第七届团长 |
| --- | --- |
| 当时所读学院及班级 | 人文学院汉语言文学154班 |
| 现在所在工作/学习单位 | 四川人民出版社 |

**个人体悟**

一晃四五年，当年的那群小屁孩应该都在读高中了吧，不知道他们对我们的印象还留有多少，是否会觉得那年的夏天值得怀念呢……一旦回忆起来，我总是禁不住会想这些。

两次暖春行动，一次支教，一次看望，总共4次，每次我都以为是最后一次了，可每次都忍不住跨越900多公里，去往那个熟悉的地方，当时我还戏称是自己的一片灵魂丢那儿了，我得回去找。现在想来，自己也不知

道为什么老想往那儿跑，是山间夜晚的繁星，还是在河边闪烁的萤火虫，是孩子们一声声的"张老师"，还是自己想要为他们做点什么的信念，想必其中的缘由，是复杂的集合体。翻看当时的照片，阅读着朋友圈里的文字，就好像一切并没有过去太久，尽管自己早已毕业，但一说起大学里的经历，那一个月在山里支教的记忆，总是第一个涌上心头。

自己也是顺着前人铺好的路，很幸运地在年少时走了一回，很感谢那些曾经为"黔行"付出过的人，希望"黔行"之后的路能够走得顺畅些，希望每个与"黔行"有交集的人，因"黔行"留下珍贵的"灵魂碎片"。

### 2. 高琛

| 届数及职务 | 南昌大学黔行支教调研团第七届办公室部长 |
| --- | --- |
| 当时所读学院及班级 | 理学院光电信息科学与工程 15 级 |
| 现在所在工作 / 学习单位 | 宁德时代总部战略管理 |

### 个人体悟

一个人 10 岁时会对一切充满好奇，在课堂里学习基本的世界规律，在游戏中享受欢愉，不会焦虑，不必负重前行。现在，南昌大学黔行支教调研团也走过 10 年的光景，像一颗种子，经受风雨的洗礼，顽强地成长起来，在江西与贵州的一次次往返中传达希望，在校园里宣扬责任。在"黔行"有这样一群人，他们心中有火，将温暖传承发展，用最切实的行动，做着这个时代最浪漫的事，将爱的火种一棒接一棒地传递下去。祝愿"黔行"能够继续壮大，将大学生的人文关怀尽情展示，贴近山区孩子的生活，提供力所能及的支持。奋勇向"黔"吧，"黔行"人！

### 3. 李淳钰

| 届数及职务 | 南昌大学黔行支教调研团第七届外联部部长 |
| --- | --- |
| 当时所读学院及班级 | 外国语学院翻译 161 班 |
| 现在所在工作 / 学习单位 | |

### 个人体悟

愿"黔行"越来越好，不忘初心，一路前行，一路成长！

### 4. 刘晶

| | |
|---|---|
| 届数及职务 | 南昌大学黔行支教调研团第七届外联部副部长 |
| 当时所读学院及班级 | 艺术与设计学院音乐学专业音乐剧 164 班 |
| 现在所在工作／学习单位 | 南昌大学艺术学院 2020 级硕士研究生 |

#### 个人体悟

加入"黔行"大家庭的日子里，我经历了很多人生的第一次：第一次去社区服务、第一次去联系商家拉赞助等，现在回想起当时的人和事真的是怀念无比。虽然有些遗憾当时没有去支教，但是能和团里的伙伴相遇就是一种缘分，我很荣幸自己能成为其中的一份子。祝愿"黔行"在未来能够顺顺利利，有越来越多的小伙伴加入其中。"无论我们在哪里，'黔行'永远与你同行！"

### 5. 钟诗诗

| | |
|---|---|
| 届数及职务 | 南昌大学黔行支教调研团第七届宣传部部长 |
| 当时所读学院及班级 | 新闻与传播学院广播电视新闻学 172 班 |
| 现在所在工作／学习单位 | 招商银行 |

#### 个人体悟

我时常想起巫交——尽管现在打出"巫交"这两个字已然觉得有些陌生了。

想起的是风雨桥。

有一回下雨时，我正好在桥上，倾斜的雨点落在桥头健壮的红豆杉上，树枝摇曳着，叶尖凝结的晶莹水珠颗颗往下掉。那时桥廊檐下挂着一件白衣，摇啊飘啊地在风雨里摆动，我就坐在风雨桥上和小朋友们说话。

风雨桥下那条溪水，最开始的时候我们在溪水里洗头洗衣，甚至洗脸漱口。我时常在 5 点多的时候听着溪水的声音醒来，然后站到走廊，去看晨光里逐渐苏醒的木屋和风雨桥上裹着头巾挑着担子向山的方向走去的村民们。

对了，还在风雨桥上看过萤火虫。

当时"黔行"笔试有一道题好像是"你如何看待短期支教与长期支教"，时至今日，我依旧，并且更为深切地觉得，巫交以及巫交的人们给我的，要比我带去的多得多——尽管找记不得几个小朋友的名字了，小朋友们也理所当然地不再记得我——但那个夏天，我永远可以说它是最好的一个夏天。

"黔行"的伙伴，亦是大学里遇见的最为要好的伙伴，有些时常联系，有些不曾联系，但奇妙地，总感觉共享过彼此特殊的一段人生篇章，也因此觉得可亲可贵。

祝"黔行"的各位伙伴去途平坦，光明顺遂，也祝"黔行"一直前行，而我永远感念在那段时间里触碰过的所有柔软，它们促使我成了现在的我，提醒我永远记得一切美好的人与事——我只祝愿大家一直心怀美好和柔软生活。

### 6. 周昕民

| 届数及职务 | 南昌大学黔行支教调研团第七届办公室部长 |
| --- | --- |
| 当时所读学院及班级 | 艺术与设计学院音乐剧 177 班 |
| 现在所在工作 / 学习单位 | Smile Vocal 音乐 |

**个人体悟**

支教不仅仅是我们这些来自城市的学生去支援教育，给那里的孩子带去知识，而是我们一直都在潜移默化中接受着曾经支援过的地方的长远影响。

### 7. 黄悦心

| 届数及职务 | 南昌大学黔行支教调研团第七届宣传部副部长 |
| --- | --- |
| 当时所读学院及班级 | 第二临床医学院临床医学 176 班 |
| 现在所在工作 / 学习单位 | 四川大学华西医院 |

**个人体悟**

过了很久仍然会经常想起那个贵州的小村子和那一群人，"黔行"的两年是让我成长的两年，从同伴身上学习，从小朋友身上学习，从村民身上学习。努力向前，善良待人，责任在心，都是我在"黔行"得到的成长。

在两次到贵州的经历中，印象最深的是一个晚上和陈栋梁学长在操场上的争论：

我们究竟是教小孩子就好，还是应该在活动中为村子带去些什么？当时我怎么都想不通，后来才意识到胸中要有大格局，公益才能走得更高更远。"黔行"已经在这条路上走了10多年，是风雨的10多年，也是爱的10多年，祝愿之后的学弟学妹们也可以在"黔行"收获属于自己的感动与成长，和"黔行"一起前行！

### 8. 李敏

| 届数及职务 | 南昌大学黔行支教调研团第七届宣传部部员 |
| --- | --- |
| 当时所读学院及班级 | 人文学院汉语言文学 161 班 |
| 现在所在工作 / 学习单位 | |

### 个人体悟

加入"黔行"大约是在5年前，记得在"黔行"除了暑期去巫交支教外，平时也有许多志愿活动。

每周坐公交车往返学校与社区，去给老人量血压，或去陪伴福利院的孩子们，冬季和大家一起组织义卖……一件一件的事，让我转向更广阔的社会，懂得了团队协作的重要性，跳出自己的小世界去关心、帮助他人，肩负起青年的担当。

回忆在巫交的点点滴滴，队友们的友爱与团结带给我精神上的鼓舞，每次工作总结会议都会启发我的思考。时至今日，作为一名教师的我仍能从中汲取养分。

支教结束那天，很多孩子来和我告别，拥抱时说着想念的话。爱笑的花琦，每次上课都很认真的杨贵新，调皮可爱的梁和安，想象力丰富的梁琴海……我的那些花儿，不知道他们现在是否还坚持着曾经的梦想。我会继续带着孩子们给予我的感动，在工作岗位上不断前行，与"黔行"同行。

## 9. 刘倩

| 届数及职务 | 南昌大学黔行支教调研团第七届团员 |
|---|---|
| 当时所读学院及班级 | 经济管理学院会计 161 班 |
| 现在所在工作 / 学习单位 | 三七互娱网络科技集团股份有限公司 |

**个人体悟**

距离 2018 年支教一晃 4 年时间过去了，再次翻开相册，回忆奔涌而来，那是一段艰苦但充满欢声笑语的日子，是一段短暂但却意义非凡的日子。我们怀揣着一个共同的梦想，坐着绿皮火车踏上了 1000 多公里外，贵州黔东南的一个偏远山村小学。在那里初次看到巫交小学，木头搭建的学校经过岁月的冲刷早已破败不堪，随时感觉会坍塌。脑海里想象着不同年龄的孩子们挤在仅有的两个教室里读书学习，不禁心酸。一个月的时间里，小伙伴们每天按照课程表上课，我教的是英语和历史。小班的同学还不知道英语，于是我就教他们英文字母歌，才艺表演选的也是这首歌。想想他们这一个月的时间肯定能记住 26 个英文字母吧，对于我来说也是这段时间小有成就的一件事了。记得在不上课的日子里和支教的小伙伴去家访，有些人抵挡不住村民热情地劝酒喝得酩酊大醉；记得在日落西山的时候跟着一群小朋友去泉水边嬉戏玩耍，清凉度夏；记得周末和小朋友们相约带上食材去小河边烧烤，大家玩得不亦乐乎；记得在即将离别的时候，小朋友和家长们在小桥上挥手向我们告别……往事历历在目，犹如发生在昨日，一切都是那么美好，也许这就是我所向往的桃源生活吧！记得有人问过我这样的问题：这短短一个月的时间你能给这些孩子带去什么呢？对于他们来说能改变什么呢？我的回答是：哪怕只有一个孩子在这短暂的时间感到温暖、开心，有所进步，对我来说就是有意义的。希望"黔行"未来能够越走越远，有更多的小伙伴加入"黔行"，给更多的孩子带去温暖！

## 10. 米州洋

| 届数及职务 | 南昌大学黔行支教调研团第七届爱心桥队员 |
| --- | --- |
| 当时所读学院及班级 | 临床医学 155 班 |
| 现在所在工作 / 学习单位 | |

**个人体悟**

加入南昌大学黔行支教调研团是我大学做过的最不后悔的事情之一，只因某日看了《放牛班的春天》这部电影，萌生了支教的念头。支教的过程让我深切体会到不是任何人都能当老师的，必须要热爱孩子，要有同孩子们在一起的内在需要，拥有深入到孩子世界中去了解和觉察每个孩子个性和个人特点的能力。我曾经以为，

支教是去改变他人的，结果发现
还是太理想主义了。教学时间不
够，必须树立良性互动关系，走
入他人心中，弄明白别人需要什
么再谈改变。衣食足而知荣辱，
仓廪实而知礼节。他们的条件很
可能承载不了你的生活，应当在
有限的时间里以自身言谈举止为
楷模，通过反复交流来培养他们
美好的情感和品质，培养他们善
于思考的习惯，以及持续为自己
和身边的人带来正能量的能力。无论他们是否选择今后要走出去看世界，这些都是
能给他们不同的未来带来同等的光明和希望的底气。希望南昌大学黔行支教调研团
走得更远，期待"黔行"的下一个 10 年！

### 11. 万哲伟

| 届数及职务 | 南昌大学黔行支教调研团第七届巫交村队长及第八届爱心桥副部长 |
| --- | --- |
| 当时所读学院及班级 | 经济管理学院国际经济与贸易 161 班 |
| 现在所在工作 / 学习单位 | |

#### 个人体悟

点开百度云相册，和"黔行"这个大家庭在一起的回忆立马浮现在眼前。还记
得初入"黔行"时的激动，与爱心桥队员们一起下社区时的开心，与队员们在平安
夜进行苹果义卖的认真，在贵州巫交村支教结束准备离开时的不舍……爱心桥聚集
了一群热衷于奉献的小伙伴，在张璐璐和涂开辉两位部长的带领下，我们坚持着每
周一次的下社区活动：看望孤寡老人并为老人量血压；在南昌福利院照顾留守儿童；
在社区服务站为老人们准备文艺汇演；等等。

让我印象最深的是前往贵州苗寨巫交村进行一个月的支教活动。虽然路途遥远，
但收获颇丰。教室里传来的琅琅书声、举办活动时操场上孩子们嬉戏的笑声、村口

小溪潺潺的流水声和水牛经过的铜铃声、迎接邹德凤老师和夭那村队员们的欢呼声在耳边响起，一切回忆都是那么美好。很荣幸能担任巫交村支教活动的队长，很感谢队员们对我的包容和支持。这次支教对我来说既是一次磨练，更是一种宝贵的人生经历，从中我发现了自身的不足，帮助我以后更好地发展。希望南昌大学黔行支教调研团能一路前行，越来越好！

## 12. 肖建飞

| 届数及职务 | 南昌大学黔行支教调研团第七届团员 |
| --- | --- |
| 当时所读学院及班级 | 机电工程学院材料成型及控制工程 171 班 |
| 现在所在工作 / 学习单位 | 重庆大学 |

### 个人体悟

　　在"黔行"的一年，支教的那一个月，感恩相遇所有的队友，与其说是我们照顾陪伴孩子们，不如说是孩子们一直不离不弃地支持鼓励我们。

在去支教前，我的学习、社团生活刚刚遭遇了挫折，整天灰心丧气的。前往夭那之后，每天都有新状况，条件十分艰苦，但是队友和孩子们都苦中作乐，孩子们还给大家送菜。其间，自己也在潜移默化中变得更加乐观，那些困苦窘迫也因此变得熠熠生辉。感谢"黔行"的这一段经历，让我在后来3年的大学生活里过得更有韧性。这些年，大伙都很棒，把"黔行"建设成了一面旗帜，也希望越来越多的小伙伴能够踏上"黔行"路，把"黔行"做大做强。

### 13. 田璞

| 届数及职务 | 南昌大学黔行支教调研团第七届爱心桥成员 |
| --- | --- |
| 当时所读学院及班级 | 第二临床医学院医学影像学 152 班 |
| 现在所在工作 / 学习单位 | 吉林大学第一医院研究生 |

### 个人体悟

经常期盼美好明天，却又感慨时光匆匆。加入"黔行"已经是5年前的事情了，有些决定，似乎是一瞬间，又似乎是永恒。结识了人生中非常好的朋友们，度过了大学中最丰富的一年，无数回忆在我心底珍藏。我的成长和改变，也正是在这一年，也正是因为有了你们。

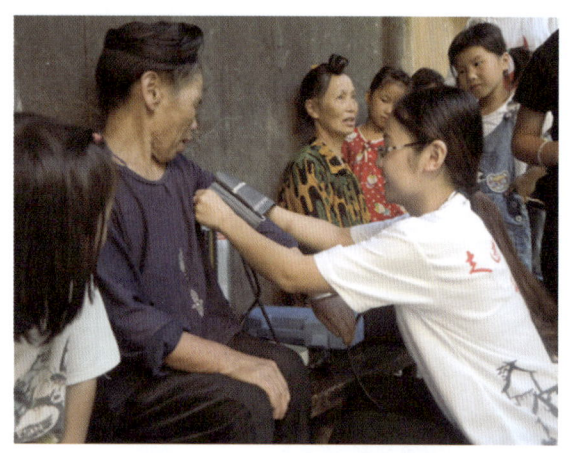

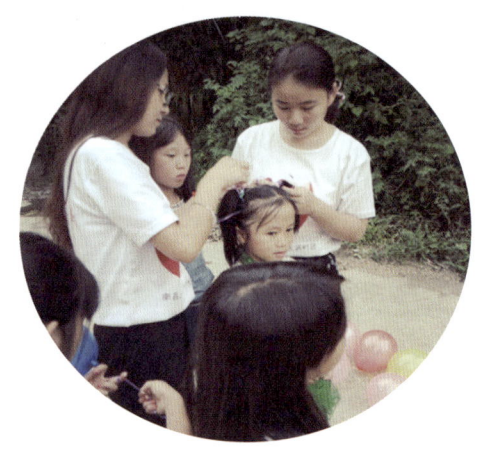

　　很巧的是，这几天打开微博，点开那年今日，出现的正是 5 年前我们一起刚到禾那的点点滴滴，瞬间，那些沉睡在心底的回忆涌起，是我们趁着年轻去挥洒的青春啊，我们总想去做一些事情，总是希望能为这个社会带去点什么，所以我们相聚一起，付诸行动。那一个月，完全脱离我们固有的生活模式，仿佛做了一场梦一般不真实。现在，偶尔想起那些小小的人儿，还是无比亲切可爱，润物细无声，真诚祝愿当时那些一直喊着我们"老师、老师"的人儿能有一个明亮的，可以自由选择的未来。真诚希望"黔行"能越走越长，希望朋友们不忘初心、前程似锦。

### 14. 邝光耀

| 届数及职务 | 南昌大学黔行支教调研团 2018 年"三下乡"社会实践总队长、办公室副部长 |
| --- | --- |
| 当时所读学院及班级 | 人文学院哲学系 171 班 |
| 现在所在工作/学习单位 | 复旦大学马克思主义学院国外马克思主义研究专业硕士研究生在读 |

### 个人体悟

我是从大山走出的孩子,深感农村孩子尤其是农村留守儿童求学过程的艰辛与不易。特别是在假期,那份没有父母陪伴,囿于四方大山中的孤独感往往会伴随其一生难以抹去。于是我从大一入学始,便旋即加入"黔行",总希望能为其他同我一样的山区留守儿童带去些温情与陪伴。

初入"黔行"是不易的。团长一开始便告诉我们,并不是每个人加入社团后就

能理所当然地到支教地接触学生。在暑期出发之前，社团成员均需常态化参与"黔行"每周的下社区志愿服务老人活动，并日常开展社团校内组织活动建设。还记得第一次跟随上一届学长学姐来到老福山社区，我们见到了"超级义工"邹德凤老师，她身上默默散发出的大爱之光至今仍无声地激励着我"不忘初心、砥砺前行"。从一开始测量血压时的手忙脚乱，到后来熟练记录每一位老人的姓名与病情，参加社区的志愿服务不易，但总是感到值得。

真正开始"黔行"是难忘的。至今仍记得我们去的两个苗寨村庄叫巫交、夭那。去夭那的伙伴条件要艰苦一些：七八个人挤在村委一间小房子里打地铺，有时停电了还得自己生火做饭。那时贵州的天不总是晴朗，但苗族孩子们的热情与笑容却让我们每个"黔行"人心中充满温暖：他们不时给我们带来瓜果蔬菜，天气炎热时和我们一起到溪边捕捉鱼虾嬉戏。列宁说一次行动胜过一打纲领，现在回想起来，我们大多事前准备好的教案没有用上，更多的是通过与孩子们的朝夕相处让他们看到不一样的世界，为此留下一段难忘的暑期共同记忆。

建设"黔行"是有收获的。短期的支教结束并不代表我们的行动就此告终。为进一步总结7年支教的宝贵经验，在学院邦宁老师带领下，我与部分第七届、第八届成员共同报名参与了"互联网+"红色之旅赛道比赛，所撰《大学生支教模式创新实践》荣获校一等奖、省级铜奖。我们还有幸代表学校参加了在上饶举办的全国"互联网+"红色之旅赛道优秀项目展示，让更多人了解"黔行"，也使"黔行"成为展示南昌大学学生社会实践成果的一个窗口。

回看"黔行"是充满欣喜的。大三因学业告别"黔行"后，我欣喜地发现，不仅我们这些老成员在成长，即将满10岁的"黔行"亦在飞速成长：获评全国百佳社团、开辟新的支教实践地点、帮助当地农户销售农特产品助力脱贫攻坚……从"黔行"到前行，10届成员的共同努力，让"黔行"真正成了一个助力支教者与受教者共同成长的育人平台，令人无比欣喜！

10年，既是一段旅途的结束，更是一个新的起点。"黔行"步入新时代，我们充满希望，我们拥有信心！

### 15. 涂开辉

| 届数及职务 | 南昌大学黔行支教调研团第七届爱心桥部长 |
| --- | --- |
| 当时所读学院及班级 | 药学院药学 171 班 |
| 现在所在工作 / 学习单位 | 西安交通大学药学院 |

#### 个人体悟

这份体悟我想了好久不知道怎么下手去写，问了一圈"黔行"的伙伴，都说真诚就好。我和"黔行"的故事从 2017 年的夏天续写到了现在。我又重新翻开相册，一张一张地看着以前的照片，回忆全都翻了出来。一群人浩浩荡荡地满怀热情地走进了夭那，我们从学生变成了孩子们的老师。夭那之行，与其说是我们温暖了孩子们，不如说是孩子们治愈了我们。我与大山深处的一个小山村结下了不解之缘，还和一群伙伴建立了坚定的友谊。可以说，加入"黔行"，选择支教是我大学期间做得最有勇气的决定。感恩一切，和"黔行"相关

的人和事都很美好！

　　10年让"黔行"的队伍不断壮大，新鲜血液不断注入，曾经并肩的伙伴也在各地散发着自己的光芒。我真心希望"黔行"可以不忘初心、一步一步踏踏实实地走下去，聚集各方英才，做最有意义的事情！

### 16. 韩思源

| 届数及职务 | 南昌大学黔行支教调研团第七届爱心桥部委 |
| --- | --- |
| 当时所读学院及班级 | 外国语学院德语 181 班 |
| 现在所在工作 / 学习单位 | 云南泽程文化传播有限公司（实习） |

#### 个人体悟

　　尽管在"黔行"只有两年的时光，但这两年的经历对我的人生影响深远。我忘不了第一次下社区服务时与老人们的畅谈，忘不了第一次参与义卖时亲手制作的苹果礼盒，忘不了第一次去南昌福利院送生活、学习用品时被孩子们怀抱时的温暖，忘不了第一次到巫交村时的新奇，忘不了在村子里的种种生活与工作的情景，更忘不了临行前与孩子们和村干部们交流与告别的温馨场景。

　　许多事情，如果没有亲身经历过，是不会体会到其中的酸甜苦辣的。"黔行"是一个出色的平台，能够让山另一侧的我们了解山另一侧的他们，让我们体会他们的生活，参与改变他们生活的活动。"黔行"薪火相传，使得大山两侧的交流不断加深，同时也助力彼此的成长与改变。

希望今后越来越多的学子与"黔行"一路同行，不断成长，拓宽视野，增强本领，在志愿服务的大路上不断创造辉煌，帮助更多大山中的孩子发展成才。

### 17. 刘子怡

| 届数及职务 | 南昌大学黔行支教调研团第七届办公室成员 |
| --- | --- |
| 当时所读学院及班级 | 药学院药学 171 班 |
| 现在所在工作 / 学习单位 | 药学院药学 171 班 |

#### 个人体悟

我很幸运能够加入"黔行"，认识一群有情有义的人，和大家一起去巫交，碰到一群纯真可爱的孩子们，在她们的陪伴下度过了我人生中很有意义的一段时光。转眼 3 年过去了，我还是会时常想起在巫交的点点滴滴，常常翻看那时的照片，仿佛一切都发生在昨天。真心希望"黔行"越办越好！

### 18. 韩博文

| 届数及职务 | 南昌大学黔行支教调研团第七届外联部部委 |
| --- | --- |
| 当时所读学院及班级 | 公共政策与管理学院管理科学 182 班 |
| 现在所在工作 / 学习单位 | 公共政策与管理学院管理科学 182 班 |

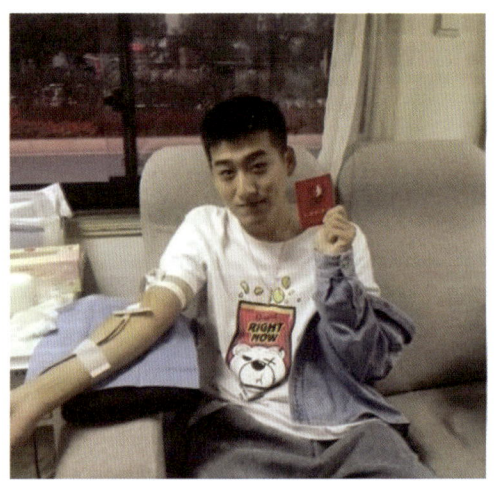

### 个人体悟

我大一时加入南昌大学黔行支教调研团，在这里结识了很多志同道合的小伙伴，虽然只在"黔行"待了短短的一年时间，但其间的每一件事都历历在目：圣诞节通过卖苹果为山区的孩子们筹款，参加志愿者表彰典礼见到了很多为贫困山区的孩子无私提供帮助的老师与同学，在学长学姐的带领下去社区为老年人测量血压，为他们带去欢声笑语，到贵州的山区为那里的孩子们送去帽子、跳绳等物品……我印象很深，贵州山区的三月初很冷很冷，但看到孩子们真挚的笑容，我心里暖洋洋的。感谢"黔行"给我留下了一段很深很美好的回忆，祝愿南昌大学黔行支教调研团越办越好！

### 19. 卢猛

| 届数及职务 | 南昌大学黔行支教调研团第七届外联部成员 |
| --- | --- |
| 当时所读学院及班级 | 药学院临床药学 181 班 |
| 现在所在工作 / 学习单位 | 南昌大学第一附属医院 |

### 个人体悟

时间原来已经这么快了，一转眼跟我一起的小伙伴也毕业了。很荣幸成为南昌大学黔行支教调研团外联部的一员，为家乡付出自己的绵薄之力。大一圣诞节卖平安果，大家分工合作，为一笔笔订单而开心的场景还历历在目。"黔行"是一个很有温度的团队。每一个兄弟姐妹都勇敢、善良，给山区的孩子们带去了温暖和祝福。落笔于此，我感慨万千，相信对于真情的诠释，每一个"黔行"成员都在努力着。跟大家在一起的时光，也是我一生美好的回忆。希望"黔行"越来越好，也希望更多的人关注山区的孩子，他们需要关爱，需要温暖。

### 20. 张红

| 届数及职务 | 南昌大学黔行支教调研团第七届办公室成员 |
| --- | --- |
| 当时所读学院及班级 | 公共政策与管理学院应用心理学 182 班 |
| 现在所在工作 / 学习单位 | 华中师范大学心理学院 |

### 个人体悟

回首支教历程，虽然只有短短一个月，但却教会了我太多，漫漫千里路，看过的风景难忘。感谢朋友们的包容，感谢"黔行"提供的机会，能够在人生最美好的时光和最好的人相遇是我极大的幸运。在水源头的那个村子，国家政策与个人理想

在此交汇，志愿情怀与真挚热忱在此相融，而我也相信，我们彼此、我们和那个村子、那些可爱的孩子在不远的未来也将相见，以更好的自己成就更好的彼此！

### 21. 朱湘怡

| 届数及职务 | 南昌大学黔行支教调研团第七届部委 |
| --- | --- |
| 当时所读学院及班级 | 经济管理学院工商管理专业中法实验班 162 班 |
| 现在所在工作/学习单位 | 法国普瓦捷大学经济管理学院 |

#### 个人体悟

最开始向"黔行"递交申请简历时所抱有的想法，只是想要体验一次支教生活，然而这种玩闹性的想法却在正式加入"黔行"后得到改变。支教并不是"黔行"的唯一目的，为社会，为需要帮助的人带去力所能及的帮助才是。

"黔行"的实践活动除了暑期的支教以外，在每周日也会组织下社区活动，帮助社区爷爷奶奶们测量血压等。虽然做的都是力

所能及的小事，但我至今都记得，小区花园里，每个"黔行"成员旁围满老人的画面，那种成就感，是我在其他社团都无法体会到的。

很幸运，参加了"黔行"一年的我，被选入了支教队伍的行列。犹记得当时火车来回转趟，小车穿

过重重叠叠的山路才进入的小村庄有多漂亮，又有多寒酸。漂亮的，是远处的自然风光，寒酸的，是近处的人文建筑——矮矮的土坯房藏在树林间，一条自修的马路，就仿佛连接了村里所有的房子。

刚进入村里支教的我，从没觉得自己的生活比孩子们优越多少，可直到看见孩子们身上布满着被蚊虫叮咬的伤疤，以及他们蓬乱的头发后，我才发现，即便同样是农村出来的我，也跟他们是不一样的。他们就像是新闻报道里提起的需要走3个小时的山路求学的孩子们，渴望知识，却需要克服重重困难险阻，能够成长，却总是被现有的条件桎梏……

一个月的支教时间并不长，还没熟悉过田野间的萤火虫、村口布告牌上的标语，我们就得匆匆离去，而时光荏苒，如今离开了支教，也离开了"黔行"的我，再追忆当时那段时光时，却依旧还能记得孩子们脸上的笑。

## （四）第八届成员

### 1. 王纯

| 届数及职务 | 南昌大学黔行支教调研团第八届团长 |
|---|---|
| 当时所读学院及班级 | 人文学院汉语言文学 183 班 |
| 现在所在工作/学习单位 | 南开大学汉语言文化学院 22 级研究生 |

个人体悟

　　如果有朝一日回忆起在南昌大学的 4 年，"黔行"一定是最浓墨重彩的一笔。真的很开心也很幸运成为"黔行"的一员。"黔行"人从爱出发，因爱联系，为爱成长。在这个快速发展、趋利避害的年代，"黔行"的存在是回归梦想的一片净土。"黔行"于我是刻骨铭心的。回首过去，那几年熬过的夜、吃过的苦、受过的罪都是那么被人怀念。两年前，我写过一段话：这个世界上，还有很多不被认可的梦想，不被祝福的感情，不被眷顾的孩子，他们不曾犯错，却只能颤颤巍巍、单薄地行走在路上。借天地万物，不求终将到达某处，只求路上少些阻碍，让他们同样平凡。我们一步一步走下去，踏踏实实地去走，永不抗拒生命交给我们的重负，这才是一个勇者。

2. 肖家杰

| 届数及职务 | 南昌大学黔行支教调研团第八届办公室部长 |
| --- | --- |
| 当时所读学院及班级 | 信息工程学院电气工程及其自动化 182 班 |
| 现在所在工作 / 学习单位 | 湖南大学电气与信息工程学院 22 级研究生 |

个人体悟

　　在"黔行"的两年，对于我来说是具有深刻意义的两年。我在这里度过了大学

的一半旅程，学会了如何与人相处，如何管理一个小团队，更重要的是学会了如何传播爱。这是一个温暖的大集体，希望学弟学妹们能够在这里找到你们期望的大学生活，找寻对的人，做对的事，不忘初心，把公益事业自始至终贯彻下去。让我们大家一起培养自己的服务精神，服务他人，服务社会。

### 3. 莫转红

| 届数及职务 | 南昌大学黔行支教调研团第八届组织部副部长 |
| --- | --- |
| 当时所读学院及班级 | 人文学院汉语言文学 182 班 |
| 现在所在工作 / 学习单位 | 南昌新东方教育科技有限公司 |

### 个人体悟

如果说大学里有什么很难忘的美好记忆，"黔行"的经历占据了浓墨重彩的一笔。"黔行"因爱开始，因爱延续，它是一个紧密的团队，更是一个温暖的家庭。"黔行"的支教故事始于 2012 年，我很庆幸能够在第 8 个年头和其他 14 个小伙伴一起续写"黔行"的传奇故事。2019 年，15 人的苗寨之行有苦有乐，食材匮乏、蚊虫叮咬、洗漱麻烦、网络卡顿等生活上的艰苦并未冲淡我们的激情，热情的村民和村委干部、乖巧纯真的孩子、志同道合的伙伴使得那一个月变成一段弥足珍贵、独一无二的回忆。支教结束后，回想起那段时光，点点滴滴尽是甘甜无比。支教是"黔

行"重要的故事，"黔行"的故事却不止支教，感谢与"黔行"相遇相伴。未来很长，"黔行"的故事仍在继续。我相信，爱的火炬将永远传递下去，"出于自愿的事业是最有生命力的事业，服务他人的行为是最高尚的行为，奉献者的语言是最易沟通的人类共同语言"。

### 4. 陈宇

| 届数及职务 | 南昌大学黔行支教调研团第八届办公室成员 |
| --- | --- |
| 当时所读学院及班级 | 第一临床医学院麻醉学 191 班 |
| 现在所在工作／学习单位 | 第一临床医学院麻醉学 191 班 |

### 个人体悟

我很荣幸能够加入"黔行"这个大家庭，在这里我感受到了温暖，五湖四海的伙伴聚集在一起坚守着同一种信念，给孩子们带去快乐与欢笑。微笑只是一种表情，有时却比语言更有力量。我相信未来"黔行"能够将温暖与欢乐播洒到祖国每一寸土地，一路前行！

### 5. 赵金秋

| | |
|---|---|
| 届数及职务 | 南昌大学黔行支教调研团第八届宣传部部长 |
| 当时所读学院及班级 | 旅游学院旅游管理专业 |
| 现在所在工作/学习单位 | 郑州大学旅游管理学院 |

### 个人体悟

加入"黔行"的大多数日子里我都是快乐、充实的。还记得下社区的清晨，还记得平安夜忙于包装苹果的欢乐，还记得我们在一起的点点滴滴，这些我都还记得。回想起每个画面，都是我们一起走过的痕迹。"黔行"走过了很多个岁月，我庆幸自己是其中一员。懂得感恩，懂得付出，懂得平凡的伟大，这是"黔行"带给我最宝贵的财富。祝愿在接下的时光里，"黔行"的伙伴们能够永远怀抱初心前行，感恩常存于怀！

### 6. 周杨

| 届数及职务 | 南昌大学黔行支教调研团第八届组织部副部长 |
| --- | --- |
| 当时所读学院及班级 | 药学院药学 183 班 |
| 现在所在工作 / 学习单位 | 中国药科大学 |

**↑个人体悟**

　　距离我去贵州支教已经过了 3 年，这 3 年中，我仍然时不时回想起当时支教的情形。从一开始的手足无措到最后的得心应手，在这过程中我克服了许多困难，学会了如何做一名合格的支教队员，学会了如何做一名优秀的支教老师，更学会了如何做孩子们的好朋友。虽然我们给山村的孩子们带去的物质帮助是有限的，但那一段美好的回忆是永远不会消散的。希望南昌大学黔行支教调研团能够继续发扬我们的传统——"不忘初心、一路前行"，在更多的地方散发光和热，也希望更多的同学加入"黔行"这个大家庭。

### 7. 王成

| 届数及职务 | 南昌大学黔行支教调研团第八届团长助理 |
| --- | --- |
| 当时所读学院及班级 | 建筑工程学院土木类 197 班 |
| 现在所在工作 / 学习单位 | 工程建设学院道路与桥梁工程 191 班 |

**个人体悟**

2019 年秋，带着一片赤忱的我加入了南昌大学黔行支教调研团。在过去的几年里，"黔行"留给我的印象一如当初加入时那般，充满着爱和关怀。可能自己是贵州人的缘故，大一的我，对这个团队充满了亲切感。加入团队后，我与队员们一起经历了各种志愿活动，也越来越感受到"爱"是怎样的存在。于我而言，它是推动我前进的动力，也是我一以贯之的信念。当我带着这份爱去对待世界的时候，世界也会给我以积极的回应——那种坚韧不拔的毅力和乘风破浪的勇气。

"黔行"将一直前行，将会继续把这份爱传递给更多的人！

### 8. 田亚丽

| 届数及职务 | 南昌大学黔行支教调研团第八届爱心桥副部长 |
| :---: | :---: |
| 当时所读学院及班级 | 护理学院护理学 182 班 |
| 现在所在工作 / 学习单位 | |

**个人体悟**

加入南昌大学黔行支教调研团是我在大学中作出的最正确的决定。我在"黔行"度过了珍贵的两年，在老福山花园迷过路、在暴雨天开例会的路上折过伞、在巫交的河里游过泳……与各位成员一起成长、一路前行，历经风雨，我们留在彼此的记忆里。

　　衷心希望南昌大学黔行支教调研团各位成员能够不忘初心、薪火相传！祝南昌大学黔行支教调研团越办越好，越办越辉煌！

### 9. 刘博洋

| 届数及职务 | 南昌大学黔行支教调研团第八届爱心桥成员 |
| --- | --- |
| 当时所读学院及班级 | 药学院药学 183 班 |
| 现在所在工作 / 学习单位 | 药学院药学 183 班 |

### 个人体悟

　　回想"黔行"，她不仅为我吹来了巫交温润清透的夏风，还让我见到了繁星点缀的夜空。可我却只是仓促地踏入山里，惊扰了那群山间精灵。

每每想起，他们的一颦一笑仍然牵动着我的心神。若是再成熟一点，若是再给他们多一点……这股责任不仅没有因为时间而远离我，反而在我肩上愈发沉重。于我而言，这就是"黔行"，不仅在于奔赴山间，更督促我砥砺前行。行至边远，行入深处，久久长行。我希望这份力量可以一直延续下去，希望南昌大学黔行支教调研团能够将爱播洒给更多的孩子，期待在下一个 10 年依然能与"黔行"相见。

### 10. 陈思华

| 届数及职务 | 南昌大学黔行支教调研团第八届爱心桥部长 |
| --- | --- |
| 当时所读学院及班级 | 资源与环境学院资源循环科学与工程 181 班 |
| 现在所在工作/学习单位 | 中南财经政法大学法律硕士教育中心 |

#### 个人体悟

在毕业论文的致谢中，我写了这么一段话总结大学 4 年："2018 年的不安，2019 年的夏天，2020 年的新冠，2021 年的考研，2022 年的告别，一场百年难遇的疫情，让青春染上遗憾的颜色。"其中，2019 年的夏天正是我去支教的时间。回想大学 4 年，这段支教经历一直都被我放在内心深处最温暖、最清澈的角落。

分享一个小故事吧！在我快要离开的时候，草莓（巫交的一个小女孩）说想要我带她去游泳。我说："走之前我一定带你去游一次泳，说话算数。"草莓说："如果没去就给我 100 块。"我故意逗她："你希望我撒谎吗？"草莓说："不希望。"我问："你不想要一百块吗？"草莓说："不想，钱用完就没了呀！"

3年过去了，这些画面仍历历在目，特别是那些灿烂的笑脸、澄澈的眼睛和天真淘气的话语。期待"黔行"一路向前，越来越好！

## （五）第九届成员

### 1. 郝安

| 届数及职务 | 南昌大学黔行支教调研团第九届团长 |
| --- | --- |
| 当时所读学院及班级 | 人文学院汉语言文学 194 班 |
| 现在所在工作 / 学习单位 | 人文学院汉语言文学 193 班 |

### 个人体悟

不知不觉在南昌大学黔行支教调研团已经是第 3 年了。3 年来，"黔行"带给我的不仅仅是回忆，更是一种精气神，是奉献自我、投身志愿的志气，不畏艰难、勇往直前的骨气，凝聚力量、磨砺青春的底气。我一直记得在支教过程中，有一个小女孩和我说："老师，你是在这里对我最好的一个人了。"当时我又感动又心疼。我觉得我不该是对她最好的一个人，她应该拥有更多的爱。我希望未来"黔行"能将爱播洒给越来越多的孩子，希望"黔行"能够越走越好！

## 2. 陈燊

| 届数及职务 | 南昌大学黔行支教调研团第九届宣传部部长 |
| --- | --- |
| 当时所读学院及班级 | 玛丽女王学院中英临床 192 班 |
| 现在所在工作 / 学习单位 | 玛丽女王学院中英临床 192 班 |

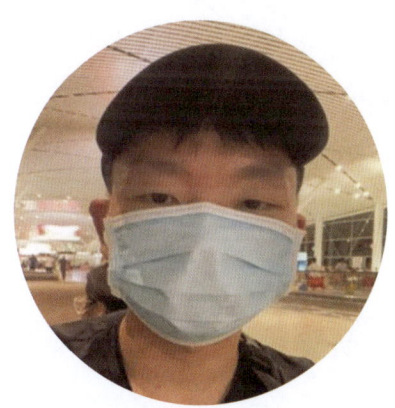 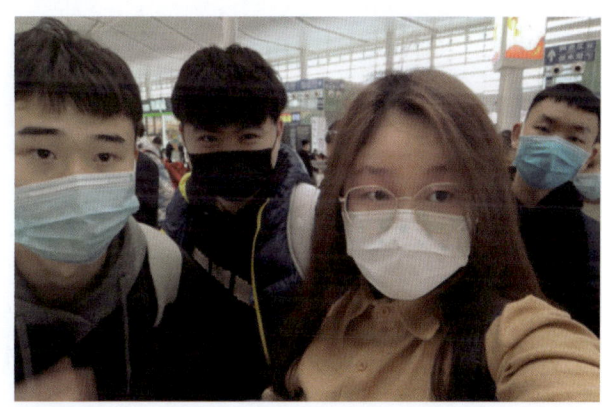

### 个人体悟

踏入大学一个月后，我坚定地选择了加入南昌大学黔行支教调研团。在这里，我第一次感受到了团队合作的力量；在这里，我充分吸收到了志愿服务所带来的无穷正能量；在这里，我结识了许许多多志同道合的好伙伴！从刚刚成为社团一员到定期下社区活动，再到前往支教地区进行支教活动，这么多日子与美好的回忆，在我心中刻下了深深的印记。在我的大学生涯，南昌大学黔行支教调研团绝对是一个非常重要的组成部分，希望社团在接下来的岁月之中会发展得越来越好，我也会在心底时时刻刻回忆那些令人难忘的时光！

## 3. 易庆强

| 届数及职务 | 南昌大学黔行支教调研团第九届爱心桥副部长 |
| --- | --- |
| 当时所读学院及班级 | 资源与环境学院过程装备与控制工程 191 班 |
| 现在所在工作 / 学习单位 | 资源与环境学院过程装备与控制工程 191 班 |

### 个人体悟

拥有炙热的内心，付出温暖的行动。"黔行"如此，"黔行"中的每一个人亦如此。从下社区做志愿服务到去贵州支教，我怀揣着期待与热情。在"黔行"的日子里，我更加深刻地理解了志愿服务的意义和价值。感谢"黔行"，感谢每一个"黔行"人，希望"黔行"在以后的日子里一路前行，风雨无阻！

### 4.孙霄

| 届数及职务 | 南昌大学黔行支教调研团第九届宣传部副部长 |
| --- | --- |
| 当时所读学院及班级 | 际銮书院 2019 级国学实验班 |
| 现在所在工作 / 学习单位 | 际銮书院 2019 级国学实验班 |

### 个人体悟

加入"黔行"是因为心中对支教的向往，初入大学的我，想做能温暖他人的阳光。所以，我坚定地向"黔行"迈步。加入"黔行"后，我认识了可爱的学姐学长们和志同道合的朋友们，我们一起到社区开展志愿服务，一起为"黔行"做海报做宣传，互相帮助，彼此关怀，携手传递温暖。当得知"黔行"的创始人是 2010 级与

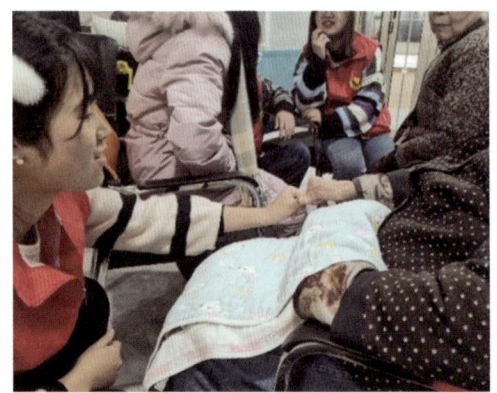

我同专业的学长时,我不禁对"黔行"有了更深的感情。我相信冥冥之中一定有一种缘分,将来自五湖四海的我们联系到一起,相聚在"黔行",让相似的初心交织出灿烂的烟火。"黔行"仍将继续前行,不仅第一个 10 年,还有不断的下一个 10 年。

### 5. 温嘉豪

| 届数及职务 | 南昌大学黔行支教调研团第九届爱心桥成员 |
| --- | --- |
| 当时所读学院及班级 | 工程建设学院水利水电工程 192 班 |
| 现在所在工作 / 学习单位 | 工程建设学院水利水电工程 192 班 |

#### 个人体悟

虽然与"黔行"的缘分只有半年,在 2020 年的夏天,我满怀着对未来的期待和憧憬选择了与"黔行"相望相守。今天回想起来,在爱心桥的时光温馨无比,令人怀念。现在,我时常回忆起支教的光景,想念山里的孩子们、小河和日出。时光匆匆,希望"黔行"人可以在最有理想的年纪去实现最美好的愿望。

### 6. 马宇超

| 届数及职务 | 南昌大学黔行支教调研团第九届组织部部长 |
| --- | --- |
| 当时所读学院及班级 | 经济管理学院金融学 192 班 |
| 现在所在工作 / 学习单位 | 经济管理学院金融学 192 班 |

### 个人体悟

上大学以来我一直希望自己有机会去参加一次支教，我始终坚信支教将会成为我人生中一笔宝贵的财富，这笔财富不是金钱，而是精神财富。不到一个月的支教时间，确实令我深有感悟，生活中的点点滴滴令我受益匪浅。离别总是来得很快，但我相信南昌大学黔行支教调研团会永远怀着对支

教的希望与热情，走在帮助孩子们的奋斗路上。希望南昌大学黔行支教调研团越来越好！

### 7. 何卫虹

| 届数及职务 | 南昌大学黔行支教调研团第九届组织部副部长 |
| --- | --- |
| 当时所读学院及班级 | 人文学院汉语言文学 192 班 |
| 现在所在工作 / 学习单位 | 人文学院汉语言文学 192 班 |

### 个人体悟

在南昌大学黔行支教调研团一共待了两年，第一年是作为组织部的小部委跟着学长和学姐们学习和成长，每周下社区开展志愿服务活动。这一年的我在"黔行"这个大家庭中收获了友情、成长与志愿服务的幸福感。第二年，我作为组织部的副部长继续与"黔行"同行。这一年的我承担了更多的责任，懂得了志愿服务的担当和自我奉献的勇气，懂得了对于我们认定的志愿服务事业应当具备的那份笃定与自信。"黔行"是一个让人学会爱与奉献的地方，我从南昌大学黔行支教调研团这个集体中学到的精神品质令我终身受益。希望"黔行"可以越来越好，继续带着爱与奉献，带着爱与梦想一路向前，一路前行！

## （六）第十届成员

### 1. 肖琳雨鑫

| 届数及职务 | 南昌大学黔行支教调研团第十届团长 |
| --- | --- |
| 当时所读学院及班级 | 人文学院历史学 202 班 |
| 现在所在工作 / 学习单位 | 人文学院历史学 202 班 |

### 个人体悟

睡眼蒙眬，我们奔跑在去往支教地的路上；夜幕低垂，我们仍仔细备着第二天的课程。迎着晨曦的第一抹光亮，有我们走动的身影；伴着夜晚稀疏的星星，我们揣着支教后的疲倦回到住所。

"采得百花成蜜后，为谁辛苦为谁甜？"纵使疲惫不堪，纵使偶有抱怨，但当那一声声"老师好"响起，当看到孩子们璀璨的笑脸，当一年过后再次回来孩子们仍能叫出我的名字时，我便觉得无怨无悔，抹开倦意的沮丧，露出阳光的笑。一节又一节的课程，一次又一次与孩子们的接触，给我的支教经历画上了一个完美的句号，也带给我思考、进步和成长。"一路前行，为爱而行"是我们不变的宗旨，"黔行"精神会一直继承发扬下去。

### 2. 毛雅玲

| 届数及职务 | 南昌大学黔行支教调研团第十届组织部部委 |
| --- | --- |
| 当时所读学院及班级 | 经济管理学院经济学 201 班 |
| 现在所在工作 / 学习单位 | 经济管理学院经济学 201 班 |

### 个人体悟

在南昌大学黔行支教调研团的一年时间里，我成长了很多。在"黔行"，我收获了更加热忱勇敢的心、更加熟练丰富的能力和更多志同道合的伙伴。2021年7月跟随"黔行"赴贵州剑河支教的日子是我难忘而又宝贵的经历：我记得放学路上背着竹篓向我们打招呼的苗族大娘，记得我们一行人在城关五小的支教

生活和泼水节体验，记得那个想送给我贺卡却阴差阳错甚至没能道别的红衣小女孩。"黔行"在社团成员心里盖起了一座爱与奉献的花园，让大学生志愿者即使置身偏远小镇，也能在心尖盛开爱与奉献的花朵。感谢"黔行"，希望"黔行"越来越好！

### 3. 李梦菲

| 届数及职务 | 南昌大学黔行支教调研团第十届组织部部委 |
| --- | --- |
| 当时所读学院及班级 | 经济管理学院会计学 202 班 |
| 现在所在工作 / 学习单位 | 经济管理学院会计学 202 班 |

### 个人体悟

回想起最初的自己，还是个大一新生，青涩且幼稚，抱着奉献自我、服务社会的愿望，加入了"黔行"大家庭。随着对"黔行"的了解加深，我更加深刻地了解了志愿服务的内涵。在每周一次的下社区活动中，在和爷爷奶奶们的聊天中，我收获了服务他人的乐趣和满足感，也收获了真挚的友谊。成立至今，"黔行"已将爱播洒给越来越多社区的老

人以及贫困地区的孩子，我诚挚地希望"黔行"未来的路越走越好，越走越宽。

### 4. 张兰兰

| 届数及职务 | 南昌大学黔行支教调研团第十届爱心桥部长 |
| --- | --- |
| 当时所读学院及班级 | 药学院 202 班 |
| 现在所在工作 / 学习单位 | 药学院 202 班 |

#### 个人体悟

"黔行"经历了风风雨雨的 10 年，已形成特有的工作方式。"黔行"人保持初心，在公益这条路上愈走愈远，愈加坚定。作为一名"黔行"人，我有幸参加了一次暑期支教活动。都说"不到长城非好汉"，我想说，"不参与一次支教非'黔行'人"。在获得小朋友们认可的同时，我们内心也得到了满足，希望我们帮助过的小朋友可以实现自己的梦想。人要忠于自己年轻时的梦想，希望"黔行"继续秉持初心，砥砺前行，帮助更多的人，将爱洒满人间。

### 5. 罗蕴文

| 届数及职务 | 南昌大学黔行支教调研团第十届组织部部长 |
| --- | --- |
| 当时所读学院及班级 | 人文学院哲学 202 班 |
| 现在所在工作 / 学习单位 | 人文学院哲学 202 班 |

#### 个人体悟

一晃在南昌大学黔行支教调研团已经度过了两年的时光，从第一次到四栋活动室参加招新的笔试开始，到最后一次按下开关、锁上办公室的大门为止，南昌大学黔行支教调研团陪伴我走过了整个大学生涯的前半段旅程。走过洛阳路的小亭、走过铁路二村的社区，来到过剑河仰阿莎女神像背后隐藏着的便民服务中心，谢谢南

昌大学黔行支教调研团带给我不一样的人生。虽然没有办法再亲身参与"黔行"的未来，我也会向"黔行"送上我最诚挚的祝福，期待 15 周年、20 周年的到来，也希望"黔行"能够在未来的征程中越来越好，越走越远。

### 6. 于杭冉

| 届数及职务 | 南昌大学黔行支教调研团第十届宣传部部委 |
| --- | --- |
| 当时所读学院及班级 | 新闻与传播学院广告学 201 班 |
| 现在所在工作 / 学习单位 | 新闻与传播学院广告学 201 班 |

### 个人体悟

在南昌大学黔行支教调研团的这一年里，我不仅认识了很多朋友，还实现了志愿服务的梦想。在一次次的周末下社区活动和讲座培训中，我掌握了量血压、急救、办公软件等实用技能，还收获了推文写作的能力。同时我也知道，对于官方账号的运营，要保持严谨的态度。我在学习中成长，在实践中发展。"黔行"带给我的是传递爱心、保持善良，是乐于奉献、助人为乐，是脚踏实地、严谨负责。只要人人都献出一点爱，世界将变得更加美好。希望"黔行"越来越好！我们一起前行！

### 7. 刘登林

| 届数及职务 | 南昌大学黔行支教调研团第十届宣传部副部长 |
| --- | --- |
| 当时所读学院及班级 | 药学院药学 201 班 |
| 现在所在工作 / 学习单位 | 药学院药学 201 班 |

### 个人体悟

南昌大学黔行支教调研团在我的心里一直都是阳光一样的存在，一群朝气蓬勃的年轻人履行着一份令人感到幸福的责任——支教。10 年之际，"黔行"的成员不断更替，但是那份赤诚的热情从不消减。支教的时光总是让人无法忘记，社区服务的感动仍然停留心间。偶然，手机收到一条消息："小林老师，我毕业了。"对于每届成员来说，支教工作虽然短暂，但那段记忆却十分绵长。祝福我们的"黔行"一路前行！

### 8. 刘红玫

| 届数及职务 | 南昌大学黔行支教调研团第十届爱心桥部委 |
| --- | --- |
| 当时所读学院及班级 | 药学院药学 202 班 |
| 现在所在工作 / 学习单位 | 第一临床医学院麻醉学 211 班 |

#### 个人体悟

　　我很荣幸能成为以传递爱心、志愿服务、乐于奉献、不求回报为宗旨的这样一个团队的成员之一。在南昌大学黔行支教调研团这个充满爱的大家庭，我感受到了指导老师对我的耐心指导，学长学姐们对我的似火热情，小伙伴们之间的温暖关照。祝福"黔行"越走越好！

### 9. 彭青青

| 届数及职务 | 南昌大学黔行支教调研团第十届团员 |
| --- | --- |
| 当时所读学院及班级 | 法学院知识产权 201 班 |
| 现在所在工作 / 学习单位 | 法学院知识产权 201 班 |

#### 个人体悟

　　作为南昌大学黔行支教调研团的成员，来到贵州黔东南苗族侗族自治州支教是我感到最幸运与充满意义的事。支教过程中，我认认真真地为孩子们准备了趣味课程，孩子们也认认真真地听我上课，还会积极和我互动交流，让我充满了自豪感和满足感。我始终相信，尽自己所能教给孩子们知识，可以激发他们对世界的好奇

心，从而创造独特的人生价值。随着支教的日子一天天过去，我与孩子的感情也越来越深厚。临别时，孩子们给我送了小花，我一直珍藏在柜子里。孩子们与我倾心交流的故事，我也深深存留在心底。我与孩子们之间的爱是不会消散的，会一直影响着我们。我希望"黔行"越来越好，帮助更多山里的孩子追寻智慧的光芒。

### 10. 韦卓盈

| 届数及职务 | 南昌大学黔行支教调研团第十届组织部副部长 |
| --- | --- |
| 当时所读学院及班级 | 人文学院汉语言文学 205 班 |
| 现在所在工作 / 学习单位 | 人文学院汉语言文学 205 班 |

#### 个人体悟

时至今日，我依然记得"黔行"这个大家庭带给我的欢声笑语。从大一时懵懂的新生，到大二熟练带领部委下社区，我在每一次活动中都能学到不一样的东西。跟老人亲切交谈，与叔叔阿姨们日常闲聊，都是我深藏于心的宝贵财富。衷心希望"黔行"不断壮大成长，把爱带给每一位热心公益的志愿者，将志愿服务的品质与支教奉献的精神相结合。

### 11. 史航东

| 届数及职务 | 南昌大学黔行支教调研团第十届团员 |
|---|---|
| 当时所读学院及班级 | 人文学院汉语言文学 191 班 |
| 现在所在工作 / 学习单位 | 人文学院汉语言文学 191 班 |

#### 个人体悟

有这样一个群体，他们来自城市，却毅然决然投身到偏远的地方发光发热，他们是学生，却满怀热情奔赴远方奉献自我，他们默默无闻，却用爱和温暖抚慰孩子们，他们就是"黔行"人。"黔行"一路走来，风雨无阻，日夜兼程，在 10 多年的时间里为孩子们带去了知识，带去了帮助。我非常开心能成为一名"黔行"人奔赴黔东南支教，衷心祝愿"黔行"能够不忘初心、继续前进，在新征程上谱写"黔行"人的新篇章！

### 12. 徐毅静

| 届数及职务 | 南昌大学黔行支教调研团第十届办公室成员 |
|---|---|
| 当时所读学院及班级 | 新闻与传播学院新闻 202 班 |
| 现在所在工作 / 学习单位 | 新闻与传播学院新闻 202 班 |

### 个人体悟

在"黔行"，我认识了很多温暖又有朝气的伙伴。现在，"黔行"又到了一个新的起点，这个起点不是单行线似的指向单个方向，这个起点指向的是一条未知的路。但是，我看到"黔行"已经接到了满满的一袋种子，种子在一点点生长、发芽，如今已成林荫，铺满未来之路。希望"黔行"的未来越来越好！

## （七）第十一届成员

### 1. 张圳

| 届数及职务 | 南昌大学黔行支教调研团第十一届组织部部委 |
| --- | --- |
| 当时所读学院及班级 | 经济管理学院工商管理 213 班 |
| 现在所在工作 / 学习单位 | 物理与材料学院能源材料 212 班 |

### 个人体悟

加入"黔行"快有一年的光景了，从刚入大学尚未完全独立的"小孩"，到现在积极投身志愿服务的青年，"黔行"带给我的是成长。下社区活动让许多老人获得了陪伴，也使我的周末变得更加充实。偶然且难得的一次机会，我有幸通过了面试，成为邹德凤青少年团的成员。我拿出青年的干劲、牢记"黔行"的精神，参加每一次志愿服务活动，丰富了自己的人生阅历。今年暑假，我很荣幸可以加入西行赴黔支教的队伍，给孩子们送去温暖。我也暗自下定决心，要像往届优秀学长学姐们一样，继续传承"黔行"精神，为"黔行"的发展贡献力量！

### 2. 彭桦宇

| 届数及职务 | 南昌大学黔行支教调研团第十一届团长助理 |
| --- | --- |
| 当时所读学院及班级 | 法学院法学 212 班 |
| 现在所在工作 / 学习单位 | 法学院法学 212 班 |

**个人体悟**

　　与"黔行"虽只短短相处了一年，但是它却成为我大学生活里的一道光。在日常工作中，团长和团长助理之间紧密联系，高效率地完成一个又一个任务。在下社区志愿服务活动中，我感受到了"黔行"队员纯粹的志愿情怀。"黔行"是一个温暖的集体，身处其中，我拥有了将志愿精神贯彻始终的决心与毅力！我真心希望"黔行"能够一路前行！

### 3. 欧阳子豪

| 届数及职务 | 南昌大学黔行支教调研团第十一届组织部部委 |
|---|---|
| 当时所读学院及班级 | 公共政策与管理学院管理科学与工程 211 班 |
| 现在所在工作 / 学习单位 | 公共政策与管理学院管理科学与工程 211 班 |

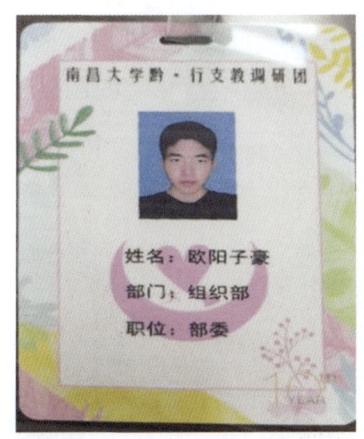

### 个人体悟

时光荏苒，岁月如梭，转瞬间，我从一个只专注学习的学生，转变为到现在踏入半个"社会"的成年人。大学生涯，已过去了一个春秋。其间，我收获了许许多多的知识。深刻影响我的，莫过于南昌大学黔行支教调研团了。在"黔行"的一年里，我收获了奇特的体验。团结与关心，来自部长与部委们每次例会以及团员大会时的畅所欲言、真切沟通、积极互动；爱心与责任，来自下社区时大家的齐心协力，帮助老人和小孩，为公益事业奉献出一分绵薄之力；担当与使命，来自投身于"黔行"的无私奉献、不畏艰难与挑战。"黔行"打破常规，让我走进一个熟悉而又陌生的世界，去发现另一个崭新的世界。我得到了淬炼，体验到了生活百态，收获了感悟并不断成长。遗憾的是，虽有登上三尺讲台之梦想，但终因种种因素而放弃错过。不过可以确认的是，我相信终有一天我会与过去的自己和解，登上三尺讲台，用粉笔勾勒出孩子们天马行空的想象世界，激起孩子们梦想的璀璨星河，将爱与希望传播到大山之中。衷心希望"黔行"越来越好，有更多伙伴加入这个大集体，奉献爱与希望！

### 4. 罗莉莉

| 届数及职务 | 南昌大学黔行支教调研团第十一届团长助理 |
| --- | --- |
| 当时所读学院及班级 | 人文学院哲学 211 班 |
| 现在所在工作 / 学习单位 | 人文学院哲学 211 班 |

 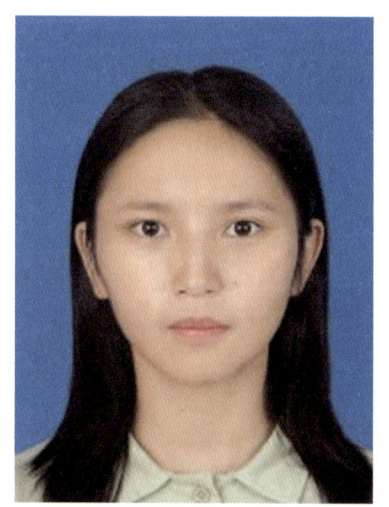

#### 个人体悟

很幸运能够和优秀的伙伴们在"黔行"这个温暖的大家庭相遇，一起度过一年的美好时光。在这一年的每次志愿服务中，在这一年的每次集体活动中，我们都在成长！我们即将前往剑河县支教，希望可以为家乡作贡献，不负此行，满载而归！希望"黔行"人能够不忘初心、一往无前，山高水长，未来可期！

### 5. 邱智凤

| 届数及职务 | 南昌大学黔行支教调研团第十一届宣传部部委 |
| --- | --- |
| 当时所读学院及班级 | 人文学院历史学 212 班 |
| 现在所在工作 / 学习单位 | 人文学院历史学 212 班 |

#### 个人体悟

相识已是夏时暮，秋日海棠并肩顾。与"黔行"的相遇，是属于那个夏天的故

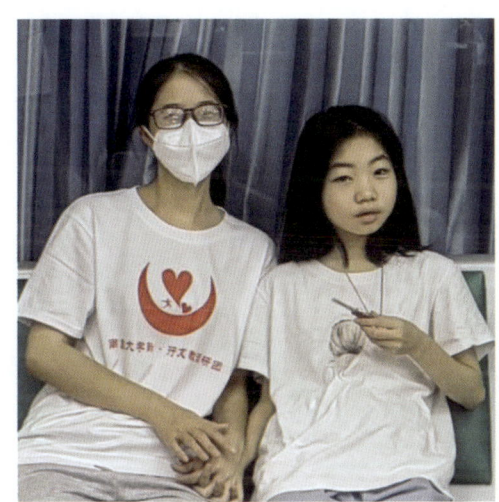

事，而故事从来未完待续。

即使是很久的以后，我也时常会想起踏上剑河的那一天，一场突如其来的大雨染绿了两岸青山，朦胧了双目清明，送来了阵阵凉爽。在前往剑河的大巴上，我隔着车窗，听着雨声，窥见了剑河面纱下美丽的一角，望见了仰阿莎女神守护着一方水土。

我时常想起，风雨桥边，那群孩子单纯而直白的喜欢与真诚。"老师，我爱你。""老师，送你一幅画，是我自己画的哦。""老师、老师，你好温柔啊！""老师，我也要像你一样厉害。"……我想，我本想成为一束微光，却不承想被你照亮。

我时常想起，遇见的那些伙伴们，一起走进大山，心始终牵挂着大山。我们一起拜访剑河，一起走进社区，一起为全团大会做准备……

微光如炬，志愿无边。10年光阴里，"黔行"人将火炬传递，而"黔行"始终在前行的路上。真的非常感谢各位，真的很幸运遇见你们，遇见"黔行"，希望"黔行"越来越好！

## （八）第十二届成员

### 1. 王艺璇

| 届数及职务 | 南昌大学黔行支教调研团第十二届团长 |
|---|---|
| 当时所读学院及班级 | 人文学院汉语言文学 215 班 |
| 现在所在工作 / 学习单位 | 人文学院汉语言文学 215 班 |

**个人体悟**

　　我不知道明年有没有机会再和孩子们相见，我一遍又一遍地回忆起那段时光。当我走在坑洼不平的教室，当我摸到破破烂烂的书桌，当我看到语文书上的"前程似锦"，我不禁在想：我来这里的意义是什么？这个问题一直在我心中。当我看到孩子们脸上的笑容，孩子们给支教队员们送的糖果、折纸和一封封感谢信，我想，我知道了我们到来的意义。

### 2. 陈灰

| 届数及职务 | 南昌大学黔行支教调研团第十二届副团长 |
|---|---|
| 当时所读学院及班级 | 法学院法学 213 班 |
| 现在所在工作 / 学习单位 | 法学院法学 213 班 |

### 个人体悟

不要轻易谈公益。只有在真正走进孩子们的生活后，我才知道公益不能没有恒心，不能没有愿意吃苦并毫无私欲的意念。

从 2012 年的一个人出发，到现在的一群人抵达，南昌大学黔行支教调研团走过了 12 年光景。12 年来，一代又一代的"黔行"人守护着"黔行"的初心，与孩子们一同成长，遇见了更好的自己。我很庆幸加入了"黔行"这个大家庭，在这个浮躁的世界里，有一方小小的天地，纯粹美好，让我遇见一群志同道合的好朋友，让我能够肆无忌惮地高谈公益梦想。

挥手告别遇见，是因为前方有美好的未谋面。希望"黔行"人能够守住"黔行"的初心，带着最初的温暖和未来的美好相遇。

### 3. 刘海丽

| 届数及职务 | 南昌大学黔行支教调研团第十二届办公室部长 |
| --- | --- |
| 当时所读学院及班级 | 公共政策与管理学院应用心理学 212 班 |
| 现在所在工作 / 学习单位 | 公共政策与管理学院应用心理学 212 班 |

### 个人体悟

岁月荏苒，在"黔行"已有两年的时间了。大一时被"支教"两字吸引，我毅

然报名加入了南昌大学黔行支教调研团。第一年要支教的时候，很遗憾我因为生病未去成，因此就申请留任和"黔行"再续前缘。在团长的努力下，社团的支教名额大幅度增加，我也能顺利参加2023年度的支教活动。在"黔行"的这两年，我收获了快乐、朋友，还实现了自己的价值。在踏上前往贵州松桃旅途的那一刻，我心里充满了期待和向往，圆了我的 个支教梦。我想着在有限的时间里给孩子们带去点什么。在不断摸索中我终于找到了答案：就算教不会他们什么，在这段时间里用心陪伴他们也是很美好的。

### 4. 刘圣

| 届数及职务 | 南昌大学黔行支教调研团第十二届宣传部部长 |
| --- | --- |
| 当时所读学院及班级 | 人文学院汉语言文学215班 |
| 现在所在工作／学习单位 | 人文学院汉语言文学215班 |

### 个人体悟

在加入"黔行"将近一年的光景里，我收获了知识、技能和友谊，从懵懂无知的大一新生成长为掌握一定知识、技能，并积极投身于志愿服务的有志青年。在"黔行"的时光里，我学会了文案编辑、推文排版、新闻稿的写作等，并且积极参与"黔行"周末的下社区活动，到当地的养老院以及社区中心，为老人们量血压、剪指

甲等，陪老人们聊聊天，给老人们带去温暖。我很荣幸可以参与今年暑假的支教活动，我觉得支教是一件很有意义的事。我要继续传承"黔行"的大爱精神，为社团发展贡献力量，争做新时代好青年。

### 5. 罗红

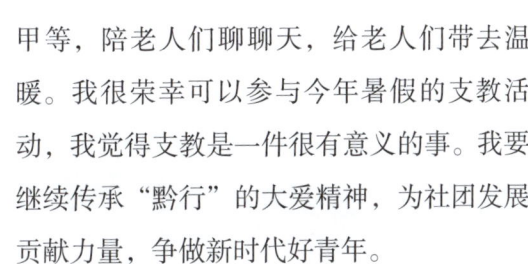

| 届数及职务 | 南昌大学黔行支教调研团第十二届爱心桥部长 |
|---|---|
| 当时所读学院及班级 | 工程建设学院道路与桥梁工程 211 班 |
| 现在所在工作 / 学习单位 | |

#### 个人体悟

加入"黔行"已经两年了。还记得大一军训期间，众多社团过来"扫楼"，但都没有吸引到我，直到"黔行"的出现。我下定决心要加入"黔行"。面试的时候有位人美心善的学姐在门口给我发了把小扇子，跟我说不用紧张，可能是缘分使然，我加入了她的部门，后来接替她的职位成了爱心桥部长。现在我也光荣"退位"了，部长一职交给了另一位人美心善的小部委，相信她能带领爱心桥作出更大的贡献！加入"黔行"收获颇多：我认识了很多"可爱"的人，还和他们成了好朋友；周末下社区做志愿者也让我感觉成就满满；暑期前往贵州剑河县支教，作为负责人的我也成长了许多。相信未来有许多伙伴会加入"黔行"，将爱心和温暖传递下去！

### 6. 周竟

| 届数及职务 | 南昌大学黔行支教调研团第十二届爱心桥副部长 |
| --- | --- |
| 当时所读学院及班级 | 第二临床医学院麻醉学 212 班 |
| 现在所在工作 / 学习单位 | 第二临床医学院麻醉学 212 班 |

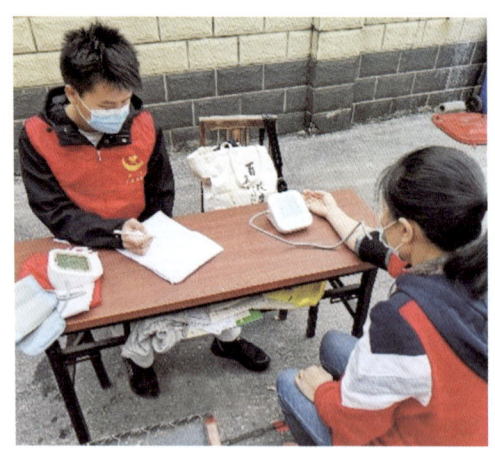
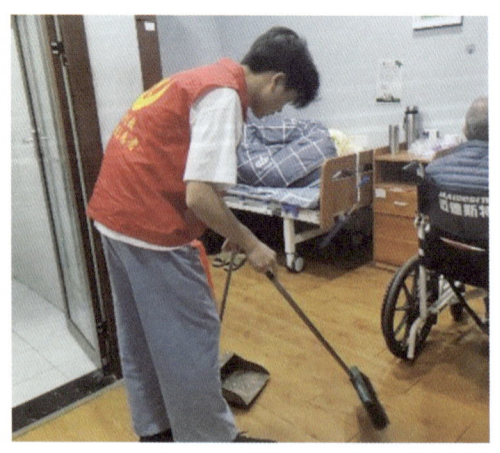

### 个人体悟

刚步入大学，我什么东西都不太熟悉，但是"黔行"使我燃起了对大学的向往，志愿服务自此丰富了我大一的课外生活。在这段时间，幸好有"黔行"的陪伴，或喜或忧已不重要，只希望能够永远记住这一段成长的时光。

进入大二，我视野广了，能力却不见提升。虽如此，但幸好有"黔行"的小伙伴陪我一起度过。纵然这过程悲喜交加，但这何尝不是磨练自己的机会。

写这篇感悟的时候，我已经大三了，大学生活已经过半。与此同时，"黔行"的火炬也从我们手里传递给了下一届学弟学妹。"黔行"陪伴了我两年，我也成长了两年。愿"黔行"一往无前！

## （九）第十三届成员

### 1. 肖红

| 届数及职务 | 南昌大学黔行支教调研团第十三届团长 |
| --- | --- |
| 当时所读学院及班级 | 人文学院哲学 222 班 |
| 现在所在工作 / 学习单位 | 人文学院哲学 222 班 |

**个人体悟**

时光荏苒，这已经是我陪伴"黔行"的第 2 个年头了。在过去的一年里，我在"黔行"遇到了许多志同道合的伙伴，也了解了许多"黔行"人远赴贵州支教的感人事迹。今年，我也有幸接过前辈的接力棒，前往贵州去完成与孩子们的相遇，这场与大山里的灵魂相遇之旅将使我终生难忘。

支教是伟大而崇高的事业。贵州多山，但高山阻挡不了人与人之间的交流。我想，支教的意义，也许就是带去了一种选择。山有边界，路无尽头。山区人在一方天地之间，有选择前往高处，去到远方的权利。

"黔行"10 余载，希望在未来"黔行"能够继续不忘初心，保持热爱，在广阔的中华大地留下珍贵的足迹。

### 2. 陈赞旭

| 届数及职务 | 南昌大学黔行支教调研团第十三届宣传部副部长 |
| --- | --- |
| 当时所读学院及班级 | 资源与环境学院环境科学与工程 224 班 |
| 现在所在工作 / 学习单位 | 资源与环境学院环境科学与工程 224 班 |

#### 个人体悟

在"黔行"已经有一年了，"黔行"于我而言一直是一个能让我获取能量和力量的地方。在日常的"下社区"、暑期支教中，我从老人们、孩子们身上认识到了不同的自己。感谢"黔行"给我这个机会，让我能在快节奏的生活里慢下心来，做真正的自己！

### 3. 郭凯彤

| 届数及职务 | 南昌大学黔行支教调研团第十三届办公室部长 |
|---|---|
| 当时所读学院及班级 | 人文学院历史学 221 班 |
| 现在所在工作 / 学习单位 | 人文学院历史学 221 班 |

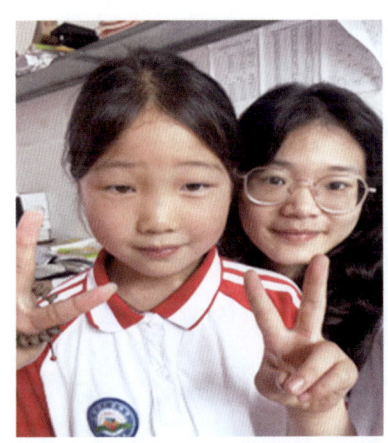 

### 个人体悟

加入"黔行"有一年了，"黔行"让我发生了很大的变化。每周下社区的活动让老人获得了陪伴；远赴山区支教，充实感和快速流逝的时间让我感到惊讶之余，遗憾之感也充盈着我。来到分离的交叉路口，我心情百转千回。孩子们就像小小的种子，充满了无尽的可能。希望他们能像大树一样，深深地扎根，向上生长，苗壮成长。希望他们每天都能学到新的知识，永远保持对世界的好奇心。离别带来的不舍是对美好时光的珍惜。这段时间里，我与他们一起度过的美好时光、留下的宝贵记忆，都将成为我人生中的宝贵财富。

### 4. 李清华

| 届数及职务 | 南昌大学黔行支教调研团第十三届主席团成员 |
|---|---|
| 当时所读学院及班级 | 人文学院历史学 221 班 |
| 现在所在工作 / 学习单位 | |

**个人体悟**

在"黔行"已经有一年了，当初加入"黔行"就是希望做一些有意义的事，希望能做一个传播温暖的人，很高兴在"黔行"的一年时光里做到了。周末下社区给爷爷奶奶们量血压、陪他们聊天，倾听他们的故事，看到他们脸上的笑容，我觉得自己所做的事看似微不足道，但却十分有意义。最难忘的还是2023年暑假和"黔行"的伙伴们一起去麻兔完小支教，和一群可爱的小天使们相遇。南昌大学黔行支教调研团已经坚持支教了12年，我想，未来还会有第2个12年、第3个12年……祝"黔行"永葆初心，继续发扬好志愿精神。

## 5. 林香孟

| 届数及职务 | 南昌大学黔行支教调研团第十三届爱心桥副部长 |
|---|---|
| 当时所读学院及班级 | 资源与环境学院环境科学与工程222班 |
| 现在所在工作/学习单位 | 信息工程学院电子信息工程225班 |

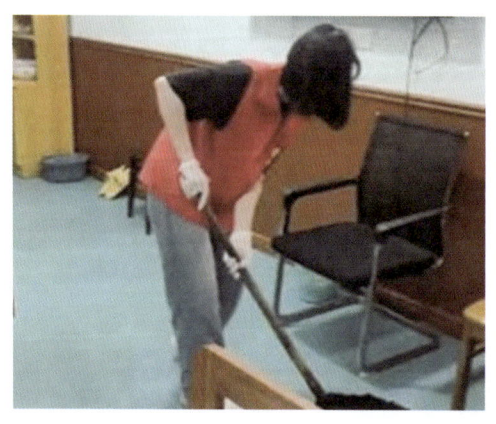

### 个人体悟

我很庆幸在大一时就加入了"黔行"，也很荣幸在 2023 年暑期跟随"黔行"前往贵州铜仁进行支教及调研活动。在"黔行"的一年多里我收获颇多，无论是下社区志愿活动，还是支教，通过实践，我积累了许多关于志愿服务的宝贵经验，增进了对社会的认识，同时，也贡献了一分力量。我希望自己能继续参加一些志愿活动，在志愿活动中实现自己的价值。

### 6. 刘玉金

| 届数及职务 | 南昌大学黔行支教调研团第十三届宣传部部长 |
| --- | --- |
| 当时所读学院及班级 | 第一临床医学院康复治疗学 221 班 |
| 现在所在工作 / 学习单位 | 第一临床医学院临床 2302 班 |

### 个人体悟

时光流转，我在"黔行"已经度过了一年的时光。"黔行"不仅给予了我丰富充实的社团体验，更见证了我的成长和进步。在这一年里，我不仅收获了各种实用的宣传技能，认识了一群志同道合的朋友，还锻炼了自己的处事能力，让自己得到了成长。暑期我还参与了贵州松桃的支教活动。我衷心祝愿"黔行"越来越好！

### 7. 马博文

| 届数及职务 | 南昌大学黔行支教调研团第十三届副团长 |
| --- | --- |
| 当时所读学院及班级 | 人文学院汉语言文学 222 班 |
| 现在所在工作 / 学习单位 | 人文学院汉语言文学 222 班 |

## 个人体悟

在这个快速变化的世界里，我们的参与和付出是社会进步的重要推动力。作为志愿者，我们选择了无私奉献，用心灵之光温暖每一个需要帮助的人。志愿者是社会的脊梁，是希望的使者。我们用行动诠释着爱与关怀，为社区、为他人无私奉献自己的时间、智慧和力量。我们是社会的灿烂阳光，每一次援助都给人温暖与希望。让我们一起肩负起志愿者的使命，共同努力，为社会带来更多正能量和希望。希望我们永远保持初心，坚定地走下去，用爱心和行动改变世界，用奉献和付出让"黔行"蓬勃发展，为社会带来更多希望与温暖。

## 8. 余佳明

| 届数及职务 | 南昌大学黔行支教调研团第十三届爱心桥副部长 |
| --- | --- |
| 当时所读学院及班级 | 际銮书院 22 级新结构经济学实验班 |
| 现在所在工作 / 学习单位 | 际銮书院 22 级新结构经济学实验班 |

## 个人体悟

大一已经过去，不知不觉就已经是大二了，从刚入校园的懵懵懂懂，到如今的自信飞扬，"黔行"真的帮了我很多。在这里，我遇到了搞笑又负责的陈灰，遇到了乐于助人的周竟、罗红学长，还遇到了一群小伙伴，在他们的帮助下，我渐渐融入

了大学生活，开始去做一些我想做的事情——志愿服务工作。每次的下社区活动我都非常期待，期待和爷爷奶奶们相遇，期待和朋友们一起工作。很幸运有机会能在这个暑假前往贵州支教，这是一次很好的成长机会，也是我难以忘怀的一段时光。祝"黔行"越来越好！

### 9. 张淑玲

| 届数及职务 | 南昌大学黔行支教调研团第十三届爱心桥部长 |
| --- | --- |
| 当时所读学院及班级 | 人文学院历史学 221 班 |
| 现在所在工作 / 学习单位 | 人文学院历史学 221 班 |

### 个人体悟

加入"黔行"有一年了，从刚入大学时尚未完全独立的"小孩"，到现在成为一个积极投身志愿服务的青年，"黔行"带给我的是成长。坚持下社区活动让老人们获得了陪伴，远赴山区支教，化作种星星的人，希望能够在孩子们的心里播种

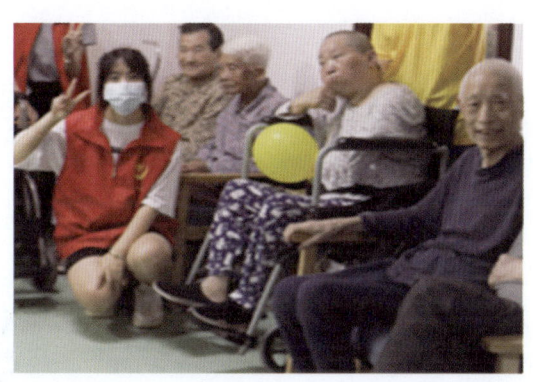

下一颗颗种子，浇灌大山里的每一点璀璨星光。"教育的本质是一棵树摇动另一棵树，一朵云推动另一朵云，一个灵魂唤醒另一个灵魂。"陶行知说："捧着一颗心来，不带半根草去。"这次支教对于我来说是一场心灵的修行。风吹树动，愿你我都能化为轻风，摇动更多沉睡的心灵。"黔行"10年，我们一直在路上！

### 10. 张馨雅

| 届数及职务 | 南昌大学黔行支教调研团第十三届组织部部长 |
| --- | --- |
| 当时所读学院及班级 | 资源与环境学院环境科学与工程 222 班 |
| 现在所在工作 / 学习单位 | 资源与环境学院环境科学与工程 222 班 |

### 个人体悟

　　时光荏苒，岁月奔涌。在"黔行"进行志愿服务活动已经一年了，每一次下社区的志愿服务活动都让我感触颇深。我似乎从另一个角度看到了我的长辈们。非常感谢"黔行"这一年来的陪伴！

附录四

# 团队成员心得

## （一）2012 年第一届

### 黔·行，打破我的勇气底线
——"黔行"是如何开始的

陈栋梁

2012 年 3 月 31 日，我顶着被院长批评的危险坐上了 K1236 次列车，这趟车已经坐过好多次，可是这一次，终点站却不再是熟悉的贵阳，而是一个我甚至都不知道在贵州哪个方向的凯里。

刚下火车，来不及吃饭，我匆忙赶往汽车站，去我之前已经在网上查了很多资料的丹寨县。到了丹寨县，去的第一个地方是教育局。恰好那天教育局在开会，所有学校的校长都在那里。在那里，我得到了办公室主任和相关科室的热情接待，他们很详细地跟我说当地的教育情况。当我到南皋乡走访了 3 所学校和教学点之后，我发现当地的教育情况，至少教学硬件方面做得很好。于是，我有一种走错地方的感觉。在丹寨辗转了两天，事实证明，这里条件"太好"，虽然当地的领导和村民们很希望我们过去支教，但是，我知道，在贵州还有很多学校需要我们的绵薄之力。

我摸摸兜里，只有 100 多块钱，要到另一个县已经不可能了，最重要的是，我对其他几个县的了解少之又少。可我并没有犹豫，按照人事科一位老师的建议，去了剑河县。

剑河县，一个刚搬了新县城的县，走到这里，我甚至不知道除了车站该往哪边走。这个县只有一条大道，只有两边！这不是主要问题，主要问题是现在是假期，所有机关单位都不上班，我要去哪里了解情况呢！我找到了县政府，没有人上班，只有一个保安。也许是上天眷顾，这个保安恰好对支教有一点了解，于是给我指出了剑河县哪些地方比较需要支教。我记住了久仰和太拥，可是看看地图，我又有点担心，因为此时天色已不早了，我怕到了一个陌生的乡村，吃饭住宿的地方都找不到。时间不允许我犹豫，我赶紧回车站，因为我知道下乡的汽车都是比较早收班的。

果然，当我赶回车站的时候，到久仰的车已经没有了。我看到车站一辆去往太拥的车刚好起步出发，赶忙跑到出口处拦车，没有太多想法，只是觉得今天一定要赶到一个最终目的地。我跳上车，问所经之处，很幸运的是这辆车经过久仰。

到达久仰已是傍晚时分。车在政府大门前停下，我下车后直奔乡政府办公室，因为工作人员都是乡里的人，所以有人值班。表明来意后，值班人叫我直接联系校长，于是我记下联系方式，又开始了联系校长和家访之旅。一个晚上对几十户人家进行走访，我发现当地人最关心的一个问题是要不要收钱！这不是他们势利，而是他们真的付不起。后来走访完毕，孩子们和家长们都愿意接纳我们支教团队。

我在乡里和一个村委会主任聊了半个小时，和一个只有15个孩子的支教点的校长聊了半个小时，最后得出结论：这就是我的目的地！

第二天一大早6点多我就起来开始赶路，因为我要步行到久吉村！这下可真有点为难了，因为到久吉村有两个多小时的路程，大山里手机虽然能够定位到，但是毕竟不像大马路一样可以很清楚地知道走的是哪条路，大山里的小路是显示不出来的。还好6点多的时候很多人已经在地里干活了，我一路问了几个人，很顺利地找到了地方。到达村寨时，已经10点了。

我虽然是大山里长大的孩子，但是对于这种密集的村寨，真的还是第一次见到。杉皮做瓦，几乎全是木房，还有独立的粮仓，房屋构造几乎一样，村子里很多小孩，他们在世界宣明会捐建的芦笙场玩耍，一个个"小花脸"穿着厚厚的破旧的衣服。我记得那个时候我就穿了件短袖。当地的村民有他们自己的苗语。和村委会主任了解情况并记好久吉小学校长的电话，我便开始走街串户。给我印象很深的是这边的小孩见到陌生人很害羞，他们会躲，会笑着跑开。村民们看到我并没有询问太多，似乎都知道我是干什么的一样，我说要拍照，他们都很配合。3天的走访差不多就结束了，回校后，我开始和各方面联系。我准备开始创立团队，和几个好朋友商量这个事，写出了大概策划，在4月17日向学院递交了申请书，后来登记立项，再后来分写调研和支教详细策划。直到5月31日，社团开始了第一次活动。

# 我的理想
## ——写给久吉小学一年级孩子的一封信

郑　薇

亲爱的孩子们：

　　原谅我这般成熟地称呼你们，大你们 10 岁左右的年龄，或许我还不够资格，却希望你们能欣然接受，一句"孩子"，里面是我无从对你们表达的爱与喜欢。

　　与你们相处一个星期的时间，谢谢你们每一次出现在我的语文课堂上，听我讲一些或有趣或乏味的内容。今天，我想再提起一个词——"理想"。如果课堂上你们认真听讲了，这个词对你们而言应该不会陌生。

　　如你们一样大的年纪时，我时常会念叨着"长大要考北大、清华"，这是我儿时的理想，虽然现在看来，这个理想不得不被称为"梦想"，但是你们应该知道，我讲过，有理想或是梦想的人，都是应该为自己感到骄傲的。

　　今天发成绩单了，不知道你们作何感想？课堂上依旧很吵闹，大家丝毫没有因为不尽如人意的成绩受到一点点影响，于是，我想起要问问：你们的理想是什么？

　　黑板上我列举了几个职业，有教师、医生、记者、公司职员、警察等。坐在第一排的那个学习最好的女孩说她想当医生，以后可以给爸爸妈妈看病，之后又有两个男生说想当警察，没有理由。此刻，老师还可以开着玩笑跟想当警察的你们说，到时要帮老师先管好课堂纪律。

　　翁吕是个很淘气的孩子，课堂上喜欢转前转后，平时总在我眼前晃来晃去，当我看他的时候却又跑开，像捉迷藏一样。他说"不知道"。感谢他的坦诚，虽然这个答案让我难过。

　　走到邰弟身边是另一种感受，这个男生乖乖的，很认真，也很踏实。"读书"，他的答案很简洁。我想，我不必再追问缘由，这是目前为止我听过最满意的答案。我摸摸他的头，从最后一排走上讲台，分明感到自己的声音哽咽了，因为在这个地方，我听到了世界上最动人的理想。"不知道"和"读书"，我把这两个词写在了黑板上，告诉大家：首先，不知道自己的理想是什么并不是一件丢人的事，这说明你很谨慎，老师希望你能好好想想；其次，相比很多人来说，"读书"真的不算是伟大的理想，但是它是理想实现路上最重要的一步，老师希望你能坚持。

我一直是个很感性的人，今天更是如此。跟大家聊家庭，聊爸爸妈妈，聊理想和未来，因为经历得比你们多，我一直固执地想把自己对生活、对学业、对父母的认识强加给你们，而忽略了你们认识这些事物需要的过渡阶段。然后，我委屈地哭了。课堂上不论老师讲什么，你们都是一副无所谓的样子，你们懂得在久吉十五六岁就可以结婚，你们知道班里谁喜欢谁，你们对于男生和女生一起做游戏很敏感，你们期盼着每天下课后小卖部里五毛一块的小零食，可是，太多的东西你们看不到，比如，爸爸妈妈打工的辛苦，生病的疼痛，以及对你们的期待。

其实，直到现在我也分不清，掉眼泪是因为委屈于你们的不懂事，还是感动于邰弟的"读书"，或许都有吧！

老师在这里想跟你们分享我的理想。小学时，理想是上北大、清华，初中时想考上县里的重点高中，高中时想考上武汉大学，现在，我只希望能学好自己的专业，找一个稳定的工作。理想总是越来越小，因为自己越来越现实，可是，还是感谢成长的路上有理想相伴。回头来看，人生的这些理想几乎都没有实现，可是不后悔啊，因为每一步都走得很认真，也不断在调整方向，就如上课时老师对你们表达自己理想时的反应一样，不需要华丽的愿景，只要是你们所想所愿，哪怕你们告诉老师，你们想做农民，老师都会为你们鼓掌。

久吉是个很漂亮的地方，群山连绵不绝于眼，溪流清澈见底，伸手仿佛就可触摸云彩的眩晕感令人迷醉，老师羡慕你们的家乡，但是，老师希望你们羡慕走出大山的孩子，因为他们勇敢、坚强、自信，这是老师的理想，不知道称不称得上，却希望每一个你，都可以自由地奔跑在山外的每一寸土地，去做久吉的改造者和建设者。

## （二）2013年第二届

### 记忆中不变的纯粹
#### ——夭那

李玉茜

7月21日。初听"夭那"，浅浅的感觉里觉得这个名字真美。到达了更是有了真正的感受。第一天，清晨起来洗漱的井前面小水潭里，一只水牛正酣畅淋漓地"扑腾"着，玩得不亦乐乎。而本有蒙眬睡意的自己抬头看看是群山，然后是错落的木质房屋，低头是水潭里嬉戏的水牛，一下子就在这种天然的生活中甜甜地清醒了。这就是清晨的夭那。偶尔从井边走过的村民会大声地喊一句"小妹呦"，感觉真好！晚上迟迟入睡，因为有村民喝醉了酒，不停地在外面唱酒歌。歌声里有妇女的尖利，也有男人的雄厚，虽说听不大懂，但感觉像是一种神圣的来自古代的有着宗教感和自身满足的信仰。于是，我就不知不觉听了许久。山里的虫子特别多，晚上还有蜘蛛的袭击。白天清醒后四处看看夭那，真正觉得这是一个"纯粹"的地方。

7月22日。"走访"是团队寻求资料的最佳选择。我们的走访也永远不会离开孩子，因为"孩子"就是以后的"夭那"。通过孩子走近一个个家庭，了解真实的夭那生活，其实觉得夭那的生活很惬意。而自己的内心也很满足。因为在这里有一个充满爱的公益团队在努力着，于是一条条的公路修了起来，一家家的生活也好了起来。这个公益团队是"宣明会"。今天，一个支教队员因为家里有急事需要提前离开，孩子们送了好远好远。

7月23日。上午我们给孩子们举办了"游园会"。大家开动脑筋，团结合作，积极竞争，活动进行得很顺利。下午，我做了一次"苗族的姑娘"，穿上了漂亮的苗族服饰。热情淳朴的村长组织村民带我们来"野炊"，他们为我们烤了一只"小香猪"。这是他们诚挚的招待。我饮着苗族的米酒，头晕晕的，微笑一直压在了心底。这个地方天蓝、水清、山绿，人淳朴。

7月24日。我特喜欢一个叫李昊的孩子，他调皮，总爱在课堂上捣蛋。我和他还有另一个孩子玩了整整一个下午。

7月25日。不知是谁的一句"我们快没米了"恰好被村民听到，于是不断有家长和孩子给我们送米过来。午休的时候甚至悄悄地来，悄悄地走。我们推也推不掉，因为这是村民们最淳朴的情意。一个小朋友搀着她步履蹒跚的奶奶来了，老奶奶一下紧握住我的手，我在她的苗语和泪水中借着女孩的翻译听懂了。我的泪水在眼睛里打转，赶紧奔到了屋里拿了另一袋米。我想我们共同交换心意，可是老奶奶说"你们收下，我们不能要"，这是她们的心意。

7月26日。我看着孩子们跳跃的目光，认真地给他们挑选衣服。今天是我们"发衣服"的日子，这些衣服来自爱心人士的捐赠。孩子们想选自己最喜欢的。我一件件认真地选，然后送到每一个孩子的手里。看着他们从袋子里取出衣服仔细地比着，我有点心酸。我希望山里的孩子能穿上漂亮、干净的衣服，然后天天开心地上学。明天就要离开了，晚上，我给一些孩子做贫困生档案，嵌入我满满的祝福和期待。

7月27日。我要离开了，这个天蓝、水清、山绿、人纯的地方，将会永远成为我记忆里不变的纯粹。夭那，我惦念。

## 我与普乐共"黔行"

熊　晖

第一次接触到普乐课其实是一年前的事，还记得当时试听了第4课"风马牛也相及——物种合体的想象"。在之后的很长一段时间里，我都被这门课所具有的强大启发性、丰富想象力以及上课的氛围深深吸引着，打心底里赞同普乐课堂尊重天性、开启妙悟的教学理念。

今年4月，我有幸加入南昌大学黔行支教调研团去贵州支教，完成自己多年的心愿。正当我在考虑能给孩子们带去什么的时候，突然想到了普乐课，这门充满趣味性又具有启发性的课程。我想，这门课一定会给贵州苗寨的孩子们带去不一样的东西，也算是我给孩子们的一份礼物。

辗辗转转，从开始我在微博上联系普乐课堂北京总部，到后来得到南昌站李主任借投影仪、提供课件、培训等种种帮助支持，我们南昌大学黔行支教调研团的普乐课堂算是成功地准备好了。

7月6日，我们全队出发前往贵州凯里久仰乡久吉村。

之后的20多天时间里，我给久吉苗寨的孩子们每周上两次普乐课。由于教室不够，每次上课我要安排二、三年级两个年级坐在一起。原本我以为集中学生上课肯定会花费太多的时间维持秩序，但是第一天试课之后才发现自己多虑了。

当孩子们看到普乐课堂课件上有趣的图片的时候，他们仿佛置身于童话故事里一般，没有一个孩子不集中注意力。也正是孩子们一句句异口同声的"普乐森林"、"普乐岛"，让我在课堂上更有激情、更有信心、更富童趣地跟他们互动，整堂课下来，连我自己也仿佛在美丽的童话世界走了一回似的。

有时候在普乐课上，我会让大家动手画一画。刚开始时有的孩子很羞涩，说自己画不好，不动手，就算画完也不给我看。于是我就鼓励他们说："在普乐世界里，我们所有画的东西不拘泥于事物的本来样子，而是看你画中的奇思妙想。"就这样，越来越多的孩子在课堂上愿意动。虽然只是给孩子们上了5节课，但是千万别小瞧了这些孩子的接受能力和举一反三能力。记得有一次我在队员美工课上旁听，这节课队友是教孩子们做花篮。当孩子们做好花篮之后，有的孩子就运用在普乐课上学到的东西举一反三，在自己的花篮上添添加加，有的给自己的篮子画了小动物，有的还给小花篮加了小耳朵、小尾巴。

其实，在久吉小学支教的过程中，我除了教孩子们普乐课之外，还教三年级的自然科学课。但是让我哭笑不得的是，孩子们似乎只记得我教过他们普乐课，对于自然科学课只字不提。后来我才发现，原来在普乐课上孩子们都叫我熊大哥、熊哥哥，而自然科学课上，孩子们都毕恭毕敬地喊我熊老师。我想，正因为普乐课这种轻松活跃的气氛，才会有那么多孩子每当听到上普乐课时都欢呼雀跃。更有许多"稀客"——已经去久仰乡读四、五年级的学生（久吉小学只有1—3年级，4—6年级要去乡里念）也会来"蹭"普乐课。看到孩子们这么喜欢我的普乐课，我非常开心，也正是因为普乐课这种轻松欢快的氛围，很多孩子都跟我非常亲近。

临到离别，最后几天，我们给久吉小学重新刷墙报，每个队员都要开动脑筋设计墙报内容。而我，一方面出于让孩子们记住我的私心，另一方面也希望孩子们能够继续保持丰富、活跃的思维，最后决定在墙报中留下普乐课的"影子"。我不仅将第3课"风车小镇"、第4课"风马牛也相及——物种合体的想象"设计进去，还给孩子们描绘了一个太空世界，并取名为"奇思妙想"。

说实在的，很感谢普乐课能陪"黔行"一起前往贵州苗寨，因为这门课不仅给孩子们带去了欢乐，带去了知识，打开了孩子们想象的阀门，也让我收获了感动，收获了孩子们的笑声、孩子们的爱。感谢"黔行"，感谢普乐！

## （三）2014 年第三届

### 最有诱惑的眼神

徐　啸

假如有人问我心中最纯净的地方是哪里？我想，我脑海里永远都会飘着这样一个地方，无关乎它叫"巫交"，只因为他们最真、最诚和最有诱惑的眼神。

#### 踏上征程，远赴黔东南

7月3日，我们一行20多人从南昌出发，怀着满腔的热情，远赴千里之外的云贵高原。奇怪的是，10多个小时的车程并没有让我们感到一丝疲惫，大家情绪高昂，仿佛做足了迎接新生活的准备。刚到贵州，老天就给我们当头一棒。之前联系过的村长打电话说县里去往巫交村的道路大雨导致了塌方，比较严重，没个几天的工夫没法修好。我不禁担心起来，要是我们晚去几天，教不完提前准备的课时，那对大家来说岂不是天大的遗憾。不过幸好，老天关了一扇门，但开了一扇窗，村长告诉我们可以坐面包车到隔壁夭那村，然后翻山过去。于是，休整一晚，采购好生活物资和给孩子们的文具后，第二天我们又开始了征途。

县城通往乡镇的道路是柏油马路，但比想象中的柏油马路要颠簸得多。乡镇通往村子的路要难走得多，眼前的一切都令我惊呆，无休止的盘山路，旁边就是悬崖，一眼都望不到山下，泥泞路上更没有任何防护措施，车子随时可能打滑或者侧翻跌入山崖。我靠窗坐着，每次都看到车轮轧在草上，旁边几十公分就是悬崖，看得我心惊胆战。

顺利到达隔壁夭那村之后，由于队员们迫切想要到巫交村，在简单问过路之后我们立即就开始跋山涉水了。当时感觉什么也不怕，背着重重的物资就一直往前冲。一路上蜘蛛网很多，缠在脸上很是烦人。上山的路尤为崎岖，只能容得一人通行。我们就这样一个跟着一个，历经两个多小时，晚上8点多才抵达巫交村，可谓艰辛。

#### 美丽淳朴的苗寨孩子

晚上进村看到小孩的时候，小孩很害羞，还躲着我们，和他们说话他们也只是低着头笑笑，直到有个外向的小孩主动过来找我们聊天。她叫梁小燕，告诉我们好多关于这的各种美景和事迹。"巫"在苗语中是水的意思，而"交"是上游的意思，

"巫交"就是整个久仰乡的最高点。小燕告诉我们，巫交村每13天就要过一个小的节日，全村人会聚在一起，穿着苗服，踩着芦笙。从她的言语里，听得出对自己家乡的自豪和热爱。

村长安排我们在他家住了一晚，第二天我们便开始了工作。我们打算第一步先和孩子们认识，进行家访以初步了解孩子们的情况。

一大早，我们洗漱完毕，准备开始家访，这时，我看见小燕坐在村长家外面的小路上。我过去一问，原来她在这等我们很久了，她要带我们去学校看看。

当我走进那破旧不堪的木房子时，我想，在2014年，中国还有很多这样的教育基础设施缺乏，甚至更糟糕的地方。当我看见那帮孩子穿着破破烂烂的鞋，夏天还穿着冬天破破烂烂的棉袄时，我想我是来对了。

没过多久，就来了很多小朋友。抑制住鼻尖的酸意，我跟着一群小孩开始了家访。我们了解到，苗寨的家庭都不富裕，是最基本的小农经济，自给自足，一到节日大家聚在一起热闹热闹，看似惬意的生活却留不住余钱，有的家庭甚至连小孩上初中的住宿伙食费都没法负担。走进木质结构的房屋，里面被烟火熏得乌黑，家里基本没有什么电器，有些家庭在外打工的可能会有冰箱、彩电，但也都是些老旧的家电，有很大的安全隐患。在整个家访过程中，我们听家长说得最多的一句话就是"老师，我们对不住你们，你们大老远来到我们村，我们没有什么可以给你们，你们还给我们小孩上课，真是谢谢你们！"

我们虽然力量很小，但我们能拧成绳，慢慢地可以成为有力量的声音，可以为这里的孩子带来一些改变。这就够了。

### 教学工作的展开及反思

终于，我们迎来了开学第一天。在短暂的开学典礼并宣读纪律之后，我们便开始了教学工作。

这一个月，我主要教授"成语课堂、音乐、体育、高年级的写作及低年级的故事会"。事先在学校我们已经做好了教案，但是开学第一天我们就犯难了。由于教学资源匮乏，巫交村原来只有一个老师，只有二年级和三年级两个班，未开设一年级。而我们的暑期教学又招收了很多适龄一年级的孩子。没办法，我们只能相应地改动教案，第一天就备课到了很晚。

在教学中，我们发现了当地孩子的一个普遍问题，就是语文基础薄弱。因此，我们在每天下午还加了节作业辅导课,借此提高孩子们各方面的基础知识,让孩子们打牢基础,而不只是来听听趣味课程。孩子们的知识面实在是太窄了。当谈及地理方面,胡老师说到巫交村属于贵州省,有的孩子问:"老师,省是什么?"这并不可笑,恰恰是我们要对这样的问题提出反思,究竟我们要怎样教会他们这些知识,怎样引导他们去自主地获取知识。这才是我们当老师的目标,也是我们来这的目的。

虽然知识面窄,但孩子们的求知欲望是十分强烈的,许多孩子都有很多的问题要问,有些孩子总有借不完的书。对此,我十分欣慰,我们打算在巫交小学建立小型的图书室,募捐各种适合孩子们看的书供孩子们借阅,以提高孩子们的文化素养。

### 最纯粹的幸福

大山的生活缺衣少食,平时只有黄瓜和土豆,很少有其他菜。尽管如此,我们还是觉得很满足,因为这里有最纯粹的幸福。幸福的是每天早上起来会有很多孩子在楼下叫着"老师,起床了,你们真懒";幸福的是每次去厨房总能看见孩子们放在门口零零散散的蔬菜;幸福的是有时放弃午睡陪孩子们下楼一块玩耍;幸福的是放学的时候我能端个凳子坐在教室门口看孩子们来回奔跑。

也许,这就是支教的意义,在每个人心中都是浓墨重彩的一笔。

## 忆夭那

张  佩

若不是亲眼看见眼前这座孤立于半山坡的破旧小木楼,我是怎么也不敢相信这就是夭那村民几代人共用过的学堂。小木楼几年前才停用,修建于20世纪50年代,而今却是我们未来一个月的家!

被雨水无情腐蚀的台柱,长满了密集的青苔;一条条用木板随意铺起的台阶,早已布满惆怅的灰尘!没有玻璃的木窗,依稀可见蜘蛛摇曳的银丝;漆黑的房梁上,依旧残留着燕雀过往的痕迹……可当看到扎着牛角头的孩子们兴冲冲地拿着自家的扫帚,和可爱的主任与我们一起打扫的时候,心中的失落便一扫而空!漫天的灰尘和着阵阵爽朗的欢笑声,我想,也许就在此时,心中就有了"我们"这个词!未来的一个月,我们快乐地相处着!像朋友,像家人!在那里待过的每一段时光都成为我们共同的美好回忆!

永远不会忘记清晨孩子们的那一抹笑！孩子们三三两两地坐在房子下的石阶上，猜着昨天没有答出的谜语，抑或啃着带有露水的老黄瓜，抑或做着刚从谁那里学来的手势游戏，抑或说着关于谁的悄悄话，见我们来了，便羞涩地低头偷笑！那一张张纯真的脸在清晨的阳光下显得那么稚嫩，那么欢快！

永远不会忘记午后孩子们的那份执着与认真！狭小的书屋里，低矮的书架，却总能见到他们趴在书架上津津有味地看书的场景。或许是马小跳的调皮吸引了他们，或许是保尔·柯察金的坚强感染了他们，或许是小王子的纯真与他们产生了共鸣……沉浸在书中的他们是那样可爱，那样让人难以忘怀！永远不会忘记黄昏时与孩子们一起活跃的身影！转着呼啦圈，跳着细皮筋，哼着走调的小曲！像孩子王一样领着他们一同嬉戏，好不欢乐！暖暖的夕阳照耀着他们的脸，那份温情无以言表！

时光匆匆，转眼一别，呢喃的燕雀又会在哪里搭建新窝？袅袅炊烟又会入谁的画面？孩子们是否还会坐在青石上等待？一切像要恢复平静，一切却又恢复不了平静，我们带着对他们的遗憾离开，却带不走他们对我们的依恋，那嘻嘻哈哈的欢笑声至今时常在耳畔响起！

再见了，可爱的夭那！再见了，可爱的孩子！

## （四）2016 年第五届

### 天之大，唯有你们的笑容完美无瑕

杨京含

有一种生活，你没有经历过，就不知道其中的艰辛；有一种艰辛，你没有体会过，就不知道其中的快乐；有一种快乐，你没有拥有过，就不知道其中的纯粹！

——题记

### 在"黔行"

大大的城市，小小的我，带着行李与梦想，我来到了南昌大学。一张很简单的宣传单递到我的手里，我被宣传单中孩子们清澈的眼睛吸引了！就这样，南昌大学黔行支教调研团的名字在我的心里牢牢地扎下了根。经过层层面试、层层选拔，我终于成为南昌大学黔行支教调研团的一员！在这里，我认识了一群很铁的哥们，认识了一群很感性的朋友。我们来自不同的地方，来自不同的学院，但是我们都有一个共同的愿望，那就是走进大山，为山区的孩子献上我们的一分力！走进苗寨，公益"黔行"！

### 在夭那

一张车票，一把乐器，一包衣服，一堆队友，我们共同踏上了 17 个小时的旅途。还记得我们穿上第五届"黔行"的队服坐在 K1325 的硬座上，一起幻想着车票终点站的剑河是什么样子，一起商量着各个科目的教案，没有一个人说过累。因为我们心中都有梦想，那就是公益路上，你我"黔行"！

带着光荣的使命，经过长时间的旅途，我们终于来到了服务的地点——夭那村小学！时光荏苒，一个月的支教时间很快就结束了。在夭那村小学支教期间，我感到我成长了许多，体验到了环境的艰苦，经历过工作的调整，同时也感受到了校团委和当地团委大力支持的温暖，队友的相互协作与互相包容也十分值得品味！

### 在小学

刚到夭那村小学，我看到村口有很多孩子在迎接我们的到来，看到那些孩子的样子，我不禁生起怜悯之心。夭那村小学和普通的山区小学一样，一个旗杆，一面五星红旗，几间教室，几名山村教师，一群充满求知欲的孩子！不得不说，来到这里，我就爱上了这里。这里没有城市的喧嚣，没有城市的污染，孩子们充满了求知欲且十分淳朴！

### 在家访

还记得第一次去家访的情景。孩子们、家长们对于我们的到来十分开心，我们也都感到十分荣幸！家访中，看到孩子们的生活、学习环境，我很难受！一个十分拥挤的房间里，住着一家 4 口，房间很乱，房间的角落里摆放着一张破旧的桌子，桌子上放着一个台灯、几本孩子的教科书！我下定决心，一定要将我所学的知识传授给孩子们，让他们了解外面的世界！

### 在支教

记得第一天开课，第一节课的时间是早上 8 点，但孩子们在 6 点就早早到达了教室。第一次，我的称呼也变了，不再是师兄、师弟，而是"老师"。我知道，这不是一个简单的称呼，更是一份责任！支教期间，学校安排我教授音乐课和普乐课。我自始至终以认真、严谨的治学态度，勤恳、坚持不懈的精神从事教学工作。在平时教学中，为提高教学效果，我认真制订教学计划，课前认真备课，收集有关教学信息，精心制作课件、教具和学具，充分利用现代化教学手段，培养学生学习的兴趣，调动学生学习的积极性、主动性，培养学生的动手操作和实践能力，因材施教，按时完成教学任务。付出总有收获：文艺汇演上，孩子们用课堂上学到的歌曲和形体表演，给家长们带来了一场丰富的视听盛宴！在普乐课堂的引导下，孩子们的思维方式得到了提高！我在孩子们的身上也收获了感动。在一首《听妈妈讲那过去的事情》歌曲的教唱中，孩子们的眼角泛起了泪花。

### 在分别

转眼到了要分别的时候。在最后一场会议中，我们就说好，分别不能哭，要开开心心地离开。但是在上了面包车之后，看到孩子们清澈的眼睛和眼角泛起的泪花，我再也忍不住了！还记得我戴上耳机，把歌曲调到熟悉的《天之大》，想着孩子们对我说的话，眼泪忍不住地往下流！

### 在想念

我经常想起夭那村的那片景、那种情！在这次暑期社会实践中，我学到了团队精神和奉献精神。我觉得大学生要过得充实一点，要知道自己的责任与使命，将自己饱满的热情投入到社会实践中去，将理论与实践相结合，在实践中实现自己的价值，在实践中服务社会。仰望星空，脚踏实地，甘于奉献，服务他人，社会实践的意义莫过于此。

## 走进大山，去亲吻彩虹

何　瑶

912 公里，是江西南昌到贵州剑河的距离。从未想过自己会离家这么远，在大二结束的这个暑假里，如此真切地踏上这片土地，走进这个村庄，见到这群孩子。出发前内心就夹杂着一种混乱的情绪，无比激动和迫切地想见到孩子们，但又有一点害怕与不安。就是带着这样一种心情，我踏上了"黔行"的列车。

一路颠簸，铁路、马路、山路走遍，终于抵达村子。满山翠绿的树，独具特色的吊脚楼，弯弯曲曲的山路就是我对久吉村的第一印象。在打点好一切之后，我们正式开始了支教活动。就像在学校准备教案的心情一样，踏上讲台的那一刻，我心里很复杂。看着他们一张张稚嫩的脸庞、一双双亮亮的眼睛，多想把自己能够教给他们的，能够给他们传递的东西毫无保留地传授给他们。然而时间没给我机会，我的能力也无法保证做到这种程度。我能做的只能是尽自己的努力，让这些孩子在这段时间里感受到来自我们的温暖，至少能够开开心心地度过。

在支教的前期，当地的孩子对于陌生的我们还是存在抵触和害怕心理的，不敢主动跟我们交流，甚至不时地给我们制造"小麻烦"。但几节课下来，孩子们开始闹腾了，他们似乎有问不完的"为什么"，缠着问各种各样奇怪的问题："老师，大学是什么样的啊？""老师，为什么你们都有手机啊？""老师，你们为什么不去我家吃饭呢？"问得我哑口无言。他们也有永不枯竭的善良。"老师，我给你编手链吧，很好看的。""老师，你们还有蔬菜吗？没有就去我家地里摘吧，我还可以给你们送过来。"他们还有珍贵的信任。小女孩把我拉到一旁，凑在我耳边说着无人知晓的悄悄话。我何德何能让他们把一颗颗心毫无防备地交给我！正是他们让我相信这个世界还有如此简单纯净的情感存在，让我热泪盈眶。

之前整理往届记录的贫困生档案，这里的贫困程度是我从来不敢想象的，我甚至不能想象他们有着多大的决心和毅力抗住所有压力，坚持下来。不禁想起去年暑假在南昌本地做的一次支教活动。来参加夏令营的孩子都是留守儿童，缺少父母的持续关爱，然而，他们至少能够解决温饱问题，父母也能够负担得起他们的上学费用，他们不用为了生活而烦恼。当了解到这群大山里孩子的情况，我顿时明白，原来有那么多的事是我不曾知道的，原来他们一直都在默默地承受。我发现这里的孩子很爱笑，他们从来不会因为家庭的不幸而自怨自艾，承受了比城市孩子更多的压力，也不曾失去对生活对未来的信心。他们有着自己固执的小梦想，相信能通过努力实现它，就像雨后的彩虹般璀璨。因此，我一直跟自己强调，不要用同情的心态去对待他们。我不想他们认为我是施舍，是同情，是怜悯，而我所做的这一切也绝不是作秀。我希望他们把我当朋友，当树洞，当伙伴，当老师，当张开怀抱等着拥抱他们的姐姐，这样就够了。

也许有人会有疑问：你们支教时间这么短有用吗？对啊，时间这么短，我们教给了孩子们什么呢？在我看来，想要注重知识技能方面的培训恐怕还是要寄希望于较长期的支教活动，然而也并不能否定我们支教的意义。我们通过组织活动、教学安排以及生活中的点滴，促进孩子们的交流，锻炼孩子们的体能，开发他们的学习兴趣，拓展他们的视野，唤起他们对新鲜事物的好奇心和对外界的向往，指引着他们走出大山，为自己的未来而奋斗，这就是我们最大的目标。对于支教队员来说，支教工作的烦琐、行程的艰苦、环境的恶劣，都是一项项对自己的修炼课程，磨去内心的浮躁，炼出顽强的意志，掌握必要的生存技能，这些远比其他来得重要。

支教的日子很短，我不敢许下"下一次我一定会来"的诺言，我怕应验了那句"希望越大，失望越大"，我想不给希望，他们或许很快就会忘记吧，我不愿他们小小的心再受到任何伤害，那些不确定的未来，我不给。

对于公益，我认为这是一项长期的工程，是需要我们坚持不懈去努力，去构思，去创新，去实践的。在这个过程中，我们要秉持热情温和的心态，用温暖实在的行动，用亲切关怀的话语，与他人交流，给予他们必要的帮助。同时，公益也需要耐心，不能急于求成。每个人把自己的事情尽力做好，即是小美，而众多的小美汇集则成大美，如同七彩霞光，洒满人间，正如歌词所写："只要人人都献出一点爱，世界将变成美好的人间。"与此同时，志愿服务的触角也应该更多地深入真正需要的地方，更好地针对目标受众开发适当和有价值的服务内容和项目，发挥志愿服务的最大效能，实现志愿服务的最终价值。说实话，自己对志愿服务的想法、感触很多，转化成言语却变得空洞而宽泛。公益需要公众一起努力来促进来实现，"黔行"只是公益路上的一份子，而我也只是坚持公益的众人之一，我的力量是有限的，但我希望通过努力，通过"黔行"的坚持，让更多的人关注大山，走进大山，一起亲吻彩虹，拥抱这些比彩虹还绚丽的生命。

## 翌日，小王子又回来了

蔡沁明

"最好在同一个时间来，"狐狸说，"例如，如果你是下午4点钟来的，从3点钟开始，我就开始感觉到幸福的滋味了。越接近4点钟，我越觉得幸福。到了4点钟，我就心神恍惚、坐立不安了。我发现了幸福的价值，但是如果你不按时来，我就不知道几点钟该装扮我的心，仪式还是需要的。"

也许这就是幸福的滋味吧，夏天支教的等待，不论是对于孩子们，还是对于我们。

夏天的旅程被硬生生地推迟至7月5日。4日考完回到家中，我照着当初老队员们给的清单将行李一一收拾好，拿着一盒盒罐头苦笑："罐头，又是罐头，看来接下来的一个月异常艰辛啊！"

回想这一年来大家对我参与支教的评价，我也在思考自己参加支教的真正原因。

当你站在巫交的土地上，当你真正站在讲台上看着孩子们一双双清澈的眼睛，你就会知道"黔行"的意义。

作为一名英语教师来到巫交时，看着满村子破败不堪的景象，没有娱乐、没有网络，更没有学习的氛围，我很沮丧。

对城市孩子来说，暑期补习似乎是一件异常痛苦的事，形形色色的补习班充斥着他们的假期，真正用于玩乐的时间少之又少。但是在这个小山村，来自远方老师们的"补习课程"才是这个夏天最有意思最重要的事。作为一名支教老师，来到巫交，在给孩子们带来学习方面的帮助的同时，也应该注重自身的体验和对于山村与支教的理解。这里也许是知识的荒漠，但是"沙漠之所以美丽，是因为在某个地方隐藏着一口井"，不对么？是的，这里相较于我们生活的城市可以称得上是"破败不堪"，但是这里也有我们在城市从未见过的景象。一个月的支教并不能给孩子们的学习、生活带来多大的改变，我们走后巫交仍是巫交，我们留下的只不过是几个英文字母和一群老师的背影，但是这一个月的陪伴，却足以影响孩子们的一生。我永远不会忘记那天晚上孩子们紧紧拉着我的手时的感觉，不会忘记在讲课时孩子们的一张张笑脸，不会忘记和同伴们在这座大山里一起度过的日子。对我来说，我找到了那口属于我的井，足以净化我心灵的水井。

看着当初加班赶制的"教案"，我不禁笑了笑：以后自己可能再也不会出现在巫交了，我到底在这座小山村里留下了什么？宿舍？也只能勉强称之为宿舍了，自己的寝室与之相比就像是天堂。抛开屋子里的各种设施缺乏不说，光是这满屋子的灰尘就够我们忙活一阵了，对于从小家务都由父母包办的我来说简直就是一场灾难。"不过这样才有支教的感觉嘛"，我也只好对着自己苦笑。虽说条件艰苦，不过有大家的陪伴还是很开心：七八个人挤在一间屋子里，不时一阵穿堂风"呼"地吹过，不光带走了夏日的暑气，还将我们的喜悦送至山间。但是这些都不能留下，日复一日、年复一年，再干净的屋子也会再次布满灰尘，而这欢声笑语，虽年年夏天都会到来，但却不再属于我们，至少不再属于我。

一首首英文歌在特定的教室、特定的时间响起，讲台上站着一位年轻的教师，用不太标准的英文一遍又一遍地重复着那些简单的词汇，台下的孩子们也用稚嫩的语调一遍遍地重复着。当我站在讲台上看着孩子们时，我知道这将永远留在我心中。或许若干年后，孩子们会忘记这首歌，但是他们不会忘记这个曾经带给他们快乐的年轻教师。

这里的一切都使我明白：条件的好坏，关键在于自己怎样看待，拥有一颗奉献的心、一颗感恩的心，生活永远是美好的。

在这里，我学到了很多东西，这一切将使我在今后的学习和工作中受益匪浅。在这里，我们苦过、累过，却依旧笑着；我们迷惘过、徘徊过，可依旧坚持着。支教虽辛苦，但是锻炼了我的意志，提高了我的能力，让我在苦中作乐中提高了身心健康水平。支教不仅让我结交了很多朋友，收获了友谊，更使我成长了：学会了吃苦耐劳；学会了苦中作乐；深刻体会到了团队精神的重要性；收获了教育经验，提高了教育技巧。在实践中，我得到了锻炼，也看到了希望，更坚定了从事教育事业服务社会的人生信念。在支教中我也知道自己水平有限，今后必须加强学习和锻炼，不断完善和提高自己，为真正做一个出色的人民教师做好准备。

虽然是"支教"，但实际上通过这次支教活动我却学到了很多东西。同时，支教活动也暴露出我在教学中存在着一些问题，希望在今后的工作中能够加以改善。为期一个月的支教让我明白了很多道理，这不仅仅是一次宝贵的经历，更是我人生中一道美丽的风景、一束绚丽的光。

## 再见，久吉

黄玉萍

夏日烈焰般的夕阳伴随着赤红的晚霞缓缓落在大山的那头；白日里的热浪也随之慢慢退去。汽车稀少的公路上，久久不能退去的，是孩子们送我们离开时悠扬的歌声……

再见了，孩子们，再见了，美丽的久吉！

一路走来有太多太多的回忆。

我们的缘分从那小小的宣讲会开始。那个时候的我在上大二，因为一个偶然的机会来到了外经楼，听学长学姐们讲述他们在贵州支教的种种酸甜苦辣。也许在那个时候他们的语气给人一种轻描淡写的感觉，但是，在这些简单的描述中，我已经在不经意间被他们的真情感动；也许当时的我并没有想过要去支教，但宣讲会中学长学姐们对支教生活的热爱深深地感染了我。

走到路的尽头往往不是靠一时脑热，而是途中的执着坚持。进入南昌大学黔行支教调研团并非一件简单的事，回头望去，才发现自己真的走了很远很远。刚上大二的我，除了在自己的专业上有优势外，很多技能比不上同届的大学生。我唯一能通过面试的，就只有那一颗真诚的心和赤诚的热情。每当我怀疑自己能否走到最后的时候，宣讲会上学长学姐们满怀激情演讲的情景就会浮现在我的眼前，鼓励我坚持着走下去。我想，人很多时候并非输在困难上，更多是输给自己内心的恐惧，望而却步。当你认为自己是被迫无奈而选择放弃的时候，其实你已经输给了自己。当你以为自己是被逼无奈，没有选择的时候，其实你已经做出了选择。想要把一件事做成，更重要的是要有一颗执着追求的心。办法总比问题多，遇事多想想怎么去解决，总会比轻言放弃要好得多。尝试，就多一分成功的机会，放弃就什么希望都没有了。

像我一样想参与支教活动的朋友有很多，要在众多的竞争者中脱颖而出需要经过重重考验。一次笔试，两次面试；在团队中的日常表现；能否出色完成团队交给的任务。对我而言，这每一项都是考验。

到达久吉村，我们走了好远的路。期末考试一结束，我就和队友们拿起早已收拾好的行李，从南昌出发到贵州凯里。一路上，队员们聊得火热，大家对于支教都有许多设想。出发前的一个月时间里，队员们一起讨论课程安排事宜。队员们也早早做好了分工，我的任务就是给孩子们上音乐课。这和我现在所修的专业直接相关，我希望能好好地完成这个任务。因此我在教案上花了不少心思。一来，虽说我的专业是音乐教育，但真正给孩子们上课还是头一回；二来，教材该如何选择，什么样的内容才适合孩子们学习，这些也是要仔细斟酌的。

久吉的孩子与我从未见过面，但是不知怎的，我总有一种感觉，这次是要去见老朋友的。

当队员们跟孩子们见面的时候，孩子们的脸上都挂着灿烂的笑容，他们冲着我们这边跑过来，还没等我们回过神来，他们已经用那小小的双臂把我们簇拥在怀里了。我顿时不知所措，傻乎乎地也跟着笑起来。欢笑声中夹杂着孩子们的七嘴八舌：

"老师、老师,你们要教我们什么呀?""老师、老师,你的头发怎么是卷的呢?和我们不一样。"对于孩子们来说,一切都是新鲜的。

和孩子们相处的日子要是能再长一些就好了。你也许不知道,他们年纪虽小,表面上看起来嘻嘻哈哈没点正经的样子,可是很会照顾人。他们知道队员们晚上会被蚊子咬,特意从家里悄悄地拿来蚊帐;知道队员们的嗓子哑了,他们就在私底下商量着要经常捣蛋的同学上课时配合老师;知道队员们早上只喝一碗小米粥,他们就带几个红薯悄悄塞在我们手里……他们懂得父母的艰辛,懂得感恩。这般超于同龄孩子的懂事、乖巧,让我看着十分心疼。

支教,在大家看来像是我们给孩子们带去知识,但其实不全是这样。我想,更多是孩子们教会了我们一些事。如果城市的喧嚣已经让你忘记了当初你为何出发,那么现在在这群孩子身上你会重新找到启程的理由。

## (五)2017年第六届

### 支教心得

蔡沁明

从南昌到夭那,一个痛并快乐着的过程。南昌到凯里,凯里再到剑河,最后再由剑河来到夭那,一路风尘仆仆、一夜星光灿烂。

夭那村,我来了。

早间,随着一阵阵鸡鸣,揉着惺忪的睡眼,我推开门。"蔡老师、蔡老师!"原来孩子们已经在门口等候多时了,我的睡意一扫而光,匆忙拿起牙刷,开始了在大山里的新的一天。

走在去学校的小路上,阵阵鸡鸣,特有的乡土气息,清新怡人的空气,袅袅的炊烟,小朋友们的谈笑声,我神态自若地走着,一切是那么和谐自然、平静安宁,有种世外桃源、返璞归真的感觉!这样的好山好水好人,难道不觉得身在其中是种享受吗?

站上讲台的那一刻,我有点紧张,有点害羞,因为这是我第一次以一个老师的身份去面对一群可爱的小孩。不过我心里乐滋滋的,因为支教是一个难得的锻炼机会,不仅可以传播知识,更是在播种希望。我认认真真地准备了教案,有点得意洋洋,觉得这次支教肯定会很成功,信心十足。但当面对一群天真可爱的一年级小朋友时，我才知道精挑细选的知识点以他们现有的理解能力也许消化不了。我调整了上课的内容，更紧张了，但是随着课程的深入，紧张的心理打消了。我表现得很自然，还时不时向小朋友们提一个个小问题，小朋友们踊跃地争着回答，气氛浓，很活跃，充分调动了小朋友们的上课积极性。

支教工作是充实的，带给我的是沉甸甸的收获。下课后，一群孩子围在我周围，紧紧地抱住我不让我走，我很开心，这种感受真的无法形容。我喜欢与他们共处的每时每刻，虽然他们很调皮，甚至让人喊破喉咙。

午间，老师们纷纷化身为"掌勺大厨"。俗话说得好，"巧妇难为无米之炊"。刚进村时，我们除了随身携带的行李物品之外几乎一无所有。听说食宿方面我们有困难，小朋友们争着抢着要带我们回家，有的因为没人去还哭鼻子。

一天的教学结束，当孩子们都已进入梦乡，老师的住处却始终亮着灯光，开会，不断地开会。当孩子的接受程度与预期不符时，开会，调整教案；当教学进程与时间不匹配时，开会，浓缩教学；即使是最后一周的汇报演出，也开会，商讨以及排练。

经过接触，你会发现孩子们真的很"真"。初到夭那，看到孩子们纯真烂漫的笑脸，感觉一切疲惫都烟消云散了。

支教活动让我学会了珍惜。孩子们读书的环境、生活的环境不好，但是他们很乐观，总让我感到很温馨。孩子们让我知道，我们的生活很幸福，我们要学会珍惜，要学会换位思考。

离别之夜，啜泣声充斥了这座平凡的山村。丈夫有泪不轻弹，离别之夜，星光璀璨。

## 萤火虫微微亮
### ——记在夭那的日子
高 琛

多年后写满名字的衬衫，在久置的时光中落满灰尘，熟悉的名字与年少青春的故事，被岁月这块霉斑悄悄遮掩而模糊不清，就像那些人真真切切地在你生命里活过，却因为成熟的无奈苍白的分离，在回忆里斑驳了踪迹。我们习惯于相遇时的欢愉，却不能直面分离时的心痛，倒不是分离本身有多令人害怕，恰是因为珍惜而害怕遗忘，害怕辜负。

因为调研，去过很多孩子家里，邰军帅，记住这个名字没有别的原因，贫困。第一次跟这个有些腼腆的小男生说话，是因为给他发的本子没了，被一个老爷爷捡走了。"老师，之前发的本子还有吗？我的本子被一个老爷爷捡走了。"我突然想去他家看看。我们走了将近一个小时山路，走到山顶，他妈妈正在田里打农药驱虫，爸爸在山下还没回来，小军帅带着我们看了家里养的香猪。他爸爸一回来就开始做饭，留我们一起吃，我们干坐着有点不好意思，就拉着他妈妈聊天。贫困、疾病、饥饿，生活艰难得过不下去，话题一下子沉重起来。

"黔行"笔试时，有个题目：你觉得短期支教的意义是什么？当时写了不少东西，现在跟军帅妈妈聊完之后，我没有勇气跟她说"一切都会好的"，我没有底气，我能帮助这样的家庭什么呢？教小朋友知识？军帅妈妈说以后付不起学费也只能辍学。说实话，我真的感觉我支教的热情有点苍白。小军帅正和弟弟们玩闹着，只有在家里才看见他露出这么灿烂的笑容，孩子终究是孩子。

每次家访后，我突然很害怕面对自己。一直以来，我们期待着自己的未来与人生，会在哪座城市落下脚，开出花，20岁是这样的年纪，种下什么样的种子，开出什么样的花。人真的是个矛盾综合体：你喜欢那里白白的云、蓝蓝的天，喜欢那里的青山绿水，喜欢那里放空心灵的自己，可你又逃不开都市的喧嚣；你喜欢那里的人声鼎沸，喜欢那里的车水马龙，喜欢那里的灯红酒绿，喜欢成为网络上的焦点，忘了自己是谁。

夭那的夜晚是最平静的，坐在某个角落，视野所及皆苍穹，眼映星光心白昼。

20年的人生，我所经历的变故，我所体会的幸运，我所经历的一切，无一例外地在我身上打上烙印，我成了"我"，庆幸，还是哀悼？每每跟妈妈通完电话，好像还有一个声音牵住我，我想挣脱。每一个时代都有它的符号，我们的时代与父辈的时代会发生碰撞，其实这是一件挺积极的事情，让老人怀念，让年轻人向前，我这里不是说过去的都是不好的，我只是觉得年轻人如果还没有接触他的时代就成了时代的弃儿有点可惜。

我能理解父母说以后做什么样的工作不用愁，他们把他们能想到的最好的寄希望于子女，就像支教队员们也希望大山里的孩子能够走出来看看世界，他们值得更好的风景、更好的人生。但是，我没法现在就跟孩子们说"要好好学习，考上大学，来看我们这些老师"，真的，我讲不出来。我宁可跟孩子们抱在一起痛哭，回忆一个月支教生活的美好，倾诉对彼此的不舍，我确实这样做了，但我没有勇气让他们以未来为包袱成就出我所认为的"更好人生"。

多情自古伤离别，更那堪，冷落清秋节。最后一天，佳英突然不理我了，我追上去拉住她，她什么都不说，跟我坐在教室前的地上，听我说了很多很多，哭了，她哭了，然后我哭了。晚上吃完晚饭，李昌梅和李卉慈两人又站在一起抹眼泪，又和他们哭了一场。送孩子们回家，一路上他们谁都没说话。我强忍着情绪跟他们说晚上好多癞蛤蟆，我不喜欢癞蛤蟆。但没有人回应我。先是到佳英家，接着是昌梅家，昌梅说她的伞忘在教室里了，我把我的伞留给了她。我说进了家门就不许哭了啊，转身看见昌梅却是两行泪水。然后是恩燕家，最后是卉慈家。回到学校，挨个桌子找昌梅的伞——蓝色小花伞，又跑到卉慈家让她第二天带给昌梅。就连现在回想当时，也只能用这样的白描告诉你们我和孩子们哭在一起的故事。

"成熟"说到底是个中性词，无关好坏，个人认为还带点悲情色彩。它是个被动词，我们被迫接受一些事实，比如离别。夭那的孩子们也会长大，那时候他们会忍住泪水，坐在你的身边什么话也不说，然后心里想着：没事的，我们习惯了。

可爱的萤火虫啊，我多希望你们不要习惯这些。

### （六）2018 年第七届

#### 支教感想
##### ——最初的星星，始终都在眨眼睛

朱湘怡

在乐山的高铁站碰见两个四五岁的小女孩，一个黄头发碧眼睛的外国小女孩和一个头上蒙着件蓝色衣服的中国小姑娘。

女孩各自的父母原是陌生人，若非乐山大佛的原因，他们可能永远都不会相识。

两个小女孩肤色不同、发色不同，却一样可爱，玩弄着各自的娃娃，嬉戏打闹。不知为何，我一下子想到了远在夭那村的静如。

李静如啊，她也是那么小小的，每天就会跟着自己的姐姐跑，"哒哒哒哒"地能从自己家跑到我们宿舍那儿的长坡地，张开着双臂就能环抱住人的双腿……

### 初·心境

初入夭那，我觉得既陌生又有些莫名的熟悉。陌生的是，我对周围环境并不熟悉，熟悉的是，这些画面，我曾在脑海里想象过千万遍。

我只是个普通的大学生，不懂得如何教学生，也不知道怎么样和孩子们交流相处，没有预先完美的准备，也没有提前做好心理建设。纵使心里边再没底，我也只能跟赶鸭子上架一样，顺其自然地开展工作，招生，开学典礼，班主任上台讲话，介绍自己……

我并不是一个会说话的人，也不习惯跟陌生人慢慢接触熟悉。记得那天开学典礼，我一个个询问孩子们的姓名和兴趣爱好，短短时间接触下来，我发现孩子们并不是我想象的那样难接触，每个孩子都热情地回答了我的问题，我和孩子们之间的距离也拉近了不少。

每个孩子都是心灵手巧的小天使，不仅会编织漂亮的手环、手链，就连蜈蚣辫、麻花辫，经过她们心灵手巧的"艺术加工"，也极好看。

开学典礼前的那个下午，为了能拉近和孩子们的距离，我们跟孩子们聊天，询问她们的学习情况。突然我感觉到有人在动我的头发，我一伸手，就抓住了一只小手。原来孩子们在给我编头发。一个下午下来，我的头发一直被她们玩弄着，孩子们最后给我编了可爱的蜈蚣辫。我分明看见孩子们的眼里有扑闪的光芒。

只是每一届支教都会遇到各种各样的困难。上一届因为大雨而不得不推迟进村的时间，而我们也遇到了不小的麻烦——学校突然说不再借教室给我们，也不让我们在学校操场上活动。烧水煮饭、上厕所，甚至和孩子们说好的上课的地点全没有着落。一连几天，我们的主要工作便是到学生家里调研。调研时我们都有些尴尬，生怕家长认为我们在村子里瞎晃悠，不做实事而将我们赶出去。我们的内心一直压制着，一天晚上，我和雪洁终于忍不住哭了出来。事情繁杂且毫无希望，我们不知道该何去何从——极有可能没办法在贵州继续待下去了，或许一旦决定好，我们就可以直接收拾行囊回家。

车到山前必有路，就在我们以为要被现实击倒，走投无路时，转机出现了——原来，废弃的老学校旁边安装的水龙头有水。

老学校原本是夭那村的小孩子们上学用的，只因后来下面建成了新学校，老学校慢慢荒废了。在找不到场地的情况下，老学校成为我们最优的场地选择。

光亮透进教室，小小的教室很温暖、温馨。因为中途的折腾，有些孩子没再来了，我们不免有些失望和难过，我们也开始慢慢反思，是不是做得不够好。

## 始·心得

人的情感是需要培养的，每个人都渴望被关注。一个月相处下来，我接触最多的，倒不是我这个班主任带的高年级的孩子们，而是那些小不点大的低年级孩子。

我不善于主动和人接触，但小班孩子们成天围着我转，一直呼喊着"朱老师、朱老师"。李若萍、李雪和佳秀这些小姑娘，像猴子似的蹿到我身上，半天都扒拉不下来。孩子们的热情让我渐渐忘却了和人相处的尴尬。

李若萍沙哑地对我说："朱老师，你过来一下，我跟你说句话。"也不是真的说话，她只是就着我低头矮身的姿势一下子就攀爬到我的肩膀上来了。

"朱老师，我不会。"一个小姑娘总爱拿着自己的作业本凑到我面前来，然后指着黑板上的题目问我，让我给她重新出些简单的计算题。

"朱老师，我姐姐在家里，我家有酒。"一个小姑娘穿着漂亮的绿色小裙子，在教室后面装扮起可爱的小跳蛙。

又是谁，被我一次两次地叫错名字，我一声又一声尴尬地道歉，说对不起……

一个月说短不短，说长不长，但每个孩子在脑海里篆刻下的深刻的记忆，也足够让我在他们的记忆里长存。

让我感触最深的，其实是普通话教学。一天一堂课，每堂课领着孩子们读绕口令，分清楚同音卷舌平舌，在游戏中收获快乐和知识。孩子们的喜欢和热情使我得到了很大的满足，渐渐地，我也喜欢跟孩子们玩耍、打闹。

性子软的我只在一件事情上坚持过——奖惩制度。快要到文艺汇演了，为了能让诗朗诵节目更加出彩，我便让孩子们一个个朗诵给我听。但同时，台下的孩子磨磨蹭蹭的，小动作不断。当时我就说，要是再有人玩闹，我就扣他们的小星星。只是我的威胁并没有起什么作用，最终我只给 3 个孩子加了小星星。我的做法弄得孩子们有些生气，他们竟约好似的不再理我。直到最后，我都没有低头，原则如此，我不会轻易改变。

## 离·心愿

我们来得匆忙，走得也匆忙，甚至很多孩子还没来得及起床送我们最后一程。离别不苦，苦的，是离别的人。纵使我们在出村上车时没掉多少眼泪，但我们都知道，自己心里早已种下一棵能让人触碰就会流泪的树——也许永不会再相见。

夭那村的人儿哟，愿你们快快长大，早些成长。未来的路对你们来说还很长，望你们珍惜每一天、每一个小时、每一秒。

生命是如此美好，我们不该辜负，也不能被辜负。只愿未来如相遇，我能在茫茫人海之中遇见你，在千山万水中，不会错过你。

## 来自巫交的礼物

钟诗诗

雨忽然下了起来，风雨桥旁的两棵红豆杉枝叶上垂挂着剔透的水珠，桥上有三两避雨的村民和拉着老师手笑闹的孩子们。桥下溪水流淌的声音愈大了，红豆杉的枝叶也随风摆动起来——这是巫交，给我诸多礼物中的一样。

今晨早起时，忽而想到巫交那条日夜不停欢唱着的小溪，想起夜半时，繁星铺满天际，三两萤火虫忽隐忽现，大家在溪边打水洗漱的欢愉。关于巫交，有许多故事，许多欢笑，许多想念，一样一样，都成了时光中最好的礼物。

### 黑板上终将拭去的字

上最后一节音乐课时，我和孩子们玩起了歌词接龙游戏，从《放心去飞》到《爱我中华》，大家绞尽脑汁地想着歌词。几个调皮的孩子胡乱编造着歌词，胡乱地唱一通，最后又对着黑板上的比分叫嚣不公平。

大概是最后一节音乐课的缘故吧，平日里不敢上台的孩子也终于走上了讲台，声音里略带羞涩，但唱得十分认真。我跟着他们轻轻地哼着歌，一字一句之间，也突然意识到，离别终于要来临了。

黑板上的比分还在，可在下一个老师走进教室之前，在这个夏天结束之前，所有的粉笔字都会被拭去，孩子们会回到课堂，跟随老师继续学习，但庆幸的是，记忆，是会留存的。

第一节课自我介绍时写在黑板上的名字，孩子们都记住了；音乐课上抄写的歌词，孩子们都用笔写下了；手工课上剪纸的花纹，孩子们都动手画了——其实，记不记得又有什么关系呢，所有关于课堂的记忆就算都遗落在时光的尘埃里又如何呢，一个月，只是互相陪伴，互相成长，就已幸运之至了。

我知道孩子们还会和很多人相遇，那些人在他们的生命中都不过是匆匆过客——我们也是。离开巫交以后，我们也会回归正常的生活，可能偶尔会想念他们，偶尔会想起自己在课堂上的样子，但大家都会继续往前走，不会永远停驻在时光里。只是日后我们回想时，那些在黑板上写下一笔一画的日子，那些拍打着讲台让他们安静的时刻，都会成为最好的回忆。

我们相遇过，在某个时间节点上，这里有花开，有天晴，有我爱的你们。

## 夜晚操场上不灭的灯

操场的灯亮起时，孩子们总是欢快地一阵呼喊。每天晚上的操场相聚，是某种心照不宣的约定。切西瓜、打羽毛球、打篮球、土豆背背、跳绳……孩子们总是喜欢牵着你的手，"挂"在你身上，偶尔追着你打，笑笑闹闹，一晚又一晚。

操场上的孩子们才是最本真的样子，这时候的我们没有了课堂上的严肃，和他们打成一团。有孩子会看着你某个动作发笑，说你真傻；看着你的某个表情，说你真丑，然后咯咯地笑个不停。

操场上的灯并非不灭，只是心中这一团细火没有熄灭过。从在学校时的担忧到刚来时的手足无措，再到相熟之后的互相调侃，我们心中无一不燃着一团火焰。这火焰不是熊熊烈焰，只是缓慢燃烧的细火。每一日的相处，每一个游戏，每一句话语，都给这细火添了一丝长久。

孩子们自然本真、天真纯粹，我们在这里也是最纯粹的人，只要一心陪伴好你们，让你们成为更好的自己就足够了，简简单单却异常快乐。

为了文艺汇演准备到深夜两点，挂彩画、吹气球、分奖品、写奖状，当看到孩子们为布置得漂漂亮亮的操场惊呼时，这欣喜便抵了我们所有夜里的辛劳。

文艺汇演上的你们，勇敢地站在了大家面前，唱歌、跳舞、朗诵，虽然会紧张会怯场，但都是正在成长的你们，都是最棒的你们。

操场的几盏灯火见了许多磕磕碰碰、许多笑笑闹闹——灯火它会记住的吧，这个地方我们来过，我们和孩子们互相陪伴过。

## 风雨桥头小溪边

刚到巫交时一眼看到的便是风雨桥——风雨桥很美，有着苗家建筑独到的美。三层檐，檐角微微翘起，最下层的檐角处挂着一个鸟笼，里面是一只金灰色的小鸟。

风雨桥上时时有人，早晨 6 点左右便已有村民在桥上闲话家常，中午时是在桥上午休的村民，桥头的大石头上，有苗家妇女在绣着苗服。更多的时候是我们，孩子们簇拥着我们，在桥上和我们东一句西一句，一会儿下腰一会儿劈叉翻跟斗给我们看，大家笑作一团，村民们也总是带笑看着，用我们听不懂的苗语说着什么，这时候孩子们就会争抢着要给我们翻译了。

风雨桥下的小溪，也是快乐最多的地方。大家刚来时在小溪边洗脸刷牙，夜半时在溪边提水，捉三两萤火虫，拿杯子来抓小鱼螃蟹，好不欢乐！兴致起时到小溪上游洗澡，幸运时还能和村民的耕牛"共浴"，哈哈！

孩子们喜欢蹲在溪水边看我们洗漱洗衣服，中午时他们三五成群往水里钻，常常还湿漉漉的便来教室上课了。一下课拉着我们去游泳——这儿的孩子，每个水性都极好，喜欢从桥上往水里跳，在水里翻跟斗，水似乎是他们最亲近的伙伴。

夜晚总是听着溪水流淌的声音入睡，像窗外下着大雨，屋里的人却睡得安稳。巫交的时间是极慢的，好似一天极为漫长，偶尔遇见挑着担子回来的村民，倒有一种"晨兴理荒秽，带月荷锄归"的诗意。

风雨桥见证了每日朝霞的诞生，也窥得了每晚星辰的寥落，一天一天，时间在风雨桥上流走，也印刻进红豆杉的树轮里。

### 苗家入门三碗家

关于巫交，要说的还有淳朴热情的村民和香甜醇厚的美酒。村民们遇上喜事时，爱在风雨桥上饮几杯——尽管你只是路过，也会被村民们用酒杯对着嘴灌。每一次家访调研，村民都将我们留在家中吃饭，自家熏的腊肉和不多见的新鲜猪肉都会在这时被搬上饭桌，用来招待我们。

支教的最后一个星期里，村民们的热情好客更是再也掩藏不住了，一家一户请我们到家中吃饭，最后一天更是摆起了长桌宴，不知几户的村民拿着酒，一个个过来向我们敬酒——喝到后面，队员们互相搀扶着才回到了住处，虽然荒唐，但苗家的入门三杯酒和依次敬酒，却是怎样都推脱不了的。

依旧记得停电的那天，我们没有柴火烧菜做饭，到小卖部买了方便面。原本只想麻烦村民给我们烧壶热水，却不想他们架起了锅给我们烧了几个小菜。我想，饿了一天的我们，会永远记得那道泛着热气的豆角炒肉吧！

关于巫交的礼物还有很多，说不尽，会想起每个小朋友的笑脸，想起村民们说的听不懂的苗语，想起巫交曲折陡峭的山路，想起风雨桥上听风看雨的闲适——巫交一定还有很多地方我没有发现——孩子们，也一样。

一个月的时间，可能都不够我记住你们所有人的名字，你们有自己的个性，在大家共同的世界也在自己的世界里成长，我要走了，我们要走了，但是希望你们都活成自己的模样，在即将来到的更加宽广的人生里迎接风雨，昂头向前，我只要你们——万事胜意，平安喜乐。

巫交你好。

巫交你真好。

巫交再见了，巫交。

## （七）2023年第十二届

### 我们都在看同一轮月亮

王艺璇

我翻过一座又一座高山，只想将我最贫瘠的思想带给你们。

再一次踏上支教的旅途，与去年的兴奋激动不同，今年出发的时候却遭到校长的拒绝，幸好在沟通之后麻兔完小的校长又答应我们前往。18个同学浩浩荡荡地到了学校，留校的老师热情地招待了我们，给我们介绍了学校的详细情况。我刚开始很奇怪，为什么是完小，后面才知道这是代表具有完全的教学结构，一个村落能有这样一所小学离不开国家对教育的大力帮扶。

来到麻兔完小的第二天，我们的支教也就正式开始了。我上的是五年级的课，五年级的孩子有些不同，他们具有一定的判断能力。当我站上讲台的时候，他们显得有点不服气，好像在说"你也是个学生，怎么来教育我们"。我开始有些头痛，想着要怎么和他们相处，但在几天接触之后，我发现原先的刺头变得不一样了，他们开始在课上积极发言，课后也和我们打成一片，显然是认可了我们。

通过这次支教，我发现乡村教育振兴还任重而道远。

一方面，乡村较为落后，青年劳动力大量外出，造成留守儿童和留守老人的出现。课后与孩子们闲聊中，孩子们告知我家里只有外公外婆或者爷爷奶奶，父母都在外打工，一部分孩子随父母外出打工，没有参加我们的假期支教活动。在孩子们成长的道路上，父母位置的缺失成了乡村的常态，而父母关爱的缺失会让孩子在成长中遭遇到巨大的问题。我了解到，有一些孩子一周不洗一次澡，因为家里爷爷奶奶要省水或是没意识到，大部分孩子的衣服脏兮兮的，同时，一些孩子缺乏最基本的沟通技能，和他们聊天，他们只会点头或者是摇头，基本与老师没有言语交流。让我印象最深的是一对姐弟，姐姐在四年级遭受校园霸凌，弟弟在一年级遭全班排挤。姐姐说："爸爸和妈妈离婚了，我是奶奶带大的，我如果和奶奶说在学校被欺负了，奶奶会骂我说是我自己的问题。"这样的情况在乡村小学里屡见不鲜。支教让我更加意识到教育的重要性。农村学校普遍存在着师资力量不足、教育资源匮乏的问题，孩子们接受的教育水平相对较低。然而，教育是改变命运的重要途径，每个孩子都应该享有良好的教育资源。通过支教，我尽自己的努力，为孩子们提供一些新的知识和技能，帮助他们打开眼界、增强自信，激发他们对学习的兴趣。看到孩子们在我的帮助下取得进步，我深感自豪。

另一方面，支教使我更加关注教育公平问题。在城市，我们通常可以轻易获得良好的教育资源。但在乡村，情况却大不相同。许多孩子因为家庭贫困、交通不便等，无法享受到优质的教育资源。通过支教，我更加认识到了教育公平的重要性。支教不仅是传授知识，更是努力为每一个孩子提供平等的机会，帮助他们充分挖掘潜能。

支教让我学会了尊重和理解。农村的生活环境与城市有着很大的差异，孩子们的家庭背景、生活习惯等方面也存在着差异。在支教过程中，我学会了尊重和理解这些差异。在与孩子们相处的过程中，我不仅是他们的老师，更是他们的朋友和倾听者。我尊重他们的思想和个性，鼓励他们表达自己的观点，并以包容和耐心的态度对待每一个孩子。通过这样的交流和沟通，我与孩子们建立了互信和友谊，也更好地了解了他们的需求和困惑。

我了解到，麻兔完小开设了一些要求的基础课程，但其他方面的课程开设得较少。校本课程也是极为重要的课程类型，我们可以在结合校情的情况下开设民族教育课堂，从而帮助学生更好地了解本民族的文化，从小培养他们的民族认同感。同时，也可以开设一些心理辅导课程。一些孩子在课堂上显得内向，课下又显孤僻，这样的孩子更需要老师的引导和关注，帮助他们健康成长。

我不知道明年有没有机会再和麻兔完小的孩子们相见，我一遍又一遍地回忆起那段时光。当我走在坑洼不平的教室，当我摸着锈迹斑斑的书桌，我不禁想：我们来这里的意义是什么？我仿佛看到了孩子们灿烂的笑容，给支教队员们送的糖果、折纸和一封封感谢信，我想，这就是我们到来的意义。

虽远隔千里，但我们依旧能看到同一轮皎洁的月光。

## 支教心得

陈　灰

一个人出发，一群人抵达，我们一直都在。

每一次出发我都问自己：我能做些什么？我能给他们带来什么？短暂的陪伴会有意义吗？我希望是有的。当我来到思源社区时，我和伙伴们第一次见到他们，腼腆但又好奇的目光落在我们身上，此时我们都还不知道，接下来的 20 多天会让我们如此难忘。

很多事情，不是有希望才去做，而是做了才会有希望。看着这些小朋友，我曾经试想过他们的未来。在他们眼中，大学似乎是个很遥远的存在，他们所知道的便是小学读完就可以去县里读初中，至于以后的事，他们不会想那么多，也想不了那么多。一开始我认为，我们过去只是给他们带去一点新事物罢了。后来，我看着他们求知若渴的眼睛，开始思考我来到这里的意义。我没有办法保证，他们认真听了我的课就能有个好成绩，有个好出路，有个好未来。我们来到这里的意义，便是帮助他们寻找未来的方向，让他们知道大学生活是丰富多彩的，外面的世界是绚烂多姿的，从而激发他们对外界的好奇心、探索欲。

在和小朋友们相处的过程中，我了解到这里基本上都是留守儿童，父母常年不在家，爷爷奶奶年纪大了，对小朋友的教育也是力不从心。有个小朋友令我印象深刻，她在家中排老二，上面有一个乖巧的姐姐，下面有一个调皮的弟弟，她自己本身也很调皮。我对她真的很头疼，老师讲课不听，非要和老师顶嘴。一开始，她在课堂上嬉笑打闹，我每讲几分钟就要停下来向她强调纪律。后来，我从别的老师口中得知，她妈妈不在了，爸爸常年在外，家里只有爷爷奶奶，在这样的环境下，她不知道该如何和别人相处。其实，她只是想引起我的注意而已。回想之前她每次经过我身边都会拍一拍我，说点什么，上课也希望我经常看看她，她只是用了错误的方式。这里的大部分孩子都是这样，在家缺少父母的关爱，只能期盼在学校里多得到一点关注。

每天早上我去教室，总能看到门外整整齐齐地站着一排小朋友在等着我的到来；放学的时候他们总是主动留下来帮我打扫卫生，和我一起回家。无论何时，孩子们总能用最温暖的笑容来治愈我所有的不开心。

这里的孩子和城里的孩子过着天差地别的生活，他们从一出生便开始承受种种艰辛。对于他们来说，读书可能不是唯一的路，但读书是最好的出路。

教育应注重个体发展，因材施教，注重培养学生的创造力和实践能力。剑河县内的居民大部分为少数民族，当地有着深厚的文化底蕴，但大部分年轻人为了养家糊口外出打工，导致留在易地扶贫搬迁社区的基本上是老人和小孩。老师们可以放下教材，走出教室，与学生们一起挖掘当地文化。因为父母的缺席和过早接触网络，孩子们身上存在许多问题，如早熟、沉迷游戏等。也可以开展社会实践活动，让孩子们参与社区服务、环保行动等，让他们远离网络，培养他们的社会责任感和公民意识，激发他们的社会参与意识，培养他们志存高远的人生目标。

此外，还需要建立完善的教育体制和机制，吸引优秀的教师来工作，并建立相应的激励机制；加强学校管理，提高教育资源的配置和使用效率；加强家校合作，增强家长和社区的支持、参与；等等。我们了解到，大部分家长的教育意识不强，很多孩子也不把读书放在心上，每年都有很多孩子读完初中就去打工。这一方面有学校师资力量不够，教育水平落后的原因，另一方面也有家长不重视的原因。想要改变这种现象，仅仅只是提高教学水平是不够的，更重要的是改变家长根深蒂固的思想，让他们意识到教育的重要性。

支教让我明白了教育的重要性和知识的力量。每一个孩子都是独一无二的，他们都应得到平等的机会，每个孩子都值得守护。一个人出发，一群人抵达，我知道我从来都不是一个人，总有人在我身后说"有我在呢！"我和来自天南地北的伙伴们一起为偏远地区的孩子们守护着梦想，我们一直都在。

附录五

# 实践研修日历及教案

# 2023—2024学年夏季学期

课程编号　720GS010　　课程名称　习近平新时代中国特色社会主义思想实践研修
所在学院　人文学院　　　主讲教师　钟贞山　刘涛　邹立旋　胡邦宁　廖元新
授课班级　选修班级

| 时间 | 讲课 | | 作业、习题课、实验、上机、测验等 | |
| --- | --- | --- | --- | --- |
| | 教学大纲分章和题目名称 | 学时 | 内容 | 学时 |
| 前期准备 | 实践研修概述 | 2 | 2023年6月29日：开展实践研修概述，深化基本理论即深化认识习近平新时代中国特色社会主义思想的理论魅力及实践伟力；讨论完善研修方案，明晰教学内容，优化课程安排 | |
| 前期准备 | 实践研修安全、纪律及注意事项培训 | 2 | 2023年6月30日：开展实践研修的安全知识、安全防范、研修纪律、实践地出行要求、当地风俗习惯培训 | |
| 第1—3天 | 国情认识：坚持党的领导，坚定理想信念 | 4 | 2023年7月16日至18日：走进社区，介绍基本国情；学习马克思主义思想，坚定理想信念，培养辩证思维能力和创新思维能力；与剑河县人民政府和思源社区进行支教调研实践活动的对接；等等 | 16 |
| 第4—10天 | 探索科学乐趣，拓展学生视野 | | 2023年7月19日至25日：与学生们一起参加实践地"六月六"活动；团队成员按照自制教学计划与教学周历进行趣味物理学、科学实验教育、身边的科学的支教课程教学 | 28 |
| 第11—12天 | 文化传承：立黔山之下，赏文化魅力 | 4 | 2023年7月26日至27日：开展学习传统手工艺课程；学生通过亲身参与"六月六"活动，了解苗族文化、风俗，感悟苗族文化的魅力所在，激发对中国传统手工艺的兴趣，培养传承中华文化的意识 | 6 |

续表

| 时间 | 讲课 | | 作业、习题课、实验、上机、测验等 | |
|------|------|------|------|------|
| | 教学大纲分章和题目名称 | 学时 | 内容 | 学时 |
| 第13—19天 | 调查研究：教育数字化助力乡村振兴 | | 2023年7月28日至8月3日：与剑河县人民政府开展座谈会，了解县人民政府关于教育数字化的政策；在思源社区走访调查，通过社区工作人员了解社区内孩子的生活和学习情况；在城关五小就学校教育的开展情况采访该校校长，了解教学上的困难以及推进学校数字化教育进程的阻力；上网查阅资料，了解思源社区的发展历史及周边信号塔、光缆和网络基站的建设情况；为进一步了解城关五小教育数字化情况，了解学校老师对数字化教育的总体态度和看法，向城关五小师生发放网络问卷；根据调查问卷、访谈内容和所查询的文献资料撰写调研报告 | 34 |
| 第20—26天 | 课堂启航，快乐成长 | | 2023年8月4日至9日：团队成员按照自制教学计划与教学周历进行趣味历史、高校科普、魅力中国的支教课程教学 | 24 |
| 第27天 | 铸牢中华民族共同体意识，凝聚民族复兴的磅礴力量 | 4 | 2023年8月10日：走访社区，收集民族团结故事；学习宣传习近平新时代中国特色社会主义思想；向社区学生讲述社会主义核心价值观经典故事以及民族团结经典故事；总结理论知识学习与宣讲活动成果 | 4 |
| 第28—29天 | 呵护未来，构建关爱与安全的青少年教育体系 | 4 | 2023年8月11日至12日：精心设计一系列课程，加强学生对心理健康的理解，使他们学会自我调节。该课程涵盖心理健康科普、情绪调节、安全教育等多方面内容，旨在将这些知识融入学生的学习、生活中。设置心理小游戏，通过游戏的互动性和趣味性，帮助少数民族学生提高情商和沟通能力，增强他们与他人的情感交流和合作意识。这些小游戏旨在营造轻松、愉悦的氛围，让他们在游戏中培养友谊、团结合作，并从中领悟到健康心态的重要性 | 16 |
| 第30—32天 | 探索自然世界，拓宽学生视野 | | 2023年8月13日至15日：团队成员按照自制教学计划与教学周历进行植物百科、动物百科、趣味英语的支教课程教学 | 24 |

续表

| 时间 | 讲课 | | 作业、习题课、实验、上机、测验等 | |
|---|---|---|---|---|
| | 教学大纲分章和题目名称 | 学时 | 内容 | 学时 |
| 第33天 | 成果交流、展示与转化 | 6 | 2023年8月16日：在支教地召开赴剑河县实践研修成果交流会和座谈会，交流个人实践研修成果，总结实践经验，展示团队调查研究报告 | 2（校园宣传展示） |

## 习近平新时代中国特色社会主义思想实践研修教案（一）

| 实践研修教案 | | | |
|---|---|---|---|
| 课程名称 | 习近平新时代中国特色社会主义思想实践研修 | 课时：192 | 第1—2课时 |
| 教学内容 | 深化认识习近平新时代中国特色社会主义思想的理论魅力及实践伟力；讨论完善研修方案，明晰教学内容，优化课程安排 | 课型 | 授课/互动 |
| 主题 | 实践研修概述 | 学时 | 2 |
| 教学目标及要求 | 1. 深化对习近平新时代中国特色社会主义思想的认识，进一步掌握中国特色社会主义理论体系的基本理论、基本观点<br>2. 讲授如何践行习近平新时代中国特色社会主义思想，提高学生能力，促进其全面发展<br>3. 引导学生了解社会、认识社会，在实践中理解感悟理论思想<br>4. 要求学生认真、主动、有计划地参与实践，感悟思想，自觉坚持社会主义核心价值体系，培育和践行社会主义核心价值观 | | |
| 教学重点及难点 | 教学重点：<br>1. 中国特色社会主义国情及党情认识<br>2. 创新精神的培育<br>3. 提高实践服务能力<br>4. 实践研修具体教学安排<br>教学难点：<br>理论问题在实践中运用，现实问题将理论深化 | | |
| 教学准备（教具、课件、图片、资料等） | 1. 授课空间布置<br>2. 教学PPT及教学工具<br>3. 课程安排及内容 | | |

| 实践研修教案 | |
|---|---|
| 教学方法和步骤（含运用辅助手段） | 1. 导入课程<br>以视频进行导入，引出实践研修的必要性；运用事例导入问题，引发学生对习近平新时代中国特色社会主义思想的理解与认识；引导学生学习领会习近平新时代中国特色社会主义思想，不断增进对党的理论创新的政治认同、思想认同、理论认同、情感认同，厚植爱国主义情怀，不断提高社会责任感和创新实践能力，投入到为民服务、建设强国、复兴民族的伟大实践中<br>2. 课程安排<br>（1）实践研修概述<br>（2）实践研修安全及注意事项培训<br>（3）国情认识<br>（4）理论宣讲<br>（5）调查研究<br>（6）文化传承<br>（7）服务社会<br>（8）兴趣课程讲授<br>（9）成果考核交流展示与转化<br>3. 课程结语<br>实践没有止境，理论创新也没有止境。要在推进实践的过程中融合理论创新，就要把握好习近平新时代中国特色社会主义思想的世界观和方法论，坚持好、运用好贯穿其中的立场、观点、方法。青年强则国强，当代青年生逢其时，施展才干的舞台无比广阔，实现梦想的前景无比光明。实践研修课的学习有利于引导广大青年学生积极投身新时代文明志愿服务，在社会实践中接受教育、汲取智慧、施展才华、增长才干、作出贡献，让青春在全面建设社会主义现代化强国的进程中绽放光彩，让个人价值在中华民族伟大复兴的道路上得到实现 |

| 教和学的过程 | | |
|---|---|---|
| 教学内容 | 教师活动 | 学生活动 |
| 1. 实践研修的概念及重要性<br>2. 对习近平新时代中国特色社会主义思想的认识<br>3. 对国情、党情的认识<br>4. 对创新精神的认识<br>5. 实践研修活动安排 | 1. 以视频导入教学<br>2. 带领学生深入学习习近平新时代中国特色社会主义思想<br>3. 教导学生培育创新精神，提高实践服务能力<br>4. 引导学生分组交流<br>5. 总结，布置作业 | 1. 了解课程的意义<br>2. 学习习近平新时代中国特色社会主义思想<br>3. 交流如何让思想落实于实践当中<br>4. 总结提炼自身感悟 |

续表

| 实践研修教案 | |
| --- | --- |
| 课后作业 | 1. 结合习近平新时代中国特色社会主义思想认识中国国情<br>2. 青年大学生如何在实践中践行新思想 |
| 课程主要参考资料 | 1.《习近平谈治国理政》（1—4卷），习近平著<br>2.《习近平新时代中国特色社会主义思想专题摘编》，中共中央党史和文献研究院、中央学习贯彻习近平新时代中国特色社会主义思想主题教育领导小组办公室编<br>3.《习近平新时代中国特色社会主义思想学习问答》，中共中央宣传部编<br>4.《习近平新时代中国特色社会主义思想概论》，本书编写组编<br>5.《习近平著作选读》（1—2卷），习近平著 |

### 习近平新时代中国特色社会主义思想实践研修教案（二）

| 实践研修教案 | | | |
| --- | --- | --- | --- |
| 课程名称 | 习近平新时代中国特色社会主义思想实践研修 | 课时：192 | 第3—4课时 |
| 教学内容 | 社会实践的安全知识、安全防范、研修纪律、实践地出行要求、当地风俗习惯培训 | 课型 | 授课/互动/案例教学 |
| 主题 | 实践研修安全、纪律及注意事项培训 | 学时 | 2 |
| 教学目标及要求 | 1. 讲授急救知识和应对突发情况的措施<br>2. 讲授安全知识<br>3. 引导学生树立纪律和安全意识<br>4. 讲述当地的风俗习惯，并引导学生重视 | | |
| 教学重点及难点 | 教学重点：<br>1. 增强安全意识和自我保护、自我防范意识<br>2. 强化组织纪律意识<br>教学难点：<br>1. 掌握急救知识<br>2. 熟悉当地习俗 | | |
| 教学准备（教具、课件、图片、资料等） | 1. 授课空间布置<br>2. 实践培训PPT<br>3. 急救知识手册和视频<br>4. 当地风俗相关视频和照片 | | |

续表

| 实践研修教案 | | |
|---|---|---|
| 教学方法和步骤（含运用辅助手段） | 1. 导入课程<br>以视频进行问题导入，通过视频反映实践过程中可能存在的安全隐患。为了让实践活动更加顺利安全地开展，本节课程主要讲述交通安全、饮食安全、组织纪律以及当地风俗<br>2. 课程安排<br>（1）地方风俗<br>（2）饮食安全<br>（3）急救知识<br>（4）交通安全<br>（5）组织纪律<br>（6）安全报备原则<br>3. 课程结语<br>青春建功新时代，安全驻心为先锋。实践研修课是一门综合性较强的课程，强调学生通过实践，深入理解和领会习近平新时代中国特色社会主义思想，这一切的前提都是要注重自身安全。在实践的过程中，首先要做到的就是重视和保护自己的人身安全，严格服从老师安排，严格遵守组织纪律 | |
| 教和学的过程 | | |
| 教学内容 | 教师活动 | 学生活动 |
| 1. 时刻保持警惕，注重自身安全<br>2. 说明各种可能存在的安全隐患<br>3. 讲授当地社会风俗及注意事项<br>4. 讲授基本急救知识及进行急救实操演练 | 1. 以视频导入教学<br>2. 结合实践过程中发生过的案例讲述安全隐患，讲明并强调各类注意事项<br>3. 组织学生练习急救技能<br>4. 总结，布置作业 | 1. 重视自身安全，增强安全防范意识<br>2. 认真学习急救和安全知识<br>3. 练习急救技能<br>4. 了解当地风土人情 |
| 课后作业 | 1. 时刻保持联系，养成报备习惯<br>2. 复习巩固安全知识，掌握基本急救知识<br>3. 牢记相关人员电话号码 | |
| 课程主要参考资料 | 1.《大学生社会实践概论》，王小云、王辉著<br>2.《大学生社会实践导读》，冯艾、范冰主编<br>3.《大学生社会实践方法与应用》，李庚主编<br>4.《大学生社会实践三十六计》，李康主编<br>5.《知行致远——上好新时代北航青年社会实践必修课》，庄岩、丁瑞云主编 | |

### 习近平新时代中国特色社会主义思想实践研修教案（三）

| 实践研修教案 | | | | |
|---|---|---|---|---|
| 课程名称 | 习近平新时代中国特色社会主义思想实践研修 | 课时：192 | | 第5—20课时 |
| 教学内容 | 国情认识：习近平新时代中国特色社会主义思想学习活动 | 课型 | | 授课/互动/案例教学 |
| 主题 | 坚持党的领导，坚定理想信念 | 学时 | | 16 |
| 教学目标及要求 | 1. 讲授我国社会主义初级阶段的基本国情及中国特色社会主义进入新时代的历史方位<br>2. 带领学生充分认识中国共产党为什么能、中国特色社会主义为什么好、马克思主义为什么行<br>3. 引导学生坚持党的领导，坚持马克思主义信仰<br>4. 引导学生坚定理想信念<br>5. 培养学生辩证思维能力和创新思维能力 | | | |
| 教学重点及难点 | 教学重点：<br>如何坚持党的领导，坚持马克思主义信仰<br>教学难点：<br>如何坚定理想信念并培养出辩证思维能力和创新思维能力 | | | |
| 教学准备（教具、课件、图片、资料等） | 1. 授课空间布置<br>2. 教学PPT<br>3. 教学视频 | | | |
| 教学方法和步骤（含运用辅助手段） | 1. 导入课程<br>以视频进行问题导入，为同学们呈现我国近代屈辱历史及中国共产党如何带领中国人民站起来、富起来、强起来，突出中国共产党的正确领导。基于此背景，引导学生深入了解和学习马克思主义思想<br>2. 课程安排<br>（1）我国社会主义初级阶段的基本国情及中国特色社会主义进入新时代的历史方位<br>（2）中国共产党为什么能、中国特色社会主义为什么好、马克思主义为什么行<br>（3）青年是祖国的未来，是民族的希望<br>3. 课程结语<br>引导学生坚持党的领导，坚持马克思主义信仰，坚定理想信念，培养学生的辩证思维能力和创新思维能力 | | | |
| 教和学的过程 | | | | |
| 教学内容 | | 教师活动 | | 学生活动 |
| 1. 介绍基本国情<br>2. 学习马克思主义思想<br>3. 坚定理想信念<br>4. 培养辩证思维能力和创新思维能力 | | 1. 激发学生爱国情怀<br>2. 引导学生辩证思考<br>3. 促使学生坚定理想信念 | | 1. 了解基本国情<br>2. 学习马克思主义思想<br>3. 进行辩证思考<br>4. 坚定理想信念 |

续表

| 实践研修教案 | |
|---|---|
| 课后作业 | 1. 如何学习践行马克思主义思想<br>2. 如何坚定理想信念 |
| 课程主要参考资料 | 1.《习近平谈治国理政》（1—4卷），习近平著<br>2.《习近平新时代中国特色社会主义思想三十讲》，中共中央宣传部编<br>3.《习近平新时代中国特色社会主义思想学习纲要（2023年版)》，中共中央宣传部编 |

## 习近平新时代中国特色社会主义思想实践研修教案（四）

| 实践研修教案 | | | |
|---|---|---|---|
| 课程名称 | 习近平新时代中国特色社会主义思想实践研修 | 课时：192 | 第21—48课时 |
| 教学内容 | 团队成员按照自制教学计划与教学周历进行趣味物理学、科学实验教育、身边的科学的支教课程教学 | 课型 | 授课/互动/案例教学 |
| 主题 | 探索科学乐趣，拓展学生视野 | 学时 | 28 |
| 教学目标及要求 | 1. 培养学生对身边科学现象的观察和思考能力，使其了解身边的科学在日常生活中的应用和实验方法<br>2. 培养学生通过实验设计和实施解决问题的能力，提高学生观察、记录和分析实验数据的技能<br>3. 培养学生的科学实验能力和观察思考能力，引导学生探索并理解身边科学现象的原理<br>4. 增强学生对科学的兴趣和探索欲望，使学生对世界充满好奇<br>5. 引导学生进行科学思维和推理，培养他们的探索精神 | | |
| 教学重点及难点 | 教学重点：<br>1. 引导学生进行实验数据的观察、记录和分析<br>2. 培养学生的实验设计和实施能力，让学生能够独立思考<br>教学难点：<br>1. 营造一个有趣、欢快的课堂氛围<br>2. 学生年龄跨度比较大，教学内容要适中，照顾到各个年级的学生 | | |
| 教学准备（教具、课件、图片、资料等） | 1. 记录学习感悟的笔记本、手机、摄像设备等<br>2. 实验材料，如小球、弹簧、磁铁等<br>3. PPT、视频、实物模型等 | | |

续表

| 实践研修教案 | |
|---|---|
| 教学方法和步骤（含运用辅助手段） | 1. 导入课程<br>以视频进行问题导入，为孩子们呈现趣味物理学、科学实验教育、身边的科学等相关内容，以激发孩子们对课程的兴趣<br>2. 课程安排<br>（1）趣味物理学：开设牛顿的苹果、神奇的光等主题课程<br>（2）科学实验教育：开设神奇的纸飞机、奇妙的铁球等主题课程<br>（3）身边的科学：开设太阳与月亮、多变的天气等主题课程<br>3. 课程结语<br>小时候我们总是对生活中的各种现象充满好奇，比如月亮为什么有时圆有时弯，为什么沉重的轮船能够浮在海面上等等，而基于我们那时的条件，没有人能够很好地给我们解释这些现象。对于贫困地区的学生来说，支教能够拓宽他们接触知识的渠道和路径，有利于他们成长成才。本课程旨在通过寓教于乐的方式，向孩子们介绍基础物理概念和科学实验。在课堂上，孩子们将有机会参与各种有趣的活动，如制作简单工具，研究力、光和声音，等等。通过亲身动手的体验，他们将探索并深入了解世界的运行原理 |

| 教和学的过程 | | |
|---|---|---|
| 教学内容 | 教师活动 | 学生活动 |
| 1. 趣味物理学<br>2. 科学实验教育<br>3. 身边的科学 | 1. 以视频导入教学<br>2. 引导学生对科学与新事物产生兴趣 | 1. 学习趣味物理学、科学实验教育、身边的科学<br>2. 交流学习心得 |
| 课后作业 | 1. 提出有关生活中一些有趣现象的问题让孩子们思考<br>2. 布置与课堂学习内容相关的练习题、小实验设计、相关书籍阅读等，巩固和拓展孩子们的学习内容 | |
| 课程主要参考资料 | 1.《十万个为什么（学生版）》，龚勋主编<br>2.《世界之最》，侯海博主编<br>3.《植物百科全书》，侯海博主编 | |

## 习近平新时代中国特色社会主义思想实践研修教案（五）

| 实践研修教案 | | | |
|---|---|---|---|
| 课程名称 | 习近平新时代中国特色社会主义思想实践研修 | 课时：192 | 第49—59课时 |
| 教学内容 | 文化传承：参加"六月六"活动、开展学习传统手工艺课程 | 课型 | 授课/互动/案例教学 |
| 主题 | 立黔山之下，赏文化魅力 | 学时 | 10 |

续表

| 实践研修教案 | |
|---|---|
| 教学目标及要求 | 1.学生通过亲身参与"六月六"活动，了解苗族文化、风俗，感悟苗族文化的魅力<br>2.让学生初步了解中国传统手工艺种类，掌握相关传统文化知识<br>3.激发学生对中国传统手工艺的兴趣，感受传统手工艺的美，培养学生传承中华文化的意识<br>4.要求学生在老师的讲解下专心致志地投入文化知识的学习中，熟悉基本的传统手工艺知识，并在手工艺实践课程中感受传统手工艺的奇妙之处，树立保护与传承中华优秀传统文化的意识，增强文化自信和民族认同感 |
| 教学重点及难点 | 教学重点：<br>1.苗族文化的历史及苗族的传统手工艺<br>2.中国传统手工艺的产生及发展<br>3.中国传统手工艺的当代价值<br>教学难点：<br>1.苗族文化的欣赏与领悟<br>2.中国传统文化的传承与发展 |
| 教学准备（教具、课件、图片、资料等） | 1.记录参加"六月六"活动的笔记本、手机、摄像设备等<br>2.中国十大传统手工艺及苗族手工艺课件、图片及视频<br>3.彩纸、画笔、剪刀、红绳等 |
| 教学方法和步骤（含运用辅助手段） | 1.导入课程<br>参加"六月六"文化节，让同学们亲身体会苗族节日，激发对苗族文化的兴趣，同时教师配合课件讲解，让同学们了解苗族文化及传统手工艺知识<br>2.课程安排<br>（1）中国十大传统手工艺类型介绍及欣赏<br>（2）中国十大传统手工艺的发展历史<br>（3）中国十大传统手工艺的制作方式<br>（4）中国十大传统手工艺的价值<br>（5）学习传统手工艺知识对青少年的益处<br>（6）新时代青少年要坚定文化自信，做中华优秀传统文化的保护者与传承者<br>（7）手工实践<br>a.在剪纸手工艺课程中，师生共同制作剪纸，学生发挥想象力，创造形式更新颖的剪纸<br>b.在中国结手工艺课程中，教师带领学生共同编织中国结，让学生在实践中深化对中华文化的理解<br>3.课程结语<br>通过参加苗族"六月六"文化节，感受苗族人民在节日当天载歌载舞的欢乐氛围，参与泼水驱邪迎福活动，我们加深了对苗族民俗文化的了解与认识，感受到了苗族文化的无限魅力。中华优秀传统文化源远流长、博大精深，中国传统手工艺美轮美奂、巧夺天工。学习中国传统手工艺知识，感受中国传统手工艺的深厚历史，领悟中国传统手工艺的魅力，在教学中树立正确的保护与传承意识，认识中国传统手工艺的宝贵价值，让传统手工艺得到传承与发展，让传统文化得到传播与延续 |

续表

| 实践研修教案 | | |
|---|---|---|
| 教和学的过程 | | |
| 教学内容 | 教师活动 | 学生活动 |
| 1. 学习苗族的历史及传统工艺<br>2. 学习中国十大传统手工艺相关知识<br>3. 认识中国传统手工艺的价值 | 1. 以图片、视频导入教学<br>2. 带领学生学习了解苗族文化、中国传统手工艺知识<br>3. 教导学生培育传承意识，增强文化自信 | 1. 学习苗族文化、中国传统手工艺知识<br>2. 动手制作剪纸等传统手工艺，增强文化自信<br>3. 感悟苗族文化及中国传统手工艺的魅力<br>4. 交流学习心得体会 |
| 课后作业 | 1. 学习中国传统文化知识对青少年学生的意义<br>2. 青少年学生如何传承与发展中华优秀传统文化 | |
| 课程主要参考资料 | 1.《手艺里的中国：指尖上的华夏文明之美》，李武望著<br>2.《中国手工艺文化》，家伟编著 | |

### 习近平新时代中国特色社会主义思想实践研修教案（六）

| 实践研修教案 | | | |
|---|---|---|---|
| 课程名称 | 习近平新时代中国特色社会主义思想实践研修 | 课时：192 | 第60—84课时 |
| 教学内容 | 调查研究：教育数字化助力乡村振兴 | 课型 | 授课/互动/走访调研 |
| 主题 | 数字化教育调研 | 学时 | 24 |
| 教学目标及要求 | 1. 与剑河县人民政府召开座谈会，了解县人民政府关于教育数字化的政策<br>2. 在思源社区走访调查，通过社区工作人员了解社区内孩子的生活和学习情况<br>3. 采访城关五小校长了解该校教育的开展情况，了解教学上的困难以及推进学校数字化教育进程的阻力<br>4. 上网查阅资料，了解思源社区的发展历史及周边信号塔、光缆和网络基站的建设情况<br>5. 为进一步了解城关五小教育数字化情况，了解师生对数字化教育的态度和看法，向城关五小师生发放调查问卷<br>6. 根据调查问卷、访谈内容和查询的文献资料撰写调研报告 | | |

| 实践研修教案 | |
|---|---|
| 教学重点及难点 | 教学重点：<br>1. 通过召开座谈会、人物访谈、走访调查和问卷调查获取当地数字化教育推行情况<br>2. 撰写调研报告<br>教学难点：<br>1. 理论联系实际<br>2. 根据访谈记录和问卷结果总结推行数字化教育困难并提出解决方案 |
| 教学准备（教具、课件、图片、资料等） | 1. 调查问卷应根据调研对象的不同合理设置相应的问题<br>2. 慰问物资<br>3. 横幅、旗子、队服 |
| 教学方法和步骤（含运用辅助手段） | 1. 与当地政府对接，了解当地关于推动数字化教育的政策。对接过程中注意着装和交谈中的用词<br>2. 与思源社区工作人员联系，咨询思源社区内孩子的学习情况和家庭条件<br>3. 提前与城关五小校长取得联系，定好采访时间，合理设置问卷内容，采访时控制好时间<br>4. 查询思源社区周围的信号塔数量，利用网络测速软件在思源社区和城关五小内不同位置测试网速<br>5. 请城关五小校长协调在城关五小师生群中发放调查问卷<br>6. 与社区志愿者联系，通过社区志愿者在思源社区家长群中发放网络问卷，让孩子在家长的帮助下填写问卷<br>7. 将收集到的问卷结果和访谈记录汇总，撰写调研报告 |

| 教和学的过程 | | |
|---|---|---|
| 教学内容 | 教师活动 | 学生活动 |
| 1. 深入思源社区调研，让学生领会实地走访的重要性<br>2. 将爱国主义教育渗透在文化传承和实地走访之中<br>3. 引导学生正确地与政府和社区工作人员沟通交流<br>4. 在调研活动中让学生感悟到教育助力乡村振兴的重要性<br>5. 指导学生正确有效地进行调研并获取信息 | 1. 以问卷内容引导学生深入调研<br>2. 指导学生获取有效调研信息<br>3. 对调研场地提前做好规划和指导<br>4. 引导学生相互学习<br>5. 总结调研结果，撰写调研报告 | 1. 学习实地走访调研，获取有效信息<br>2. 根据调研结果思考分析问题<br>3. 将理论应用于实践，分组协作，相互配合<br>4. 反思调研活动中遇到的问题并提出解决方案 |

续表

| 实践研修教案 | |
| --- | --- |
| 课后作业 | 1. 将访谈内容和问卷整理形成调研报告<br>2. 了解城关五小推行数字化教育遇到的问题和困难并提出自己的看法<br>3. 总结我国推广普通话的潜在困难并提出可行的解决方案 |
| 课程主要参考资料 | 1.《习近平谈治国理政》(1—4卷),习近平著<br>2.《习近平新时代中国特色社会主义思想三十讲》,中共中央宣传部编<br>3.《习近平新时代中国特色社会主义思想学习纲要(2023年版)》,中共中央宣传部编<br>4.《大学生社会实践导论》,刘煜主编<br>5.《大学生思想政治理论课社会实践指南》,屈陆主编 |

### 习近平新时代中国特色社会主义思想实践研修教案(七)

| 实践研修教案 | | | |
| --- | --- | --- | --- |
| 课程名称 | 习近平新时代中国特色社会主义思想实践研修 | 课时:192 | 第85—112课时 |
| 教学内容 | 团队成员按照自制教学计划与教学周历进行趣味历史、高校科普、魅力中国的支教课程教学 | 课型 | 授课/互动/案例教学 |
| 主题 | 课堂启航　快乐成长 | 学时 | 28 |
| 教学目标及要求 | 1. 展示中国文化、地理、历史等方面的魅力,增进学生对国家的认知<br>2. 通过多媒体展示、故事讲解和文化体验等方式,帮助学生了解中国的风土人情,培养跨文化的理解和尊重<br>3. 激发学生对历史的兴趣,提高学生对历史知识的掌握能力<br>4. 增进学生对科学知识的了解,拓宽学生的知识面,提高学生的综合素养,培养学生跨学科思维和解决问题的能力 | | |
| 教学重点及难点 | 教学重点:<br>1. 掌握激发学生学习兴趣的方法<br>2. 以恰当的方法鼓励学生积极参与到课堂中<br>教学难点:<br>1. 如何打造适合不同年龄段学生的课程<br>2. 了解小学不同年龄段学生的心理特征 | | |

续表

| 实践研修教案 | |
|---|---|
| 教学准备（教具、课件、图片、资料等） | 1. 与课程内容相关的 PPT 等<br>2. 上课时的问题<br>3. 课件以外的知识汇集本 |
| 教学方法和步骤（含运用辅助手段） | 1. 导入课程<br>以视频进行问题导入，为孩子们呈现趣味历史、高校科普、魅力中国的相关授课内容<br>2. 课程安排<br>（1）趣味历史<br>a. 讲解历史背景：简要介绍与故事或主题相关的历史背景或重要事件，给学生提供必要的背景知识<br>b. 故事讲解：以一个具体的历史故事为主线，通过生动讲解和描述，将历史事件和人物展现给学生<br>c. 总结归纳：对本节课的内容进行总结归纳，梳理学生的学习成果和问题，巩固所学知识<br>（2）高校科普<br>a. 基础知识讲解：简要介绍中国的重点大学和其重要性，解释高等教育的作用<br>b. 大学展示：通过视频、图片等展示重点大学的特点、学科设置、学术声誉和科研成果等<br>（3）魅力中国<br>主要通过介绍中国各地的城市及风景，激发学生对外界的向往<br>3. 课程结语<br>贵州山区的教育资源相对匮乏，孩子们缺乏接触到广泛知识的机会。通过生动有趣的教学方法，支教老师可以激发孩子们对学习的兴趣，为他们带来新的学科知识，拓宽他们的知识面，开阔他们的视野。通过鼓励和正面引导，支教老师可以帮助孩子们树立自信心，克服学习上的困难和挑战。总体而言，暑期支教课程对贵州山区孩子们的意义在于为他们提供了更广阔的学习机会，有助于他们转变学习态度，提高他们的综合素养和人际交往能力，使他们更好地面对未来的困难和挑战 |

| 教和学的过程 | | |
|---|---|---|
| 教学内容 | 教师活动 | 学生活动 |
| 1. 趣味历史<br>2. 高校科普<br>3. 魅力中国 | 1. 采用生动有趣的方法进行教学<br>2. 引导学生学习趣味历史、高校科普及魅力中国的课程<br>3. 积极和孩子们交流，帮助孩子们学习到一些有用的本领与技能 | 1. 上课专心听讲，提高专注力<br>2. 互相讨论，交流学习心得<br>3. 积极提问，拓宽知识面，锻炼胆量，提升交流能力 |

续表

| 实践研修教案 | |
|---|---|
| 课后作业 | 1.选择一个中国重点大学的校徽或校训，写一段解释其含义的短文<br>2.向大家介绍自己在魅力中国课程中学习到的印象最深刻的城市<br>3.以小组为单位，自己设计台词，演绎一段历史场景 |
| 课程主要参考资料 | 1.《中国通史》，吕思勉著<br>2.《中国五千年华夏文明》，童超主编 |

### 习近平新时代中国特色社会主义思想实践研修教案（八）

| 实践研修教案 | | | | |
|---|---|---|---|---|
| 课程名称 | 习近平新时代中国特色社会主义思想实践研修 | 课时：192 | 第113—124课时 | |
| 教学内容 | 理论宣讲进社区活动 | 课型 | 授课／互动／案例教学 | |
| 主题 | 铸牢中华民族共同体意识，凝聚民族复兴的磅礴力量 | 学时 | 28 | |
| 教学目标及要求 | 1.宣传习近平新时代中国特色社会主义思想，下社区收集民族团结的故事<br>2.培养学生的民族团结意识和跨文化交流能力<br>3.引导学生以讲解员的身份讲解民族团结的内涵、意义和习近平总书记关于民族团结的重要论述<br>4.要求学生认真、主动、有计划地参与理论宣讲进社区活动，从而更加有效提升自身的理论修养，更好地在实践中接受教育 | | | |
| 教学重点及难点 | 教学重点：<br>1.学习宣传习近平新时代中国特色社会主义思想<br>2.学习正确处理民族关系的基本原则<br>教学难点：<br>对民族团结的理解与相关论述的宣传 | | | |
| 教学准备（教具、课件、图片、资料等） | 1.社区走访对象名单<br>2.手机、录音笔、本子等记录工具<br>3.授课空间布置<br>4.宣传习近平新时代中国特色社会主义思想以及民族团结的PPT、民族团结相关故事资料<br>5.宣讲安排计划表 | | | |

续表

| 实践研修教案 | |
|---|---|
| 教学方法和步骤（含运用辅助手段） | 1. 导入课程<br>以"看服饰猜民族"猜谜语课前小游戏导入，激发学生对民族有关问题的热情和兴趣，从当地民族实际情况出发引出民族团结话题，融入习近平新时代中国特色社会主义思想，了解民族发展历史脉络与习近平新时代中国特色社会主义思想的更迭脉络，以史明智，从而更好地指导实践<br>2. 课程安排<br>（1）习近平新时代中国特色社会主义思想介绍<br>a. 理论诞生背景<br>b. 理论主要内容<br>c. 理论实践意义<br>（2）民族团结相关内容介绍<br>a. 民族团结的内涵<br>b. 民族团结的内容<br>c. 民族团结的意义<br>（3）进行社区宣讲<br>a. 开展社区走访，收集民族团结故事<br>b. 为社区学生讲解民族团结经典故事，弘扬民族团结精神<br>3. 课程结语<br>让学生融会贯通地学习习近平新时代中国特色社会主义思想，学习民族团结内涵、精神及意义，有利于学生明确处理民族关系的基本原则，让学生走出"维护和促进民族团结与自己联系不密切，离自己很远"的误区，正确认识民族团结的重要性，从而增强学生的使命感，有利于促进民族团结，凝聚民族复兴的磅礴力量，实现中华民族伟大复兴 |

| 教和学的过程 | | |
|---|---|---|
| 教学内容 | 教师活动 | 学生活动 |
| 1. 习近平新时代中国特色社会主义思想<br>2. 民族团结故事和精神<br>3. 习近平总书记关于民族团结的重要论述 | 1. 以图片导入民族团结知识和习近平新时代中国特色社会主义思想的学习<br>2. 指导学生有序开展社区走访，收集民族团结故事<br>3. 引导学生在志愿服务中讲述民族团结故事<br>4. 总结理论宣讲进社区活动 | 1. 社区走访，收集民族团结故事<br>2. 学习习近平新时代中国特色社会主义思想<br>3. 向社区学生讲述社会主义核心价值观故事以及民族团结故事<br>4. 总结理论宣讲进社区活动成果 |

续表

| 实践研修教案 | |
| --- | --- |
| 课后作业 | 1. 收集整理民族团结故事<br>2. 了解更多为民族团结作出贡献的人物 |
| 课程主要参考资料 | 1.《习近平谈治国理政》(1—4卷)，习近平著<br>2.《习近平新时代中国特色社会主义思想学习纲要（2023年版）》，中共中央宣传部编 |

## 习近平新时代中国特色社会主义思想实践研修教案（九）

| 实践研修教案 | | | |
| --- | --- | --- | --- |
| 课程名称 | 习近平新时代中国特色社会主义思想实践研修 | 课时：192 | 第125—146课时 |
| 教学内容 | 服务社会：青少年普法教育、防溺水教育、留守儿童关怀陪伴 | 课型 | 授课/互动/案例教学 |
| 主题 | 呵护未来，构建关爱与安全的青少年教育体系 | 学时 | 22 |
| 教学目标及要求 | 1. 讲授《中华人民共和国民法典》基本知识<br>2. 讲授《中华人民共和国未成年人保护法》基本知识<br>3. 讲授防溺水相关知识<br>4. 培养学生的法律意识、安全意识和关爱他人的意识<br>5. 提高学生的自我保护能力和社会责任感<br>6. 要求学生认真、主动地学习法律和防溺水安全知识，主动感受法律与规则是如何保护我们的，进而树立安全意识 | | |
| 教学重点及难点 | 教学重点：<br>1. 普法教育的基本原则<br>2. 留守儿童关怀的方式<br>3. 防溺水安全知识的传授<br>教学难点：<br>1. 引导学生树立正确的法律观<br>2. 在实践中关心和照顾留守儿童 | | |
| 教学准备（教具、课件、图片、资料等） | 1. 相关法律文书、溺水预防宣传材料、留守儿童关爱手册等<br>2. 课件、投影仪等<br>3. 有关青少年普法教育的视频<br>4. 有关防溺水安全教育的视频 | | |

续表

| 实践研修教案 | |
|---|---|
| 教学方法和步骤（含运用辅助手段） | 1. 导入课程<br>通过图片或视频展示相关案例，引起学生对普法教育、防溺水教育和留守儿童关怀的思考，讲述青少年是国家和民族的希望，中国特色社会主义进入新时代，新时代的他们是祖国的花朵，安全对于他们来说尤为重要，引入今天授课主题<br>2. 课程安排<br>（1）青少年普法教育知识宣讲<br>a. 什么是法律、为什么要遵守法律等问题的讲解<br>b. 讲解《中华人民共和国民法典》<br>c. 讲解《中华人民共和国未成年人保护法》<br>（2）防溺水主题宣讲<br>a. 防溺水安全知识讲解<br>b. 溺水急救措施与方法教学<br>c. 真实案例展示并组织小组讨论<br>3. 课程结语<br>在本节课中，我们讲述了青少年普法教育、防溺水教育和留守儿童关怀陪伴的重要性，让学生们知道了只有树立正确的法律观念，我们才能在生活中做到合法合规。同时，学习防溺水知识，不仅能保护自己的生命安全，还能传播给身边的人，共同构建安全的水域环境。另外，我们也了解到留守儿童需要关心和陪伴，无论是提供帮助还是建立信任与沟通，我们都能通过一点点的关怀，让他们感受到温暖和关爱 |

| 教和学的过程 | | |
|---|---|---|
| 教学内容 | 教师活动 | 学生活动 |
| 1. 青少年普法教育理论知识<br>2. 防溺水知识与真实案例分析 | 1. 以图片或视频导入教学<br>2. 讲解相关的法律知识、溺水预防知识和关怀留守儿童的技巧<br>3. 引导学生进行讨论和展示<br>4. 总结本节课的重点内容 | 1. 观看图片或视频，思考相关问题<br>2. 分组讨论，提出自己的观点和建议<br>3. 选出代表，向全班展示讨论结果<br>4. 听取老师的总结和指导 |
| 课后作业 | 要求学生根据课程内容写一篇作文或制作一份海报，宣传普法教育、防溺水教育、关怀留守儿童的重要性 | |

续表

| 实践研修教案 | |
|---|---|
| 课程主要参考资料 | 1.《习近平新时代中国特色社会主义思想学习纲要（2023年版）》，中共中央宣传部编<br>2.《中华人民共和国未成年人保护法》<br>3.《中华人民共和国民法典》<br>4.《中小学生溺水防范与应急措施》，李勇编著 |

### 习近平新时代中国特色社会主义思想实践研修教案（十）

| 实践研修教案 | | | |
|---|---|---|---|
| 课程名称 | 习近平新时代中国特色社会主义思想实践研修 | 课时：192 | 第147—174课时 |
| 教学内容 | 团队成员按照自制教学计划与教学周历进行植物百科、动物百科、趣味英语的支教课程教学 | 课型 | 授课/互动/案例教学 |
| 主题 | 探索自然世界，拓宽学生视野 | 学时 | 28 |
| 教学目标及要求 | 1.了解植物的基本特征，包括根、茎、叶等部分的结构和功能<br>2.掌握常见植物的分类，如草本植物、木本植物等，并了解其特点<br>3.掌握一些与植物、动物相关的英语词汇和表达方式<br>4.提高学生英语口语表达能力，让他们能够用英语就简单的植物和动物相关主题进行表达和交流 | | |
| 教学重点及难点 | 教学重点：<br>1.了解植物和动物的基本特征、分类和生态作用<br>2.学习与植物和动物相关的英语词汇和表达方式<br>教学难点：<br>提高学生英语口语表达能力，让他们能够用英语就简单的植物和动物相关主题进行表达和交流 | | |
| 教学准备（教具、课件、图片、资料等） | 1.PPT、黑板、白板等教学工具<br>2.植物和动物的图片或卡片<br>3.与植物和动物相关的英语词汇练习题和游戏素材<br>4.小组角色扮演和游戏活动所需的素材和道具 | | |

续表

| 实践研修教案 | |
|---|---|
| 教学方法和步骤<br>（含运用辅助手段） | 1. 导入课程<br>利用图片或卡片展示不同类型的植物和动物，引起学生的兴趣和好奇心，鼓励学生分享自己对植物和动物的认识和观察<br>2. 课程安排<br>（1）植物百科介绍<br>介绍常见的植物，说明其特点和生态作用，帮助学生理解植物的重要性和它们在生态系统中的角色<br>（2）动物百科介绍<br>介绍不同种类的动物，包括其特征、生活方式和适应性，引导学生思考动物的适应策略和与植物的相互依赖关系<br>（3）口语练习<br>a. 进行英语角色扮演活动，让学生在模拟情景中运用所学的植物和动物相关词汇进行英语口语表达<br>b. 安排小组游戏、比赛或问答环节，让学生在竞争中积极参与口语表达<br>3. 课程结语<br>在这门课程中，我们穿越了自然世界的花海，探索了植物和动物的奇妙之处。这门课程让我们感受到了自然界的力量和美丽，唤醒了我们对自然的敬畏与渴求。每一节课都像是一首关于自然的颂歌，传递出对大自然的爱与美好。让我们怀揣对自然的热情，将这门课程的精华带入我们的生活，让自然的美丽与我们相伴。未来的岁月里，愿我们继续探索自然的奥秘，用唯美的视角去感受和呵护自然的恩赐 |

| 教和学的过程 | | |
|---|---|---|
| 教学内容 | 教师活动 | 学生活动 |
| 1. 植物百科介绍<br>2. 动物百科介绍<br>3. 趣味英语 | 1. 以图片或视频导入教学<br>2. 引导学生喜欢学习英语，并对大自然保持好奇心 | 1. 学习植物百科、动物百科、趣味英语<br>2. 交流学习心得 |
| 课后作业 | 1. 观察身边的动物与植物<br>2. 布置与课堂学习内容相关的练习题、书籍阅读等，巩固学生的学习内容 | |

续表

| 实践研修教案 | |
|---|---|
| 课程主要参考资料 | 1.《儿童植物百科全书》，李继勇主编<br>2.《动物大百科全书》，程高龄、张红卫编著<br>3.《动植物英语趣说》，黄建华、何昆和著 |

### 习近平新时代中国特色社会主义思想实践研修教案（十一）

| 实践研修教案 | | | | |
|---|---|---|---|---|
| 课程名称 | 习近平新时代中国特色社会主义思想实践研修 | 课时：192 | 第 175—184 课时 | |
| 教学内容 | 开展中国社会主义现代化进程教学 | 课型 | 授课 / 互动 / 案例教学 | |
| 主题 | 历史征程，未来梦想：中国社会主义现代化的演进与展望 | 学时 | 10 | |
| 教学目标及要求 | 1.理解中国社会主义现代化进程的基本内容和主要特点<br>2.了解中国社会主义现代化在经济、政治、文化等方面的发展和取得的成就<br>3.培养学生对中国社会主义现代化建设的认同感和责任意识<br>4.要求学生进行独立研究和阅读，以扩展他们对中国社会主义现代化进程的理解和思考能力 | | | |
| 教学重点及难点 | 教学重点：<br>1.中国社会主义现代化进程及党的指导思想<br>2.在实践中理解感悟党的指导思想<br>教学难点：<br>理论与实践相结合 | | | |
| 教学准备（教具、课件、图片、资料等） | 1.授课空间布置<br>2.教学 PPT<br>3.课程安排及内容<br>4.关于中国社会主义现代化的视频及图片 | | | |

续表

| 实践研修教案 | |
|---|---|
| 教学方法和步骤（含运用辅助手段） | 1. 导入课程<br>（1）提问引入<br>开始课程时，可以提出一个引人思考的问题，如"你认为社会主义现代化对中国的发展有何重要性？"或者"你知道中国社会主义现代化建设取得了哪些显著成就吗？"通过提问，激发学生的思考和好奇心，引导他们进入课程主题<br>（2）导入小故事<br>通过一个有趣的小故事或事例，引起学生的注意和兴趣。例如，讲述中国社会主义现代化进程中的一个成功案例，展示中国社会主义现代化的重要性和影响力，引发学生的思考和讨论<br>2. 课程安排<br>（1）概述<br>简要介绍中国社会主义现代化的定义、意义和目标，让学生对整个课程有一个整体的了解<br>（2）发展历程<br>介绍中国社会主义现代化的发展历程，包括各个重要阶段和里程碑事件，以帮助学生建立起一个时间线的概念<br>（3）主要特点<br>说明中国社会主义现代化在经济、政治、文化等方面的主要特点和成就，强调中国模式和中国特色<br>（4）成就与挑战<br>总结中国社会主义现代化建设取得的显著成就，同时讨论面临的挑战和解决策略，促使学生对问题进行深入思考和分析<br>3. 课程结语<br>中国社会主义现代化是中国共产党领导下，经过长期实践和探索形成的发展路径。它以人民为中心，坚持以经济建设为中心，全面推进现代化进程，在经济、政治、文化、教育等各领域取得了显著成就。中国的现代化进程不仅对中国人民的生活有着深远影响，也对世界的发展进步起到了积极的示范和影响作用。作为年轻一代，我们应当深刻认识到自己的责任和使命，积极为实现社会主义现代化的中国梦而努力奋斗 |

| 教和学的过程 | | |
|---|---|---|
| 教学内容 | 教师活动 | 学生活动 |
| 1. 中国社会主义现代化的进程<br>2. 对党的指导思想的深刻认识<br>3. 青年的理想与努力 | 1. 以视频导入教学<br>2. 引导学生深入了解中国社会主义现代化建设取得的历史性成就<br>3. 引导学生分组交流讨论<br>4. 总结，布置作业 | 1. 了解课程的意义<br>2. 感悟中国社会主义现代化的光辉历程<br>3. 总结收获，展望未来 |

续表

| 实践研修教案 | |
|---|---|
| 课后作业 | 提交对中国社会主义现代化建设的感悟和理解 |
| 课程主要参考资料 | 1.《现代化新论——世界与中国的现代化进程》，罗荣渠著<br>2.《中国式现代化：发展战略与路径》，蔡昉等著<br>3.《中国现代化历程》（1—3卷），虞和平主编 |

### 习近平新时代中国特色社会主义思想实践研修教案（十二）

| 实践研修教案 | | | |
|---|---|---|---|
| 课程名称 | 习近平新时代中国特色社会主义思想实践研修 | 课时：192 | 第185—192课时 |
| 教学内容 | 成果交流、展示与转化 | 课型 | 授课/互动/经验分享 |
| 主题 | 赴剑河实践研修成果交流与展示 | 学时 | 6+2（展示宣传） |
| 教学目标及要求 | 1.指导学生总结个人实践研修成果<br>2.指导团队负责人做团队实践总结<br>3.指导学生以PPT形式展示团队调查报告<br>4.要求参与实践的队员认真、主动、有计划地分享实践感悟，以提升学生的综合素质 | | |
| 教学重点及难点 | 教学重点：<br>1.个人实践经验总结<br>2.团队调查报告展示<br>教学难点：<br>PPT形式的互动展示 | | |
| 教学准备（教具、课件、图片、资料等） | 1.向教务处申请成果展示的教室<br>2.个人经验总结和成果展示PPT<br>3.本团队调查报告与流程单纸质版 | | |

续表

| 实践研修教案 | |
|---|---|
| 教学方法和步骤<br>（含运用辅助手段） | 1. 导入成果交流、展示与转化分享会<br>播放活动宣传视频，介绍此次成果交流、展示与转化分享会的主题和流程环节<br>2. 成果交流、展示与转化分享会主环节<br>（1）学生总结个人实践研修成果<br>（2）团队负责人做团队实践总结<br>a. 实践活动开展的成果与不足<br>b. 团队调查报告的展示<br>3. 团队指导老师做总结发言<br>4. 课程结语<br>此次实践课程对于学习贯彻习近平新时代中国特色社会主义思想和党的十九大精神，落实习近平总书记考察江西重要讲话精神具有重要意义，希望青年学生能够积极投身新时代文明志愿服务，在社会实践中接受教育、汲取智慧、施展才华、增长才干、作出贡献，勇做担当民族复兴大任的时代新人，为描绘好新时代江西改革发展新画卷贡献更多的青春力量 |

| 教和学的过程 | | |
|---|---|---|
| 教学内容 | 教师活动 | 学生活动 |
| 1. 探讨如何总结个人实践研修成果<br>2. 探讨团队调查报告的完成与 PPT 制作 | 1. 以视频导入主题<br>2. 指导学生思考社会实践的意义<br>3. 引导学生思考团队实践的成果与不足<br>4. 总结实践课程中学生的成长与进步 | 1. 总结个人实践研修成果<br>2. 现场头脑风暴，思考投身社会实践的意义<br>3. 完成团队调查报告并制作 PPT<br>4. 实践研修成果校园展示 |
| 课后作业 | 1. 制定返校后个人实践学习方案<br>2. 提升写作水平与 PPT 制作水平 | |
| 课程主要参考资料 | 1.《习近平谈治国理政》（1—4 卷），习近平著<br>2.《习近平新时代中国特色社会主义思想三十讲》，中共中央宣传部编<br>3.《习近平新时代中国特色社会主义思想学习纲要（2023 年版）》，中共中央宣传部编<br>4.《大学生社会实践导论》，刘煜主编<br>5.《大学生思想政治理论课社会实践指南》，屈陆主编 | |

## 后记

日月常新，江山有待；树人百年，郁郁群才。2012 年 5 月，南昌大学黔行支教调研团在前湖之畔成立。支教团本着"爱心助学，激发潜能，深入影响，持续改变"的宗旨，坚持"长期定点服务，长久持续改变"的服务理念，扎根贵州高地、服务山区百姓，开展了一系列支教助学和文化调研活动。每年的盛夏，蒙蒙细雨中，从江西南昌到贵州凯里，千余里的距离，从 2012 年开始，连续 10 余年的无私坚守，千名学子的承前启后，为爱"黔行"，初心不变，用青春梦点亮中国梦，书写了新时代中国大学生的豪迈志向和无私担当。

10 余年，记忆着奋斗的美好和难忘；10 余年，发出了未来的呼唤和激荡。为了记录南昌大学黔行支教调研团 10 余年来在大学生社会实践方面做出的努力，在历史的基础上进行未来的改革创新，我们特作《青春之志·一路前行——大学生社会实践手册暨南昌大学黔行支教调研团发展纪实》一书。

江南春好，大美前湖。水绕润溪，山映来龙，新莺啭语，云霞丽天。回望过往，爱心助学，激发潜能，影响改变，南昌大学黔行支教调研团始终与岁月同进，与初心相连。南昌大学黔行支教调研团坚持以人为本、德为先、学为上，致力于智慧志愿，服务效能持续提升，社会意义与时俱进。面向未来，责任在我，一往无前。南昌大学黔行支教调研团抢抓大学生社会实践育人新机遇，作示范、勇争先，开启支教扶贫、智慧志愿的新征程。愿您展开此书，便可与"黔行"同行，共赴大学生社会实践新征程。